MŒURS PITTORESQUES

DES INSECTES

PAR

VICTOR RENDU

INSPECTEUR GÉNÉRAL DE L'AGRICULTURE

Admiranda tibi levium spectacula rerum.
(Virgile, *Géorgiques*.)

PARIS

LIBRAIRIE HACHETTE ET Cⁱᵉ

BOULEVARD SAINT-GERMAIN, 79

1870

MŒURS PITTORESQUES

DES INSECTES

COULOMMIERS. — Typog. A. MOUSSIN.

MŒURS PITTORESQUES

DES INSECTES

PAR

VICTOR RENDU

INSPECTEUR GÉNÉRAL DE L'AGRICULTURE

Admiranda tibi levium spectacula rerum.
(VIRGILE, *Géorgiques*.)

PARIS

LIBRAIRIE HACHETTE ET Cⁱᵉ

BOULEVARD SAINT-GERMAIN, 79

—

1870

A LA MÉMOIRE

DE MON AMI,

LE Dr LÉON DUFOUR

CORRESPONDANT DE L'INSTITUT,
PRÉSIDENT DE LA SOCIÉTÉ ENTOMOLOGIQUE DE FRANCE, MEMBRE DE
LA SOCIÉTÉ LINNÉENNE DE BORDEAUX, ETC.

Victor RENDU.

PRÉFACE

—

Le spectacle que présentent les insectes est un des plus attrayants qu'on puisse offrir à la curiosité studieuse. Quoi de plus merveilleux, en effet, que leurs instincts, leurs travaux, leurs ruses, leurs combats ! C'est tout un monde en miniature. Les passions qui nous animent, agitent aussi leurs sociétés : parmi eux, guerriers et chasseurs sont une image de la vie primitive ; architectes et sculpteurs, maçons et tisserands, rappellent l'industrie et les arts de la vie civilisée. Mais c'est surtout dans le soin de leur propre conservation et la défense de leur postérité, qu'ils déploient toutes leurs ressources. A voir les combinaisons réfléchies dont leurs actes souvent procèdent, il est impossible de leur refuser une sorte d'intelligence, bien distincte, toutefois, de la raison humaine.

Faire connaitre nos insectes les plus vulgaires

sous ce jour presque nouveau, et faire ressortir, en même temps, la sollicitude providentielle qui veille sur leur destinée, tel est le but de ce livre. Puisse-t-il contribuer à développer le goût de l'histoire naturelle, vulgariser les immortels travaux des Swammerdam, des Réaumur et des Hubert, et surtout convaincre le lecteur de cette vérité inscrite dans l'Imitation de Jésus-Christ : « Il n'est pas de créa-« ture si petite et si méprisée, qui ne nous « montre la bonté de Dieu ! »

Aux Berruéres, 30 octobre 1869.

MŒURS PITTORESQUES

DES INSECTES

I

LE FOURMI-LION

Le fourmi-lion, ainsi nommé parce qu'il est l'Attila, le fléau des fourmis, vit, dans son enfance, de procédés très-ingénieux. A l'état de larve, il ne marche qu'à reculons, et ne saurait lutter, à la course, avec l'insecte ingambe; il n'en saisit pas moins, cependant, des bêtes fort dégourdies; la ruse, chez lui, supplée à l'absence d'agilité; il tend des piéges : sa table est toujours bien servie.

Rival des Demoiselles par ses ailes transparentes et réticulées lorsqu'il est adulte, le fourmi-lion, sous sa première forme, est d'un gris sale, moucheté de points noirs et présente un faux air de ressemblance avec le cloporte. Son corps, ovalaire, est hérissé de petits tubercules; sa tête, fortement déprimée, n'a point de bouche proprement dite : elle est seulement armée de pinces dentelées, aiguës, à l'aide desquelles l'insecte attrape son gibier.

Le choix de son domicile est en rapport avec ses mœurs. Condamné à une vie souterraine et à peu près stationnaire pendant la première période de son existence, il s'établit dans les terrains les plus sablonneux et les plus secs. Ordinairement, c'est au pied d'un mur ou sous un arbre dont les racines, en partie déchaussées, surplombent en voûte, qu'il plante sa tente, dans un endroit très-soleillé et très-abrité. L'emplacement trouvé, le fourmi-lion se met à l'ouvrage. Sa retraite a la forme d'un entonnoir, d'autant plus profond, en général, que le mineur est plus âgé ou plus robuste ; le travail qu'elle exige est considérable. Notre héros commence par en tracer l'enceinte ; son corps, entièrement caché sous le sable, fait l'office d'un soc de charrue, déchire la terre circulairement, trace un sillon concentrique à cette ouverture, en entame un second, puis un troisième, et, allant toujours à reculons, décrit ainsi une spirale dont le diamètre diminue progressivement. L'enceinte dessinée, l'œuvre n'est encore qu'ébauchée ; une opération capitale va réclamer et beaucoup de patience et beaucoup d'énergie : il s'agit d'expulser de l'entonnoir un cône de sable renversé, dont la base a un diamètre égal à celui de l'ouverture, et dont la hauteur répond aux trois quarts de ce diamètre. Pour résoudre ce problème, le fourmi-lion, tout en labourant le sol, s'arrête à chaque pas, afin de charger sa tête des terres à enlever ; il exécute ce manége délicat avec une de ses pattes antérieures. Le jeu de cette patte se répétant sans interruption, la tête a bientôt sa charge ; l'animal s'en débarrasse en la lançant brusquement hors de l'enceinte circulaire. Cette manœuvre s'exécute avec une promptitude et une habileté surprenantes. Comme elle se répète à chaque tour de spire, on conçoit que la jambe qui remplit les fonctions d'une main finisse, à la longue, par se lasser ; le fourmi-lion laisse reposer le membre fatigué et le remplace par celui qui lui correspond. Ici se présente une difficulté ; la patte auxiliaire, pour être de quelque utilité, doit se trouver placée, comme la première, vers l'intérieur du trou, ce qui nécessite un changement de position chez l'ouvrier ; ce cas a été prévu et ne détourne pas l'animal de son but : le fourmi-lion traverse la distance qui le sépare du point diamétralement opposé, et reprend ses circonvolutions en sens inverse ; l'excavation se poursuit, la nouvelle pelle fait son devoir.

Jusqu'ici, l'adresse du fourmi-lion n'offre aucune particularité dont certains animaux ne présentent l'équivalent, mais il est une circonstance qui, par les difficultés qu'elle entraîne, développe toute la science de l'insecte, et l'élève presque au rang des bêtes douées d'une sorte d'intelligence ; cette circonstance est celle-ci : il arrive parfois qu'au milieu de son labeur, le fourmi-lion rencontre un gravier d'un tel volume, qu'il ne peut songer à le lancer en l'air au moyen de sa tête. Que faire ? se désespérer ? Mauvais parti, conclusion des lâches ; mieux vaut assurément s'armer de courage ; c'est ce que fait le fourmi-lion : la tête hors du sable, il se décide à charger l'obstacle sur ses épaules ; à l'instant il sort de terre et se montre tout entier à découvert ; il s'achemine ensuite jusqu'au gravier qui l'offusque, l'explore attentivement, essaye de le pousser, de le soulever, et finit par en venir à bout. Voici comment. L'extrémité de son ventre s'allonge sur le gravier, et tous les mouvements du corps sont calculés pour y engager le bloc et le faire glisser le long du dos : l'insecte le met en équilibre par le jeu alternatif des anneaux de son ventre. Un résultat important est déjà acquis, mais il faut maintenant garder l'équilibre, et gravir, de cette manière, une côte taillée presque à pic. Grand embarras ! La charge, malgré toutes les précautions, trébuche tantôt à droite tantôt à gauche ; à travers mainte et mainte oscillations, elle peut à peine garder son centre de gravité. Pauvre fourmi-lion ! malgré ses efforts, le gravier quelquefois lui échappe, juste au moment où il allait gagner le sommet de la rampe ; n'importe ! sa confiance ne se rebute pas ; il recommence son manége aussi souvent que la fortune l'éprouve ; il descend dans son trou, va chercher le malencontreux gravier, le charge de nouveau sur son dos, regagne la rampe, et ne s'arrête dans cette corvée de Sisyphe que lorsqu'il a déposé son fardeau à quelque distance de son gîte : on a vu des fourmis-lions répéter jusqu'à sept fois de suite cette héroïque opération, sans jamais abandonner leur entreprise.

Enfin, le travail et la persévérance ont triomphé ; l'entonnoir est entièrement déblayé, le fourmi-lion n'a plus qu'à faire provision de patience pour jouir de sa tâche accomplie ; caché et immobile au fond de son trou, il guette la proie qu'il ne lui est pas donné de poursuivre. Celle-ci, parfois, se fait attendre ; notre chasseur vit d'espérance ; il affronte résolûment le jeûne, jusqu'à ce que quelque vermisseau à tête légère, une fourmi butineuse ou un cloporte, vienne rôder autour du précipice. C'est un véritable abîme que ce précipice ; ses bords sont si escarpés, qu'à peine la bestiole y met-elle le pied, soudain les parois s'ébranlent et entraînent dans leur ruine l'imprudent voyageur. Dans cette extrémité, il court un danger de mort, croyez-le bien ; le pauvret ne le sait que trop ; convulsivement il s'accroche à tout débris et s'efforce de remonter la côte mouvante pour gagner la terre ferme. Peine perdue! Le fourmi-lion, averti de sa présence par les brèches de son logis, bombarde ce malheureux d'une grêle de sable ; bientôt il s'en rend le maître, l'étourdit en le secouant avec violence, l'entraîne dans son antre et lui donne le coup de grâce pour le sucer à son aise. Quand il en a extrait toute la partie substantielle, il le place en travers sur ses épaules, rejette au loin le cadavre qui n'est plus qu'une peau vide et sèche, répare le désordre de son appartement, et se remet en embuscade.

Ainsi se passe la jeunesse du fourmi-lion. Lorsque vient l'époque de sa seconde métamorphose, il se file en terre une coque soyeuse, revêtue de sable à sa face extérieure, et il s'y change en nymphe. Après un certain laps de temps, le fourmi-lion, las de sa prison, songe à s'en affranchir ; pour mieux se préparer à la liberté, il commence par changer de vêtement, se munit d'une bonne paire d'ailes, perce sa geôle, et prend, radieux, son essor. Peu de jours après, il pond ses œufs dans le sable ; il a dès lors parcouru toutes les phases de son existence.

II

LA TRIBU DES CHASSEURS

Bien que la chasse soit l'occupation d'une foule d'insectes qui y trouvent amusement et profit, nous ne rangeons dans cette catégorie spéciale que ceux chez lesquels la passion de tuer est si développée, qu'elle semble absorber toute leur existence. Les naturalistes les ont désignés sous le nom significatif de carnassiers; carnassiers ils sont en effet, car ils se nourrissent exclusivement de proie vivante, et, de l'enfance à la vieillesse, toute leur vie se passe en brigandages : les plus belliqueux du groupe sont les calosomes, les cicindèles et les carabes.

Les Calosomes habitent les forêts et ont leur domicile principal sur le chêne. L'espèce la plus brillante de nos climats, toute chamarrée d'or et de bronze cuivreux sur un fond noir violet, le calosome sycophante, est l'ennemi acharné des chenilles processionnaires. A la course, au vol, de nuit comme de jour, il les poursuit d'arbre en arbre, en fait son menu ordinaire, et transmet ce goût à ses enfants. La larve lui disputerait le prix de la voracité. Non-seulement la plus grosse chenille ne suffit pas à la rassasier, mais il lui en faut plusieurs pour calmer sa faim de chaque jour. L'instinct lui a appris où gîte le gibier; elle a soin de se loger au voisinage des nids de processionnaires; on l'y trouve, parfois, en nombre, au beau milieu de leur bourse soyeuse : qui

sait alors la bombance qu'elle y fait ? Comme les
morceaux ne sont pas comptés dans ces nombreuses
familles de processionnaires, tous les convives y
vont bellement, chacun s'en donne à cœur joie, im-
molant plusieurs chenilles à son vaste appétit ; quand
il n'y a plus de chenilles, ils se jettent sur les chrysalides. La gloutonnerie des larves du calosome est si
grande, que lorsqu'elles sont repues, leur ventre,
tendu à outrance, paraît sur le point d'éclater ; elles
tombent alors dans une véritable torpeur dont elles
ne sortent qu'après un certain laps de temps ; la
digestion achevée, elles reprennent leur agilité ordinaire, mais sans plus de modération dans leur manière de vivre ; ce sont nouveaux galas et nouvelles
orgies aux dépens des processionnaires : après tout,
elles débarrassent les forêts de ces mangeuses de
feuilles ; nous serions injustes de nous en plaindre.

Les Cicindèles, dans la plénitude de leur développement, ont toutes les allures de l'insecte guerrier.
Yeux perçants et proéminents, mâchoires puissantes, armées de dents et de crochets, corps revêtu
d'une cuirasse à toute épreuve, pattes longues, tail-
lées pour la course, ardeur et agilité extrêmes, appétit constant : qui ne serait tenté de pirater avec
de tels avantages ? Dès l'apparition du printemps, la
plus grosse espèce que nous ayons en France, la
cicindèle champêtre, entre en campagne. Forte
d'audace et de tempérament, elle dédaigne la ruse
et attaque de front tout ce qui passe à sa portée, le
poursuit sans relâche, et quoique son vol de courte
haleine l'oblige à prendre terre fréquemment, elle
n'en attrape pas moins sa proie. Plus il fait chaud,
plus elle chasse avec énergie ; plus aussi elle nous

délivre d'une foule d'insectes nuisibles : son instinct belliqueux tourne donc encore à notre avantage.

La larve, chasseresse comme sa mère, mais sans
carapace solide qui protége son corps, incapable de
se déplacer avec ses pattes faibles et courtes, et
condamnée à passer la première partie de sa vie dans
un trou, ne saurait entreprendre une guerre ouverte
contre des insectes plus agiles et plus favorisés
qu'elle; en attendant mieux, elle a recours à la ruse.
Elle fait si bien de ses pattes et de ses mandibules,
qu'elle parvient à se creuser en terre une galerie cylindrique de près de 50 centimètres de profondeur. Pour
la déblayer, elle charge sa tête de molécules terreuses
qu'elle a détachées, se retourne, grimpe peu à peu
dans son tube, pliée en z et cramponnée aux parois
intérieures, à l'aide de deux mamelons dont son dos
est pourvu ; une fois parvenue à l'entrée du trou, une
secousse la débarrasse de son fardeau. Son appartement est maintenant préparé; mais ce n'est pas
tout que de se loger, il faut vivre, et comment? puisque la larve est emprisonnée, et qu'elle n'a pas de
mère qui lui apporte ses provisions. Soyez sans
inquiétude, elle ne mourra pas de faim. Elle se met
en embuscade. La voyez-vous immobile, à l'entrée
de son trou qu'elle a hermétiquement fermé, au
niveau du sol, par la plaque cornée dont sa tête et
le premier anneau de son corps sont défendus? Un
insecte vient-il à passer sur ce pont mobile? notre
larve incline brusquement sa tête par un mouvement de bascule, le pont cède, et l'imprudent pro-
meneur est précipité au fond du trou : on devine ce
qu'il y devient, la pâture de la cicindèle affamée. Ce

tour joué, elle remonte à son poste et recommence son rôle de bascule perfide, jusqu'à ce que l'époque de sa métamorphose arrive. Avant de se transformer en nymphe, elle mure l'orifice de sa prison, et attend patiemment au fond de cette obscure retraite le moment où, insecte ailé, elle fera une guerre plus loyale, à ciel ouvert : la ruse alors serait odieuse ; elle n'est excusable que lorsqu'elle vient en aide à la faiblesse qui ne peut se défendre autrement.

Les Carabes, mieux cuirassés encore que les cicindèles, sont portés sur de hautes jambes robustes qui les rendent éminemment propres à la course ; aussi sont-ils toujours par voies et par chemins. Jour et nuit ils font leur ronde, à l'instar des gardes champêtres, épiant les voleurs, les relançant à travers les herbes, les condamnant à mort, et les exécutant sans autre forme de procès. Le carabe doré, l'une des plus jolies espèces de notre pays, s'est constitué le gardien tutélaire des champs et des jardins. Il fait une chasse à courre très-active aux limaces et aux chenilles, et se mesure, à l'occasion, avec des insectes plus gros que lui. On l'a vu se jeter avec furie sur le hanneton. Cet insecte, excellent voilier, n'est pas toujours perché sur les arbres ; il en descend, parfois, pour faire la sieste ou l'école buissonnière. Malheur à lui si le carabe le rencontre en son chemin ! il lui fera sentir toute la supériorité de l'insecte guerrier sur la bête qui ne songe qu'à remplir sa panse. La lutte n'est pas longue. D'un coup de croc, le carabe éventre le hanneton, et en tire les intestins pour les dévorer. En vain la victime s'efforce-t-elle de fuir, son implacable ennemi s'acharne après elle; il la renverse sur le dos, la traîne de toutes ses forces, et quand il l'a mise à bout de résistance, il en fait curée. Autre est son procédé lorsqu'il chasse au ver de terre. Il n'a pas besoin de le poursuivre à la course; les lombrics, on le sait, cheminent ou rampent, il suffit au carabe d'épier le moment où ils se montrent à fleur de terre, après une pluie qui a ramolli le sol; d'un bond le carabe leur saute sur le dos et les coupe en deux : la meilleure paire de ciseaux n'agirait ni mieux ni plus vite que les terribles mandibules de notre carnassier.

Indépendamment de leurs armes pour l'attaque, les carabes ont des moyens particuliers de défense : ils répandent tout à coup une odeur fétide et lancent par l'anus une liqueur caustique dont la brûlure est très-vive. Les petites espèces de carabiques, les Brachines, par exemple, possèdent au suprême degré ces ressources d'artificier; c'est à coups de revolver qu'elles repoussent leurs ennemis. Chétives et fluettes de leur nature, elles ne se hasardent guère au grand jour; elles vivent par petites sociétés sous les pierres, guettant le menu gibier dont elles sont réduites à se nourrir. Les inquiète-t-on dans leurs retraites, la troupe aussitôt de se disperser; mais en même temps qu'il joue des jambes, chaque fuyard lâche sa bordée, et fait feu de sa machine de guerre; le liquide qu'il lance se volatilise et fait explosion par son contact avec l'air : on dirait un feu de tirailleurs. Ainsi se défendent le brachine crépitant, le brachine pétard, le brachine bombardier et le brachine à explosion. Tous se trouvent aux environs de Paris.

III

NOS AUXILIAIRES

Ce n'est pas seulement dans les sociétés humaines que les emplois sont répartis entre certaines classes de citoyens : l'immense famille des insectes nous offre l'exemple de castes qui, indépendamment du travail imposé à tous, semblent investies d'attributions spéciales auxquelles elles restent fidèles, depuis les temps les plus reculés. Si nous avons des édiles, des agents voyers pour l'entretien et la propreté de nos villes, les insectes, à leur tour, ont un service de salubrité générale parfaitement organisé ; il y a chez eux des employés de pompes funèbres, des écarisseurs, des balayeurs de profession ; leur mission principale est de purger le sol des cadavres et des immondices abandonnés sur la voie publique ; ils doivent veiller à ce que toute chose morte disparaisse et ne corrompe pas la pureté de l'air. Parmi ces utiles fonctionnaires, nécrophores, silphes, staphylins occupent les premières places ; les bousiers et les pilulaires leur font un digne cortége ; en travaillant pour leur propre compte, ils travaillent surtout pour l'homme, et d'une manière bien désintéressée, car ils ne prétendent même pas à la reconnaissance qu'ils ont cependant largement méritée.

Fossoyeurs de leur métier, les Nécrophores ont pour charge d'enterrer les morts de la gent animale. Qu'une taupe, qu'un mulot, une musaraigne gise sur

le sol, il n'y restera pas longtemps; le nécrophore,
averti par un odorat subtil, accourt sans plus tar-
der et se met aussitôt à l'œuvre. Avec ses pattes
dentelées et épineuses, il creuse la terre au-dessous
du mort, suivant exactement tous les contours de
son corps, et rejetant chaque pelletée à la surface;
la fosse se creuse ainsi, sans déranger sensiblement le
défunt. Quand ce dernier est enfoui à une profondeur
plus ou moins grande, selon la consistance et l'humidité du sol, on le recouvre de terre; l'enterrement est
achevé. Le mort, par aventure, est-il un gros person-
nage, trop lourd pour les forces d'un seul fossoyeur,
le nécrophore appelle à son aide une escouade de
travailleurs de bonne volonté; insectes n'en chôment
point. Trois ou quatre compagnons se dévouent;
quelques coups d'ailes les portent au rendez-vous; la
besogne se fait vite et en commun. Au dehors, pas
un seul ouvrier, mais au dedans l'affouillement va
son train, le cadavre enfonce de plus en plus; en
moins de vingt heures, il est rendu à sa dernière
demeure. Les funérailles sont terminées; à la troupe
maintenant de se payer de sa peine : elle festine
joyeusement à travers les entrailles du mort; les
femelles y pondent leurs œufs; c'est le berceau de
famille des nécrophores, c'est aussi le buffet des
larves. A l'abri de tout péril dans cette funèbre salle à
manger, elles achèvent le repas commencé par leurs
pères et mères; le moment venu de se changer en
nymphes, elles s'enfoncent en terre, enduisent leur
logis d'une matière visqueuse, et en sortent, après
un mois de sommeil, parées comme des gens qui
vont à la noce : sous une si brillante livrée, qui soupçonnerait de lugubres croque-morts?

Voisins immédiats des nécrophores, les Sylphes ou Boucliers contribuent peut-être encore plus à la salubrité de l'atmosphère. Ils n'enterrent pas les cadavres, mais ils se glissent sous leur peau, entament les chairs et ne laissent bientôt plus que les os. Les gros animaux tombant en putréfaction leur appartiennent de droit. Il faut les voir au travail dans une carcasse de cheval ou de chien mort, pour se faire une idée de leur talent d'écarisseur. Comme ils s'y plongent! comme ils s'y ruent! Pas un muscle, pas un nerf, pas un tendon n'échappe à leur rude scalpel. Si la décomposition ne marche pas assez vite à leur gré, ils l'accélèrent à l'aide d'une recette chimique : ils font sortir de leur bouche et de l'extrémité de leur ventre une liqueur brunâtre et fétide, véritable élixir de mort qui met promptement le cadavre en putréfaction; l'insecte s'en sert aussi pour repousser ses ennemis. Toutes les espèces de sylphes, cependant, ne vivent pas au fond des charognes. Il en est qui ne se nourrissent que de proie vivante ; elles rentrent alors dans la catégorie des insectes chasseurs; tels sont le bouclier thoracique et le sylphe quadri-ponctué. L'un et l'autre habitent les bois ; ils y font une guerre active aux chenilles, les poursuivant au vol et à la course, d'arbre en arbre, et ne leur font jamais quartier ; les larves s'enfoncent en terre pour subir leur métamorphose.

Les Staphylins sont connus de tout le monde. Qui n'a souvent rencontré dans les allées, au bord des gazons, ces insectes à élytres si courts, qu'on les dirait habillés d'une simple veste? Sous ces étuis tronqués se cachent pourtant deux grandes ailes, repliées artistement trois et quatre fois sur elles-mêmes,

réduites par cette ingénieuse disposition à une petite
membrane chiffonnée. Par suite de la brièveté des
élytres, l'abdomen du staphylin est presque entièrement découvert; c'est son côté vulnérable; en
revanche, il est doué d'une grande souplesse et
d'une flexibilité surprenante. Essayez d'y toucher,
le staphylin aussitôt relève son ventre et lui imprime
toutes sortes d'inflexions; fièrement campé sur ses
pattes, les mâchoires toutes grandes ouvertes, la
queue en l'air, il semble défier son adversaire. Le
danger devient-il pressant, il fait sortir de son dernier anneau deux petites vésicules coniques dont
il vous menace : sa colère, dans ce moment, est à
son plus haut paroxysme. Ainsi que les insectes
précédents, les staphylins ont un rôle d'expurgation
dont ils s'acquittent en toute conscience; ils vivent
en bonne intelligence avec tous les mangeurs de
cadavres : leurs mœurs et leurs goûts sont iden-
tiques. Toutefois, trop courageux pour se contenter
d'une proie morte, et munis d'ailes puissantes , de
fortes pattes et de bonnes armes de guerre, ils ne
font point fi des plaisirs de la chasse, tant s'en faut.
Ils sont la terreur des insectes qui vivent dans les
bouses, les fumiers ou sous les écorces. Tantôt ils
les surprennent dans leurs retraites, tantôt ils les
poursuivent dans les champs; partout ils les combattent avec avantage.

Comme les carabes, ils dégorgent une salive âcre
et brunâtre. Certaines espèces, telles que le staphylin odorant , émettent une matière volatile,
éthérée ou musquée , nullement désagréable. La
larve, très-carnassière, se tient le jour à l'affût dans
un trou, pour épier le gibier : la nuit, elle sort de

son gîte et entre en campagne. Ainsi que tous les rôdeurs nocturnes, ses mœurs tournent bien vite à la férocité; elle bat la plaine, pille et tue à satiété, se jette jusque sur les individus de sa propre espèce, les saisit à la gorge et les suce à plaisir. De tels débuts ne présagent rien de bon; un premier meurtre est bientôt suivi d'un second; l'appétit de la chair ne fait que grandir avec l'âge, l'insecte adulte s'enrôle définitivement dans le bataillon des carnassiers.

Les Bousiers et les Pilulaires, s'ils ne proviennent pas de même source, sont au moins cousins issus de germains; leurs habitudes ne diffèrent guère. Affranchis de tous préjugés, ils ne se croient pas au-dessous des autres insectes, parce qu'ils travaillent dans les bouses, dans les fumiers de toute espèce, même dans l'engrais humain. Ils n'attaquent aucune proie vivante; leurs mandibules et leurs mâchoires ne sont pas faites pour broyer ou déchirer la chair; leur alimentation consiste exclusivement en matières végétales ou animales fluides. Quelques espèces passent leur vie dans les forêts et se nourrissent surtout de champignons; mais le plus grand nombre fréquente les pâturages et les endroits recherchés du bétail. Le jour, ils se tiennent cachés dans les fientes, et en sortent, le soir, pour folâtrer et multiplier. Leur vol est lourd, bourdonnant, en ligne droite, et toujours bas; au moindre choc ils s'abattent. Les femelles, beaucoup plus grosses que les mâles, déposent leurs œufs dans les bouses; la larve, après avoir vécu des matières qui l'enveloppent de toutes parts, s'enfonce en terre pour se métamorphoser en nymphe; elle en sort, au bout d'un an, insecte parfait. Les principaux genres de cette famille de Coprophages sont représentés par les Copris, les Géotrupes et les Ateuchus. Leur livrée fait souvent contraste avec le milieu abject où ils vivent; l'un des mieux habillés de la troupe est sans contredit le géotrupe stercoraire, si commun dans tout le nord de la France; le noir, le bleu et le plus beau violet métallique se jouent dans ses vêtements. La femelle présente un trait de mœurs particulier. Elle ne se fie pas aux bouses pour loger ses œufs; elle juge plus prudent de creuser une sorte de puits au fond duquel elle construit encore une cellule; c'est là qu'elle dépose son œuf; elle l'approvisionne en même temps d'une pâtée stercorale pour les besoins de la larve; la prévoyance maternelle chez les bêtes n'est jamais en défaut. Un autre insecte, l'Ateuchus ou le Pilulaire, fait preuve d'une sollicitude plus grande encore pour ses petits. Ni bouses ni trous ne reçoivent sa progéniture; il enveloppe son œuf d'une certaine quantité d'excréments détachés de la masse totale, et la roule à diverses reprises sur le sol avec ses pattes inférieures. A force de frottement, celle-ci se moule en boule de grosseur variable, et finit par acquérir la consistance dont elle a besoin pour voyager. Le pilulaire, en effet, ne la laisse point à la place où il l'a formée, il doit l'enfouir, et dans des conditions dont lui seul possède le secret. L'endroit propre à garder son trésor n'est pas toujours dans son voisinage, il est parfois assez éloigné de son gite habituel; le voyage arrêté, le pilulaire se met en route avec sa précieuse boule. Rien de plus simple si le chemin est uni et sans obstacles; les longues

pattes postérieures poussent la boule en avant.
Mais la chose se complique si la route est coupée
par un monticule ou s'il y a une côte rapide à franchir; la tâche alors est réellement ardue et pleine
de péripéties. Voyez-vous d'ici la bestiole attelée
à son cher berceau? Elle avance, elle recule, elle
trébuche; un heureux mouvement de tête la remet
en équilibre, le pas difficile est franchi, elle va
bientôt atteindre le sommet; tout à coup, ô malheur!
le sol s'effondre sous ses pieds, la boule échappe à
ses étreintes, il lui faut recommencer cette longue
et pénible ascension, le pilulaire l'entreprend de
nouveau. Sera-t-il plus heureux maintenant? Peut-
être. Sur des pentes très-rapides, il lui arrive de
chavirer plusieurs fois de suite, mais l'insecte ne se
décourage pas; toujours il reprend avec ardeur et
résignation son travail herculéen; enfin, à force de
persévérance, il atteint son but. Quelquefois la
chance ne tourne pas aussi bien. Tandis que la boule
roule de haut en bas, le pilulaire, de son côté,
dégringole et tombe sur le dos, les pattes en l'air.
Dans cette piteuse position, il a peine à se relever,
le charriage devient alors l'affaire du premier pilulaire passant : celui-ci se fait spontanément automé-
don, le désastre est réparé. Là ne se bornent pas les
misères du voyage. Il n'est pas rare que le cocher,
marchant à reculons, verse de temps à autre et
chavire la boule dans quelque fondrière; le pilulaire
n'a pas de peine à s'en tirer; mais pour la boule,
c'est autre chose. Comment extraire d'un précipice
un corps arrondi, roulant sans cesse sur lui-même?
La tâche est bien difficile, sinon impossible; le pilulaire cependant l'entreprend, mais tous ses efforts

souvent y échouent. L'obstacle reconnu invincible, il part à tire d'ailes, va conter son embarras à ses frères ; trois ou quatre pilulaires arrivent aussitôt, mettent leurs efforts en commun et finissent par opérer le sauvetage : n'est-ce pas là une preuve évidente de l'entente des bêtes entre elles et d'une quasi-intelligence qui se dévoile dans certaines circonstances critiques ? La boule une fois hors du précipice, le pilulaire se dirige vers l'emplacement que lui a révélé son instinct et se met à fouir. Rien ne lui manque pour cette dernière opération ; ses jambes, largement dentées, font l'office de pioche ; la fosse est promptement creusée, le pilulaire y fait entrer sa boule ; ses longues jambes postérieures, pourvues de brosses, agissent à la manière de balais ; elles accumulent la terre au-dessus du trou, qui disparaît en un clin d'œil ; la larve n'a plus qu'à éclore : sa nourriture est prête et l'attend à son réveil.

IV

HISTOIRE DES ABEILLES

Qui ne connaît les abeilles ? Qui ne les aime comme un souvenir d'une de ces belles matinées de printemps où tout sourit, tout fleurit dans la nature ? Qui n'a souvent admiré l'art avec lequel elles construisent leurs édifices, le soin qu'elles prodiguent à leurs petits, et leur manière ingénieuse de bâtir et de former leurs approvisionnements ? Leurs mœurs, depuis longtemps bien étudiées, les classent à la tête des Hyménoptères, si remarquables, en général, par leur instinct.

Les abeilles vivent en sociétés, espèces de grandes familles où chacun, d'après son organisation, s'occupe de fonctions déterminées. Trois sortes d'individus s'y rencontrent quand elles sont au complet : une femelle unique, appelée reine ou mère abeille ; des mâles en nombre restreint, et quantité considérable d'ouvrières. Une structure particulière distingue chaque catégorie.

La mère abeille, plus allongée que les autres, est exclusivement chargée de propager la race ; en considération de ses augustes fonctions, elle est dispensée de tout travail servile, et porte l'épée.

Les mâles aident à la conservation de l'espèce, et ne font pas autre chose ; aussi sont-ils simplement tolérés ; dès qu'ils ne sont plus nécessaires, ils disparaissent. Leur gros corps tout velu dépourvu d'aiguillon et leurs chansons en faux bourdon les caractérisent suffisamment.

Les ouvrières, les plus petites et les plus nombreuses de toute la ruche, représentent les forces vives de la société. Constituées essentiellement pour le travail, et ne connaissant ni les douceurs ni les gloires de la maternité, elles sont chargées des approvisionnements, de l'éducation des petits et de la défense du logis. Leur principal outil consiste dans une paire de mandibules garnies de dents, faisant office de pince angulaire. Au-dessous de cet appareil de préhension s'étend une trompe qui, pendant le repos, se replie et se cache dans un étui, et qui, mise en mouvement, se dilate, s'étend et remplit le rôle d'une langue flexible; comme signalement général, leurs pattes postérieures présentent un enfoncement triangulaire, une sorte de corbeille où l'insecte dépose la poussière fécondante des fleurs; il la détache de ses poils à l'aide d'une brosse dont ses jambes sont munies; un dard empoisonné le protége au dehors et l'aide à faire la police à l'intérieur.

La trompe est l'organe dont l'abeille se sert pour recueillir le suc mielleux des plantes. Appliquée sur une fleur épanouie, elle s'agite de mouvements rapides, s'allonge, se raccourcit, se tourne et se contourne, suivant que les parties de la corolle qu'elle explore sont superficielles ou profondes, convexes ou concaves. Lorsqu'elle s'est chargée de leur nectar, elle le fait couler dans le gosier, d'où il glisse dans l'estomac. S'il s'agit d'une récolte de pollen, l'ouvrière commence par descendre dans la fleur, et s'y enfarine en se roulant contre les étamines; pour peu qu'elles ne soient pas assez ouvertes, elle les déchire avec ses dents. Les brosses alors d'agir. Elles passent et repassent sur la tête, le corps et l'abdomen, détachent les poussières végétales qui s'y sont arrêtées, et les rassemblent en boule. Une seconde manœuvre fait voyager le butin d'une jambe à l'autre, jusqu'à ce qu'il soit déposé dans la corbeille de la troisième paire de pattes; de petits coups répétés l'y assujettissent. A ce moment de la récolte, les brosses, une seconde fois, sont mises en jeu; elles achèvent de réunir toutes les poussières végétales. Les pattes, derechef, font la chaîne, se transmettent leur charge et l'empilent sur les corbeilles où elle forme une pelote arrondie, débordant la jambe quand la picorée a été bonne; l'abeille la porte immédiatement à la ruche. Voyons ce qui s'y passe.

Au dehors, tout est bourdonnement et mouvement. Des abeilles arrivent des champs, chargées de matériaux et de provisions; d'autres partent en expédition. Ici des sentinelles vigilantes contrôlent tout ce qui entre; là, des pourvoyeuses pressées de retourner au travail s'arrêtent à l'entrée de la ruche, déposent leur tribut et repartent; ailleurs, les agents de la salubrité publique renouvellent l'air de la ruche par le battement précipité de leurs ailes, tandis que d'autres débarrassent le logis de tout ce qui pourrait nuire à ses habitants; de toutes parts, entrants et sortants se pressent aux portes, l'activité est générale, chacun concourt avec ardeur à la prospérité commune. Au dedans, même vie occupée, même empressement à la besogne, mais travaux d'un autre genre.

Le premier soin des abeilles nouvellement installées est de passer une revue générale de leur domicile, d'en boucher toutes les fentes, et de n'y laisser que les ouvertures indispensables pour l'entrée et la sortie. Pendant ce temps, des éclaireurs se lancent à la recherche d'une matière résineuse, ductile, odorante, de couleur rougeâtre, nommée propolis; dès qu'elles l'ont trouvée, ils en chargent leurs pattes, et vont droit à la ruche. Aussitôt une escouade d'ouvrières vient leur enlever ces parcelles visqueuses; elles les ramollissent entre leurs mandibules, puis les étendent sur les parois de la ruche : tout l'intérieur en est enduit. Lorsqu'il ne reste plus ni crevasses ni fentes à fermer, souvent même pendant que

des ouvrières se livrent à cette première opération, d'autres, chargées de la maçonnerie, commencent à construire l'édifice destiné à recevoir les œufs
de la mère abeille et à loger les provisions communes:
la cire extraite du suc même des végétaux est leur
unique ciment. Elle se forme dans le corps de l'insecte, par voie de transsudation, se montre sous
l'aspect de petites lames pentagones, entre les
anneaux de l'abdomen, et ne peut être employée
qu'après avoir été rendue ductile par une préparation spéciale. Lorsqu'une ouvrière a fini sa récolte
de miel, elle retourne à la ruche, prend place à la
suite des autres abeilles maçonnes, et se tient immobile, jusqu'à ce que le miel qu'elle a recueilli se
soit changé en cire dans son estomac; la matière est-
elle suffisamment élaborée, la construction commence.

C'est toujours dans la partie la plus élevée de
l'habitation que les abeilles jettent les fondements de
leur édifice. Une partie des ouvrières se suspend à
la voûte; d'autres se cramponnent à elles, tantôt par
une patte tantôt par deux, et s'échelonnent ainsi en
guirlandes. Après être restées quelques instants en
repos, une d'elles se détache d'un groupe, tire de
ses anneaux une lamelle de cire et la porte à sa
bouche où elle est hachée et triturée, pour s'allonger
en ruban étroit; elle s'imprègne d'une liqueur écumeuse, repasse entre les mandibules qui la broient
une seconde fois et achèvent de la rendre ductile.
Dans cet état, l'abeille l'applique à l'endroit saillant
de la voûte; elle y ajoute une seconde, puis une troisième et une quatrième lamelle de cire, et, sa
provision épuisée, s'envole pour chercher d'autres

matériaux. Sa place est bien vite occupée par une seconde ouvrière qui opère de la même manière ; une autre lui succède à son tour, et ainsi de suite : les fondations sont posées.

La première assise n'est qu'un noyau assez informe, un simple bloc, mais qui, tout à l'heure, façonné par d'habiles ouvriers, se transformera en un chef-d'œuvre d'architecture. Dans ces travaux prélimi-naires, les abeilles déploient tant d'énergie et d'acti-vité, qu'il semble, tout d'abord, que le trouble et la confusion se sont emparés de la cité ; il n'en est rien cependant ; avec un peu d'attention, on voit que tout marche avec ensemble et régularité ; les cise-leurs sont à l'œuvre, l'ébauche ne tardera pas à prendre figure.

Des blocs primitifs, il s'agit de faire des cellules ou alvéoles d'égale dimension, et disposées de telle sorte, que la place et les matériaux soient le mieux possible ménagés. Ce difficile problème n'embarrasse nullement les abeilles. Les fonds des premières cel-lules sont creusés dans les blocs, l'insecte les lime, les rabote et les sculpte avec ses mandibules ; il saisit des parcelles de cire, les bat de chaque côté et les aplanit en lames qui, élevées sur une base rhom-boïdale et complétées ensuite par d'autres lames, finiront par former un tuyau hexagone. La cellule n'est pas plus tôt modelée, que l'œuvre se poursuit d'après la figure géométrique esquissée ; des artistes dégrossissent et polissent le travail commencé par les simples maçonnes ; leur savoir infaillible lui donne finalement la forme de cellules à six côtés par-faitement réguliers. Les cellules s'adossent les unes aux autres ; le point central de chacune d'elles est toujours le point de réunion d'un des côtés des trois cellules opposées, de sorte que toutes ont leurs parois de même épaisseur. Deux rangées de cellules se touchant par leurs fonds constituent ce qu'on nomme un *gâteau* ou *rayon* à deux faces, composé d'un nombre considérable et à peu près égal d'alvéoles.

Les gâteaux, commencés au sommet, descendent verticalement, et sont, en général, parallèles les uns aux autres. Ils embrassent toute la largeur de la ruche, sont fixés à la voûte par une espèce de pied en cire, et attachés aux parois à l'aide d'épatements à rayons, formés de cire et de propolis. Ils ne se touchent pas ; l'abeille a soin de se ménager des issues de distance en distance ; l'intervalle qui sépare les gâteaux représente les rues de la cité.

Les cellules, d'abord blanches quand elles viennent d'être construites, prennent, en peu de temps, une teinte dorée. Elles ne sont pas toutes semblables ; on en distingue trois sortes : les plus petites et les plus nombreuses logent les larves d'ouvrières, la plupart occupent le milieu de la ruche ; les alvéoles moyens, toujours séparés de ceux des ouvrières, renferment les larves des mâles ; les cellules royales, attachées par un pédicule au bord des gâteaux, et semblables à une cupule de gland, sont exclusivement réservées pour les jeunes femelles : elles exigent une grande quantité de cire pour leur construction ; le poids de chacune d'elles équivaut à celui de cent cinquante cellules d'ouvrières.

Indépendamment de leur usage comme berceaux, les cellules ont une autre destination : elles servent de magasins pour serrer les provisions, bien qu'il y en ait toujours un certain nombre affectées à cet emploi. Les abeilles y mettent en dépôt leur miel et leur pollen. L'ouvrière qui arrive à la ruche les pattes garnies de pelotes s'accroche avec ses deux jambes antérieures sur le bord d'une cellule; elle y enfonce ses deux pattes de derrière chargées de butin et fait tomber le pollen au fond en s'aidant de ses pattes mitoyennes; son fardeau déposé, elle part. Sa place, aussitôt, est occupée par une abeille qui entre la tête la première dans la cellule, pétrit la poussière pollinique, l'imbibe de liquide et la presse de manière qu'elle vienne affleurer l'ouverture. Pour emplir les cellules de miel, il faut le concours de plusieurs ouvrières; chacune, tour à tour, vient y dégorger sa récolte sucrée, et l'y dépose couche par couche; la dernière gorgée est contournée et forme une plaque qui retient le liquide et l'empêche de couler.

Le miel contenu dans les magasins fournit à la consommation journalière des abeilles; elles le puisent à discrétion dans des cellules toujours ouvertes pour les besoins ordinaires, mais l'insecte ne touche à sa réserve que lorsqu'il ne peut plus butiner au dehors; une lame aplatie, formée de l'enroulement successif de petits cordons de cire, clôt ces greniers d'abondance, conserve au miel sa fluidité et l'empêche de s'évaporer.

Le temps de la récolte du miel est un de ceux où les abeilles sont le plus affairées; on le conçoit sans peine. A cette époque, constructions et approvisionnements marchent de front, l'un entraîne l'autre; les abeilles s'y emploient tout entières; les gâteaux s'allongent et s'étendent presque à vue d'œil, les cellules se préparent ; il le faut bien : la mère abeille n'attend que des berceaux pour commencer sa ponte.

Aussitôt que les cellules sont bâties, quelquefois même avant qu'elles soient achevées, la mère abeille dépose un œuf dans chaque alvéole. Avant de pondre, elle examine avec soin tous les berceaux en y enfonçant sa tête et en les visitant en tous sens. Cette précaution prise, elle introduit l'extrémité de son ventre dans la cellule, et y laisse tomber un œuf qui se fixe dans le fond par la matière visqueuse qui l'enveloppe. La ponte se fait avec une extrême célérité, et par centaines dans une seule journée de printemps ; un ordre régulier y préside. Les œufs d'ouvrières sont les premiers pondus, la mère n'en pond pas d'autres pendant les onze premiers mois de son existence comme femelle ailée ; viennent ensuite des œufs de mâles dont le nombre s'élève de quinze cents à trois mille ; les ouvrières alors construisent plusieurs cellules royales ; le tour des œufs d'ouvrières revient derechef, et dix jours après cette ponte, qui comprend aussi un certain nombre d'œufs de mâles, commence la ponte dans les alvéoles royaux ; la mère abeille glisse un œuf dans chacun d'eux, en laissant un ou deux jours d'intervalle entre ces dernières pontes, afin que les jeunes reines n'éclosent pas toutes en même temps.

La ponte est surtout active au printemps ; elle éprouve quelque temps d'arrêt, même dans la saison favorable, et cesse aussitôt que les premiers froids se font sentir. Cette opération n'interrompt pas les travaux des ouvrières ; loin de là ; pourvoyeuses et cirières redoublent d'ardeur ; seulement, un certain nombre d'abeilles ont pour mission spéciale de s'attacher à la mère, de la lécher et de la brosser, tandis que d'autres lui offrent du miel au bout de leur trompe.

L'ordre des pontes ne souffre jamais d'irrégularité lorsque la fécondation de la mère abeille a suivi de près sa dernière métamorphose; mais si elle a éprouvé un retard considérable, les pontes ont d'étranges conséquences. S'est-il écoulé plus de seize jours et moins de vingt et un depuis que la femelle a pris des ailes, elle pond encore des œufs d'ouvrières, de mâles et de mères abeilles, mais le nombre des œufs de mâles égale presque celui des œufs d'ouvrières; si la fécondation n'a eu lieu que plus tard encore, la femelle ne pond plus, quarante-six heures après l'accouplement, que des œufs de mâles pendant toute sa vie.

De l'œuf sort, au bout de trois jours, quel que soit le sexe de l'individu, une larve blanchâtre qui se tient roulée au fond de la cellule. Des ouvrières, véritables nourrices, sont chargées de veiller à ses besoins; elles la visitent à différentes heures du jour, examinent si elle a tout ce qui lui est nécessaire, et dégorgent dans la cellule où elle repose la bouillie destinée à son alimentation. Cette bouillie se compose d'un mélange de miel, d'eau et de pollen, qui se forme dans l'estomac de la nourrice; les larves de mâles et d'ouvrières n'en reçoivent pas d'autres, on la leur distribue par égale portion. Il n'en est pas de même à l'égard des larves destinées à devenir mères; leur bouillie, toute spéciale, est plus sucrée et plus abondante; elle ressemble à une épaisse gelée. C'est à cette bouillie particulière, ainsi qu'à la dimension des cellules, que les larves femelles doivent leur fécondité; c'est aussi ce qui explique comment des abeilles, qui ont perdu leur reine, peuvent la remplacer à volonté, lorsque la ruche renferme des larves de moins de trois jours; elles choisissent alors une larve d'ouvrière, agrandissent son alvéole en démolissant les cellules environnantes, et lui préparent de la gelée royale : cette nourriture en fait une femelle. Telle est encore son influence, que s'il vient à tomber quelque parcelle de gelée sur les œufs d'ouvrières placés autour des cellules royales, les larves qui s'en nourrissent deviennent aptes à propager leur espèce, mais elles ne pondent jamais que des œufs de mâles.

Les larves ne vivent que peu de temps sous leur premier état; au bout de cinq à six jours, l'ouvrière a pris assez de développement pour se filer une coque et se changer en nymphe; les abeilles, aussitôt, ferment sa cellule avec un petit couvercle en cire, de forme bombée. Le jeune insecte reste sept jours et demi sous le masque de nymphe; le vingtième jour, à partir du moment où l'œuf a été pondu, il ronge le couvercle de sa cellule, déchire l'enveloppe qui l'emprisonne et sort pourvu d'ailes. Dans cet état, il est encore humide et se tient sur le bord du gâteau; mais les ouvrières l'entourent, le lèchent, absorbent son humidité, et lui présentent du miel qu'elles dégorgent sur sa trompe : vingt-quatre heures après avoir quitté sa cellule, l'ouvrière va butiner dans la campagne.

La durée des transformations varie suivant les différents sexes.

Les mâles restent six jours et demi sous la forme de larves et ne sont métamorphosés en insectes parfaits que le vingt-quatrième jour, à compter du moment où l'œuf a été pondu ; comme les ouvrières, au moment de subir leur second changement, ils sont enfermés dans leurs cellules par un couvercle de cire bombé.

Les jeunes femelles passent cinq jours à l'état de larves dans des cellules que les ouvrières ont soin d'agrandir, et elles se filent une coque qui n'enveloppe qu'une partie de leur corps, laissant à nu l'extrémité de l'abdomen ; le seizième jour, à compter de la ponte, elles deviennent insectes ailés ; mais si la mère abeille habite encore la ruche, elles restent prisonnières et sont gardées à vue. Déjà les ouvrières ont rétréci leurs cellules, elles en fortifient le couvercle par un cordon de cire, et n'y laissent qu'un petit trou par lequel elles dégorgent du miel sur la trompe des jeunes femelles captives : aucune d'elles n'est rendue à la liberté avant le départ de la mère abeille.

Dès que plusieurs larves sont sorties de l'œuf, l'éclosion n'est plus interrompue que par les variations de l'atmosphère : un temps chaud l'accélère, un temps froid la retarde. Chaque jour, des abeilles s'échappent de leurs berceaux, la population croît à vue d'œil, beaucoup de mâles ont pris des ailes ; de jeunes reines n'attendent plus que le moment de leur délivrance ; vient, enfin, une époque où le nombre des abeilles est devenu si considérable, qu'une partie d'entre elles est obligée de se tenir en dehors de la ruche ; l'essaimage est prochain, il s'annonce par des signes particuliers. D'abord, un bourdonnement se fait entendre par intervalles, le soir et pendant la nuit ; les mâles se montrent avec leurs ailes; une partie des abeilles passe la nuit hors de la ruche et s'entasse à l'entrée; celles qui reviennent chargées conservent leur pollen, et se réunissent aux divers groupes; peu d'ouvrières vont butiner, la plupart volent devant la ruche. A l'intérieur, tout est agitation. Les abeilles semblent frappées de vertige.

Au bruissement des jeunes femelles, la mère abeille est prise d'une espèce de fureur; elle parcourt avec inquiétude les gâteaux, visite les alvéoles et cherche à se jeter sur les cellules royales pour y tuer ses rivales. Arrêtée dans ce projet par les abeilles, elle entre en délire et le communique au reste de la ruche. Plus de soin des larves, plus d'approvisionnements; les butineuses, à peine revenues des champs, partagent l'effervescence générale et courent à travers la ruche sans chercher à se débarrasser de leur butin; tout à coup, la température de la ruche s'élève à 32°, le tumulte est à son comble, la mère abeille se précipite vers les portes, elle s'envole au dehors, la foule des abeilles la suit.

Au sortir de la ruche, l'essaim s'élève en tourbillonnant, se balance pendant quelques instants dans l'air, et va se fixer sur une branche d'arbre ou sur tout autre objet préféré. Un certain nombre d'abeilles ne tardent pas à le rejoindre; elles se posent les unes au-dessus des autres, cramponnées par leurs jambes à crochets; de minute en minute, le peloton se grossit des retardataires qui n'avaient pas quitté la ruche au départ. Quand presque tous ont rejoint, le calme se fait dans cette masse tout à l'heure si bourdonnante; elle pend en grappe immobile, escortée seulement de quelques éclaireurs qui voltigent à l'entour : c'est le moment de recueillir l'essaim; si on le laisse trop longtemps à lui-même, il finit par prendre sa volée, et va s'établir dans le creux d'un arbre ou dans le trou de quelque vieil édifice; il est alors rendu à sa condition première d'abeilles libres et sauvages.

Pendant cette émigration, qu'est devenue la ruche d'où l'essaim est parti ? Un grand vide s'y est fait, mais elle n'est pas absolument déserte; d'une part, les abeilles en expédition n'ont pas accompagné la mère dans sa fuite; en rentrant au gîte, souvent elles y restent et forment déjà un noyau de population; de l'autre, les éclosions se succèdent d'instant en instant : nouvelle source de citoyens pour la ruche; elle sera bientôt reconstituée. On se rappelle qu'au moment du jet, les cellules royales renfermaient de jeunes femelles autour desquelles des ouvrières faisaient sentinelles. La mère abeille partie, elles n'ont plus intérêt à retenir leurs prisonnières; elles rendent donc la liberté à la jeune reine éclose la première, et, dès qu'elle est en état de pondre, elles lui abandonnent les femelles contenues dans les alvéoles royaux : la nouvelle mère les tue toutes, sans pitié, les unes après les autres.

En cela, elle ne fait qu'obéir à son instinct. Deux reines ne peuvent exister à la fois en liberté dans la même ruche. Déjà les ouvrières, malgré leur activité, ont peine à suffire à tous leurs travaux, que deviendraient-elles si elles avaient à faire à deux femelles douées toutes deux d'une prodigieuse fécondité ? A coup sûr elles succomberaient à la peine. Une seule mère abeille doit donc présider aux destinées de la ruche, voilà pourquoi toutes les rivales sont sacrifiées. Sa prééminence, du reste, ne s'établit pas toujours sans difficulté. Il arrive parfois que, dans le trouble occasionné par le départ de l'essaim, deux jeunes femelles, imparfaitement surveillées, forcent au même instant leur prison; un combat devient inévitable. Dès qu'elles s'aperçoivent, elles fondent l'une sur l'autre, et cherchent, toutes deux, à se poignarder; les abeilles témoins de leur lutte, loin de vouloir les séparer, font cercle autour d'elles et les empêchent de fuir; ainsi ramenées l'une vers l'autre, les deux reines s'attaquent de plus belle et se prennent par la tête, les ailes, les pattes, les antennes; leur duel est un duel à mort; il continue jusqu'à ce que la plus habile ou la plus heureuse d'un coup d'aiguillon triomphe de son adversaire.

La nouvelle reine, une fois maîtresse du terrain, commence aussitôt sa ponte d'ouvrières; elle imitera en tout celle qui l'a précédée, et, comme elle, elle jouira des priviléges attachés à sa dignité : on lui fera cortége, on l'accompagnera partout et partout on lui offrira sa nourriture miellée, sans qu'elle ait besoin de l'aller chercher sur les fleurs ou de la prendre dans l'entrepôt ; elle a bien droit à ces hommages, n'est-elle pas l'âme de tout un peuple ?

La saison de l'essaimage passée, vient pour les abeilles le temps des travaux d'approvisionnement ; il s'agit de faire face à l'hiver qui s'avance. Nos travailleuses sont trop bonnes ménagères pour se laisser surprendre par la famine ; toute la population en état de butiner se met avec ardeur en campagne ; on part dès le lever du soleil, et l'on ne cesse de picorer qu'avec le jour. L'activité, à cette

époque, égale au moins celle déployée au printemps. On peut s'en faire une idée par le calcul
suivant : au plus fort des travaux, dans les grands
jours, une ruche bien peuplée donne entrée à cent
abeilles par minute. De cinq heures du matin à sept
heures du soir, si l'affluence est la même pendant quatorze heures d'excursions répétées, il se fait 80,000
rentrées, ce qui, pour une ruche garnie seulement
de 20,000 abeilles, produit un peu plus de quatre
sorties pour chaque ouvrière en quête de miel et de
pollen : à voir l'ardeur avec laquelle elles dépouillent
les plantes, on comprend que les magasins soient
bien vite remplis. Cette opération les conduit jusqu'à la fin de l'été. Avant de s'y livrer, les abeilles
ont une grande exécution à faire. Aussi économes que
laborieuses, elles n'admettent pas de gaspillage dans
leur gouvernement, elles n'y souffrent pas non plus
de bouches inutiles. Les mâles, à cette époque de
l'année, ne sont plus bons à rien; comme ils ne
contribuent pas aux approvisionnements, on ne juge
pas à propos de les nourrir éternellement aux frais
de la république; ils ont rempli les fonctions pour
lesquelles ils étaient nés, cela suffit ; ils n'ont plus
aucun droit à vivre dans une cité où chacun doit se
dévouer au bien général ; un beau matin, leur extermination est décrétée. Les abeilles y procèdent rapidement. La sortie du dernier esssaim donne le
signal de cette autre Saint-Barthélemy. Sans som-
mations préalables, les ouvrières se jettent tout
d'un coup sur les mâles, les poursuivent de gâteaux
en gâteaux, les tiraillent, les écartèlent et les
poignardent. Le massacre est général, il s'étend
à toute la population masculine, sans distinction

d'âge. Après la tuerie des adultes, vient celle des larves et des nymphes; les abeilles les arrachent de leurs berceaux et les percent de leur dard; leurs cadavres sont traînés hors de la ruche et jetés aux vents.

Mais pourquoi ces massacres périodiques qu'on ne soupçonnerait pas chez un peuple aussi laborieux que les abeilles? Comment les concilier avec l'idée d'une bonté divine, attentive à la conservation de ses créatures? Justifier la Providence n'est jamais chose difficile. Quand les insectes vivent réunis en famille et sont tous liés les uns aux autres par des besoins et des services réciproques, on ne doit plus considérer la société que comme un corps, et les individus, en particulier, comme des membres créés pour sa conservation. Un des membres devient-il inutile, cesse-t-il de contribuer au bien général, il rompt l'harmonie; c'est un être à retrancher. Lorsque la mère abeille s'est mise à pondre, les mâles ne sont plus dans la ruche que des parasites, mangeurs de miel et capables d'affamer la république : voilà pourquoi on s'en débarrasse.

Après la destruction des mâles, la ruche ne contient plus que des ouvrières et une seule femelle. Celle-ci pond jusqu'à l'automne dans les cellules d'ouvrières; pendant ce temps, une partie des abeilles est occupée à nourrir les larves, les autres se répandent dans la campagne pour butiner; d'autres, enfin, veillent au salut général, prêtes à repousser toute attaque étrangère.

Entre elles, les abeilles vivent toujours pacifiquement, mais elles ont parfois à se défendre contre les voleurs du dehors, surtout quand une ruche voisine n'a pu remplacer sa reine ou que les vivres y font défaut. La misère, on le sait, est souvent mauvaise conseillère; une ruche qui meurt de faim à l'arrière-saison et qui, ayant perdu sa mère, a perdu tout courage et toute idée généreuse de travail, songe alors à vivre aux dépens d'autrui. Le coup monté, toute la population affamée se précipite sur une ruche prospère, la bataille s'engage aussitôt. Les assaillantes jouent leur vie en désespérées; les autres combattent pour la défense du foyer; de part et d'autre, l'acharnement est extrême; le plus souvent le bon droit l'emporte, l'attaque est repoussée; les vainqueurs alors se tournent contre les vaincus, et, par voie de représailles, se jettent sur la cité coupable; ils n'ont pas de peine à l'envahir : elle était déjà à demi ruinée par la famine; une partie de ses habitants vient de rester sur le champ de bataille.

Ces pillages et ces combats de ruche à ruche n'ont jamais lieu entre peuplades bien pourvues de citoyens et largement approvisionnées; c'est un simple accident qu'il faut mettre sur le compte de circonstances désespérées; quand toutes choses marchent régulièrement, la nation des abeilles vit en bonne harmonie avec tout ce qui l'entoure.

Tant que dure la belle saison, les abeilles poursuivent sans relâche leurs courses intéressées sur les fleurs et les fruits; elles récoltent aussi le miellat, espèce de gomme sucrée qui se produit, en certains temps, à la surface des végétaux, et continuent leurs approvisionnements jusqu'à ce qu'elles n'aient plus rien à emmagasiner. Lorsque le règne des fleurs est passé, qu'il n'y a plus ni miel ni poussières végétales à recueillir, la ponte de la mère s'arrête, les abeilles achèvent d'élever le couvain avec le pollen déposé dans les alvéoles. L'hiver enfin arrive avec son cortége de brumes et de frimas; les abeilles ne sortent plus qu'à de rares intervalles et seulement lorsque luit le soleil; bientôt le froid les cantonne dans leur ruche; elles y vivent des provisions amassées, et attendent, blotties entre les gâteaux, que la chaleur du printemps ramène les fleurs et les rende à leurs travaux.

V

LE LAMPYRE OU VER LUISANT
LES DRILLES

Il n'est pas rare dans les belles soirées de la fin de septembre, aux environs de Paris, de voir briller, à travers le gazon, des points lumineux qui, de temps à autre, percent l'obscurité. Tantôt ils s'éclairent d'un vif éclat, et vont ensuite s'affaiblissant par degrés; tantôt ils dardent des scintillations, puis s'enveloppent d'une lumière douce, uniforme, et s'épanouissent enfin en un jet de lumière continue. Cette illumination phosphorescente, qui se déplace à chaque moment, est produite par un insecte appelé Lampyre; ses fanaux à feux mobiles sont placés vers l'extrémité de l'abdomen, entre les derniers anneaux, là où la membrane tégumentaire est très-mince : il les allume et les éteint à volonté.

L'incandescence des lampyres a pour origine une sécrétion particulière, d'un aspect granuleux, logée dans de petites cellules. Quand on plonge cette sécrétion dans l'oxygène, elle dégage une lumière assez forte pour permettre de lire dans un livre ; l'animal peut en être privé, sans cesser pour cela de vivre, mais il n'est plus lumineux. La propriété phosphorescente dont il jouit est indépendante de son état de vie, elle est inhérente à l'organe même qui la possède. Sépare-t-on le ventre du reste du corps, la partie abdominale passe subitement d'une vive lumière à une obscurité totale et recommence ensuite à luire ; mais, pour cela, il faut que le tronçon garde une certaine souplesse ; la phosphorescence est suspendue dans un corps desséché ; elle reprend dans l'eau avec le ramollissement de l'organe, mais sa durée est très-limitée.

Quand on immerge un ver luisant dans l'eau tiède, il répand une vive lumière ; dans l'eau froide, il ne jette aucune lueur ; dans l'eau chaude, l'éclat reparaît peu à peu : pour faire jaillir un faisceau de lumière dans le milieu ordinaire où vit l'insecte, il suffit d'exciter fortement ses contractions musculaires ; lorsqu'on le renverse sur le dos, il fait des efforts continuels pour se retourner, et luit alors presque sans interruption.

Dans le midi de la France, en Provence et en Corse, l'espèce connue sous le nom de Luciole donne un curieux spectacle au mois de mai. A cette époque de mariage général dans la nature, bosquets, buissons et taillis sont en plein feu d'artifice, des fusées volantes jaillissent de toutes parts. Des myriades d'étincelles montent, descendent, plongent dans l'obscurité, rebondissent tout à coup plus vives et plus lumineuses, disparaissent de nouveau, pour se montrer encore, croisant leurs feux en tous sens, et décrivant mille et mille paraboles fantastiques. L'œil ébloui, fasciné, a peine à suivre leurs hiéroglyphes. On serait tenté de croire à une hallucination, si, dans cette valse flamboyante, acteurs et actrices ne venaient se heurter étourdiment contre le visage du spectateur, et lui donner la clé de cette fête improvisée : ces petits flambeaux vivants ne sont autres que les lucioles célébrant leur joyeux hyménée. Les ébats de notre ver luisant parisien, le Lampyre noctiluque, sont plus modestes. Les femelles, privées d'ailes, ne peuvent aller au-devant de leurs maris, tous bien équipés pour voler; elles leurs donnent rendez-vous en promenant leurs feux verdâtres dans l'herbe. Paisibles sont leurs mœurs comme douce est leur lumière ; elles ne se nourrissent que de substances végétales.

Il n'en est pas de même des larves. Carnassières féroces, elles poursuivent les menus insectes, et s'attaquent de préférence aux colimaçons. Pénétrer dans leurs coquilles malgré la mucosité dont ils s'enveloppent, les hacher et les dévorer, sont, pour elles, passe-temps journaliers; elles se débarrassent de l'écume mousseuse de leur proie en faisant jouer les brosses dont leur partie postérieure est garnie. Leur métamorphose en nymphe ne s'accomplit pas selon la formule ordinaire; la peau ne se fend pas au-dessus de la tête, mais bien sur les côtés ;

l'animal se fait passage en contractant et en allongeant alternativement les anneaux de son corps.

Larves et nymphes de vers luisants jouissent de la faculté phosphorescente comme l'insecte parfait.

Si les larves des lampyres sont friandes de colimaçons, celle d'un petit coléoptère ailé, le Drille flavescent, n'est pas moins gourmande de ce mollusque. Elle n'a pas besoin de lanterne pour découvrir sa proie. Sa chasse a lieu à la face du soleil; elle s'insinue entre le corps du colimaçon et sa coquille, ronge en détail le maître de céans, et prend possession de sa tente pour se changer en nymphe. En sa qualité de voleuse de profession, elle sait prendre ses sûretés contre les maraudeurs; avant de subir sa métamorphose, elle ferme la porte avec la dernière tunique dont elle s'est dépouillée comme larve. Le Drille mauritanique attaque le gibier d'une façon encore plus pittoresque et tout à fait ingénieuse. Sa larve en veut surtout aux Cyclostomes, mollusques dont la coquille, roulée en cercle, se ferme d'un opercule. Il s'agit pour elle d'entrer dans un logis bien défendu. Inutile de chercher à forcer l'entrée; la porte est tellement verrouillée, qu'elle ne laisse aucun passage pour la pince la plus fine; d'ailleurs les mandibules du drille ne sont pas de taille à tenter l'effraction. Comment donc parviendra-t-il à satisfaire sa convoitise? Par la patience et la ruse, ces armes toutes-puissantes avec lesquelles la faiblesse triomphe plus sûrement que la violence; dès que le cyclostome est à sa portée, il saute sur lui et se cramponne à sa coquille, à l'aide d'une ventouse dont il est pourvu: ainsi posté, il fait sentinelle. Le cyclostome ne se berce pas d'illusion. Certain que l'ennemi est à califourchon sur sa maison, il se renferme dans sa citadelle, résolu d'y soutenir un long siége ; mais que peut le plus grand courage contre la faim ? La garnison est bientôt à bout de vivres ; cyclostome et drille de jeûner à l'unisson ; deux jours, trois jours se passent dans les tortures de l'estomac ; à un moment donné, la famine est si grande dans la place, que, mourir pour mourir, le cyclostome se décide à tenter une sortie ; c'en est fait de lui ; l'opercule se détache, la larve n'attendait que ce moment ; prompte comme l'éclair, elle s'élance sur le battant entre-bâillé, mord le muscle qui fait adhérer l'opercule au corps du cyclostome, et s'empare de la place. L'infortuné mollusque est perdu sans ressources ; pour lui, point de retraite possible ; sa porte ne peut plus se refermer ; le drille est désormais en possession de sa forteresse : le scélérat chante sa victoire en faisant curée de la garnison.

VI

L'HYDROPHILE BRUN

On se tromperait étrangement si l'on croyait que les insectes ne vivent que sur terre. Les lacs, les marais, les étangs, toutes les eaux dormantes et les ruisseaux en recèlent un grand nombre, qui, pour habiter un milieu uniforme, n'en présentent pas moins des mœurs variées. Leur humide séjour est le témoin-né de leurs ruses, de leurs guerres et de leurs métamorphoses, c'est dire qu'une partie de leur existence échappe souvent à nos regards; mais quand, à force de patience et d'observation, on est parvenu à saisir quelques-uns de leurs secrets, on se convainc facilement que le théâtre aquatique en vaut un autre, et qu'il n'est pas indigne d'être étudié.

Sans parler d'une foule de Diptères dont les larves vivent dans l'eau, plusieurs ordres d'insectes y ont aussi leurs représentants. C'est dans les eaux que les Libellules passent la première période de leur vie, côte à côte avec les Friganes; là aussi se trouvent les Notonectes, insectes qui nagent toujours sur le dos, le ventre en l'air; les Nèpes, les Naucores dont les pattes antérieures sont façonnées en armes de guerre pour saisir et déchirer leur proie; les Corises au corps argenté, la Ranâtre linéaire, et ces essaims folâtres de Gyrins sans cesse tourbillonnant à la surface de l'eau, comme s'ils étaient condamnés à y tracer d'éternels cercles magiques.

Les Dytiques surtout tiennent cour plénière dans nos eaux douces; ils y vivent presque continuellement, bien qu'ils aient aussi la faculté de voler; leurs quatre derniers pieds, transformés en appareils de natation, en font de droit des citoyens de l'humide empire. Plus que tous autres, ils sont carnassiers; chasseurs de gibier dès leur état de larves, ils ne quittent leurs mœurs guerrières qu'avec la vie. Malheur aux insectes qui se trouvent à leur portée! Cuirassés qu'ils sont de la tête aux pieds, ils n'ont rien à redouter; toujours ils sont les premiers agresseurs; de toute la force de leurs rames ils s'élancent sur leurs victimes, les saisissent avec leurs pattes antérieures et se servent de ces appendices, comme de mains, pour les dévorer. Ainsi que l'indique leur nom, les dityques sont d'excellents plongeurs ; mais quoiqu'ils puissent rester longtemps sous l'eau, ils ne peuvent se passer d'air indéfiniment ; ils sont obligés de venir respirer de temps en temps. Pour se porter à la surface, ils n'ont qu'à tenir leurs pattes en repos et se laisser flotter ; plus légers que l'eau, ils n'ont aucune peine à surnager ; l'extrémité inférieure de leur corps vient s'appliquer à la surface en la dépassant un peu ; dans cette position, l'insecte soulève un peu ses élytres ou baisse le bout de son ventre, l'air s'introduit sous les ailes : le dytique en fait provision. Veut-il gagner le fond , il rapproche vivement son abdomen des élytres; le vide qui les séparait se trouve bouché, l'eau n'y peut plus pénétrer.

Les dytiques, en leur qualité de bons voiliers, ne se confinent pas dans une seule mare ; aux approches de la nuit, on les voit voler, en bourdonnant, d'étangs en étangs ; ce sont là leurs ébats aériens.

Les larves ont le corps long et effilé, défendu en dessus par des plaques écailleuses qui revêtent les neuf premiers anneaux et débordent un peu sur les côtés; le ventre est la partie la plus vulnérable : une simple peau molle le couvre; il se termine en pointe et est garni à son extrémité de franges de poils flottantes qui aident à la natation. Quand la larve veut changer de place ou fuir quelque ennemi, il lui suffit d'imprimer vivement un mouvement vermiculaire à son corps en battant l'eau avec sa queue. Le temps de la transformation venu, la larve du dytique quitte l'eau et va s'enfoncer, non loin de là, dans la terre;

elle s'y ménage une cavité de forme ovale et s'y change en nymphe, puis en insecte parfait.

Mais, de toute la tribu des insectes aquatiques, l'Hydrophile brun est un de ceux dont les mœurs ont été le mieux observées; les détails qui suivent sont empruntés à un mémoire publié par M. Miger dans les Annales du Muséum d'histoire naturelle :

« *Ponte*. — Dans les premiers jours de mai, je pris, dit l'auteur, dans la mare du Petit-Gentilly, près de Paris, plusieurs hydrophiles bruns, et je les plaçai dans un bocal rempli d'eau, parmi des plantes aquatiques dont ils firent leur principale nourriture; ils dévorèrent aussi avec avidité des larves mortes et des limaçons d'eau (Panorbes, Limnées). Ces insectes cherchèrent bientôt à s'accoupler; et, quelques jours après, la femelle se mit en devoir de filer sa coque.

Je la vis s'attacher au revers d'une feuille qui flottait sur l'eau, s'y placer en travers, et, allongeant ses premières paires de pattes, les appuyer sur le dessus et de chaque côté de cette feuille, de manière à lui faire prendre une légère courbure. L'abdomen était fortement appliqué au revers de la feuille et laissait voir à son extrémité deux appendices qui s'avançaient et se retiraient avec vitesse, et desquels paraissait sortir une liqueur blanche et gommeuse.

Cette liqueur était le principe de la coque, et les appendices étaient les deux filières de l'hydrophile. En considérant plus attentivement ces filières, je vis qu'elles déposaient çà et là, dessous la feuille, des fils argentés qui, appliqués successivement les uns sur les autres, formèrent une petite poche demi-cir-

culaire dans laquelle l'extrémité de l'abdomen se
trouva comme engagée. Au bout de dix minutes environ, l'hydrophile retirant ses pattes de dessus la
feuille, se retourna brusquement et se plaça la tête
en bas, sans ôter pour cela de la coque l'extrémité de
son abdomen. Dans cette nouvelle position, l'insecte
se tenait à peu près immobile, les quatre pattes
antérieures étendues, et les deux autres fortement
accrochées dessous la feuille et de chaque côté de
la coque. Pendant près d'une heure et demie, je dis-
tinguai facilement au travers du tissu tous les mouvements de la filière ; c'était un pinceau à deux
brins qui se promenait de droite à gauche et de haut
en bas, avec beaucoup d'agilité dans l'intérieur de la
coque, et qui enduisait ses parois et ses bords extérieurs de cette liqueur gommeuse dont nous avons
parlé. Cette coque, travaillée de cette manière et
toujours en dedans, s'accrut, s'épaissit, et devint
enfin si compacte, qu'il me fut impossible de distinguer les mouvements de la filière.

Cependant de petites bulles d'air commençaient
à s'échapper de l'intérieur de la coque. Je pensai
que c'étaient les œufs qui occasionnaient ce dépla-
cement. En effet, au moment où l'hydrophile écar-
tait son abdomen de l'extrémité de ses élytres, j'a-
perçus distinctement de petits corps oblongs et blanchâtres qui se plaçaient les uns à côté des autres, et
que les filières recouvraient à mesure d'une liqueur
blanche et transparente. En trois quarts d'heure la
ponte fut achevée, l'insecte retira peu à peu son
abdomen de dessous la feuille, ferma sa coque assez
imparfaitement, et prit une nouvelle position.

Il lui restait à former la pointe qui termine cette

coque. Pour y travailler, l'hydrophile, ayant toujours la tête en bas, ramena ses pattes postérieures sur la feuille et les plaça de chaque côté de la coque ; les élytres, dont l'extrémité se trouvait à fleur d'eau, étaient écartés de l'abdomen et dépassés de quelques lignes par l'anus qui était très-dilaté. Rien ne cachait plus les filières ; on pouvait en suivre tous les mouvements : ils étaient continuels et rapides. Il fallut cependant plus d'une demi-heure à l'hydrophile pour former cette pointe ; l'insecte portait çà et là, au-dessus de la coque et sur le bord de la feuille, un fil délié et jaunâtre qui prenait au même instant de la fermeté ; bientôt, de nouvelles couches étaient appliquées sur la première, et comme la dernière dépassait toujours de quelques millimètres la précédente, il se forma insensiblement un appendice mince et conique d'une couleur jaune citron qui s'éleva à deux centimètres environ au-dessus de la surface de l'eau. Ce travail achevé, l'hydrophile dirigea légèrement la filière, de haut en bas, le long de la pointe, et ramenant, à mesure, tout son corps sous l'eau, il abandonna la coque qui, dès ce moment, fut terminée. Tous les travaux de la ponte durèrent environ trois heures.

On sait que les hydrophiles, lorsqu'ils sont dans l'eau, ont la faculté de tenir de l'air en réserve sous leurs élytres ; il en est même qui ont continuellement une bulle d'air sous leur abdomen, de manière qu'en se posant sur un corps solide placé dans l'eau, il se fait entre les deux corps un vide qu'occupe aussitôt la portion d'air qui était destinée aux organes de la respiration. C'est le même air qui est renfermé dans la coque de l'hydrophile ; il en est la première condition, il sert à l'insecte pour respirer pendant tout le temps de son travail, et il préserve ses œufs de l'inondation.

L'hydrophile a besoin d'un point d'appui pour asseoir les premiers fondements de son édifice ; les plantes, sèches ou fraîches, lui sont également propres ; il y fixe sa coque.

Tous les naturalistes connaissent les coques de l'hydrophile. Leur forme est ovoïde, et la pointe qui les termine les fait aisément remarquer à la surface des eaux stagnantes ; comme elles sont, pour ainsi dire, moulées sur l'abdomen de l'hydrophile, c'est la grosseur de l'insecte qui en détermine les proportions. Leur couleur est toujours blanchâtre, à l'exception de la pointe qui est d'un brun foncé, l'air séchant et brunissant cet appendice qui, de plat qu'il était d'un seul côté, s'arrondit alors en forme de tube dans toute sa longueur.

L'ouverture préparée pour la sortie des larves se voit à la base de cet appendice ; elle n'est ordinairement fermée que par quelques fils qui, au moyen de l'air renfermé dans la coque, suffisent pour empêcher l'eau d'y pénétrer. Si l'on ouvre une de ces coques, et qu'on enlève toute la section opposée à la partie la plus voisine de la surface de l'eau, on aperçoit quarante-cinq à cinquante petits cylindres légèrement renflés et courbés vers leur sommet, de la longueur de quatre millimètres, groupés en forme de croissant au milieu de la coque, tous dans une position à peu près verticale, à égale distance les uns des autres, et placés chacun dans une case particulière que forme une liqueur cotonneuse ; ce duvet qui retient les œufs est attaché à la partie supérieure de la coque, et laisse, à la partie inférieure et tout autour, un espace vide qui s'étend jusqu'à l'ouverture.

La larve de l'hydrophile ne sort pas de l'œuf en laissant une enveloppe vide qui conserve sa forme, comme on le voit à la naissance des larves de plusieurs insectes. L'œuf prend une sorte de développement ; il se gonfle, devient brun et luisant, au point que l'on distingue quelques formes de la larve future, et particulièrement ses yeux ; bientôt la pellicule qui l'enveloppe se rompt, et, au lieu d'un petit cylindre lisse et sans mouvement, c'est une larve deux fois grosse comme lui qui s'agite en tous sens, et ne laisse aucune idée de sa première forme. Elle se dégage avec d'autant moins de peine de l'enveloppe qui la tient emmaillotée, qu'il se trouve, au-dessous de sa tête, un espace libre pour la recevoir, et il est à remarquer que les têtes de toutes les larves sont, à cet effet, dirigées de ce côté. C'est dans cette partie inférieure de la coque que les larves se retirent ; c'est là que, pendant plus de douze heures, elles s'agitent les unes sur les autres, sans laisser aucune trace des cases cotonneuses qui les tenaient séparées, et sans prendre de nourriture.

Naissance. — Les œufs éclosent ordinairement dans l'espace de douze à quinze jours : la température de l'atmosphère hâte ou retarde la naissance des larves et leur sortie de la coque. Ces insectes ont à peine quitté leur nid, qu'on les y voit rentrer, en sortir de nouveau, s'y attacher en groupes, et se jouer tout autour, jusqu'au moment où le besoin de nourriture les force à s'en écarter et les disperse tous.

Les larves changent plusieurs fois de peau dans l'eau. Toutes celles que j'ai élevées à la sortie de l'eau sont mortes après le premier changement de peau; mais, aux approches de l'été, je m'en procurai d'autres qui parvinrent toutes à leur dernier développement; je les mis dans l'eau de fontaine, et elles y nagèrent avec facilité, en agitant vivement leurs pattes garnies de poils.

Transformation. — Lorsque ces larves approchèrent du temps de leur métamorphose, elles cessèrent de manger, et comme elles ne pouvaient sortir du vase qui les renfermait, elles se mirent à en tâter les parois avec une sorte d'inquiétude, en élevant leur partie postérieure hors de l'eau, comme pour chercher à atteindre la terre. Je me hâtai de les y poser, mais l'une d'elles était déjà noyée, tant les changements d'organisation intérieure sont rapides et considérables lorsque le temps de la transformation est arrivé.

Les autres larves entrèrent dans la terre en se servant, pour la creuser, de leurs mandibules et de leurs pattes; elles s'y enfoncèrent à cinq centimètres de profondeur, et employèrent cinq jours à se former une retraite en comprimant la terre en tous sens avec leur corps. Cette cavité, à peu près sphérique, d'environ trente millimètres de diamètre, et très-lisse à sa partie inférieure, ne laissait apercevoir aucune issue. C'est là qu'une de ces larves, courbée en arc et posée sur le ventre, attendit pendant dix jours sa métamorphose qui s'opéra assez promptement : sa peau se fendit sur le dos jusqu'au quatrième anneau, à partir de la tête, et la nymphe se fit jour par cette ouverture.

L'état de nymphe dura trois semaines, pendant lesquelles les parties cornées se colorèrent graduellement. La dernière métamorphose eut lieu de la manière suivante : une longue enveloppe blanche se fendit sur le dos de la nymphe qui, déjà, était un insecte parfait ; l'hydrophile se renversa sur le dos, et, à l'aide de ses pattes et du mouvement onduleux de ses anneaux, il parvint à se débarrasser entièrement de cette enveloppe. Aussitôt les élytres, qui étaient appliqués sur le ventre, se placèrent sur le dos ; les ailes se déployèrent et restèrent étendues jusqu'à ce qu'elles eussent pris de la fermeté ; bientôt l'insecte, les retirant sous ses étuis encore blancs et sans consistance, se releva sans effort et se posa sur ses pattes mal affermies. Il prit en vingt-quatre heures la couleur brune qui lui est propre, et resta douze jours dans la terre sans faire aucun mouvement ; ce temps expiré, il commença à s'agiter, et la dureté de ses pattes et de ses mandibules lui permettant alors de forcer sa prison, il s'échappa par une ouverture assez petite, à la faveur de la flexibilité de ses élytres et de la compressibilité de son corps. On conçoit qu'un temps sec ou humide accélère ou retarde cette évasion.

Ainsi, il a fallu quatre-vingt-dix-huit jours environ à l'hydrophile pour se reproduire dans son état parfait, dont soixante environ ont été passés sous celui de larve.

Si l'on récapitule maintenant ce qui vient d'être dit sur l'hydrophile brun, et si l'on se représente à la fois le lieu de son habitation, sa nourriture, ses œufs, la coque qu'il file sous l'eau pour les y renfermer, les mœurs de la larve, la cavité qu'elle forme dans la terre pour s'y métamorphoser, les transformations de la larve en nymphe, les habitudes de cette nymphe, enfin la manière dont l'insecte parfait se dégage de sa dernière enveloppe, et les moyens qu'il emploie pour sortir de sa retraite souterraine, on trouvera dans cette réunion de faits, l'histoire complète de l'hydrophile brun, le plus grand insecte aquatique de nos climats. »

VII

LES TIPULES

Les Tipules et les Cousins ont un tel air de ressemblance, que si l'on se bornait à leur extérieur, on les prendrait aisément l'un pour l'autre. Tous deux ont le corps allongé et porté sur de hautes jambes; tous deux, par la proéminence de leur corselet et leur tête infléchie sur le ventre, paraissent comme bossus; mais il suffit de les examiner avec un peu d'attention, pour saisir tout de suite le caractère essentiel qui les distingue : les cousins sont armés d'une longue trompe et d'un suçoir composé de six soies; les tipules n'ont qu'une trompe courte et épaisse, et deux soies seulement en guise de suçoir; les premiers sont essentiellement sanguinaires, tandis que les secondes sont très-pacifiques et ne peuvent nous faire aucun mal : ce dernier signalement moral ne permet plus de les confondre.

Les tipules sont habitantes des prés et des bois, on

les rencontre depuis le commencement du printemps jusqu'à l'automne. Les plus grandes espèces fréquentent surtout les prairies; les mois de septembre et d'octobre sont ceux où elles y sont le plus abondantes. Elles sont alors si communes, qu'on ne saurait faire un pas sans en faire lever plusieurs. Quoiqu'elles prennent quelquefois un vol assez grand, lorsqu'il fait chaud et que brille un beau soleil, il est ordinairement de courte portée; souvent elles volent terre à terre et en rasant la surface des herbes. Dans certains temps, elles se servent de leurs ailes, comme les autruches, pour rendre leur marche plus rapide; leurs longues jambes les aident à voler en poussant leur corps en avant; elles en font surtout usage en guise d'échasses, pour se soutenir à fleur d'herbes et les traverser plus commodément.

Les petites espèces volent plus volontiers; beaucoup d'entre elles se tiennent presque continuellement en l'air. Dans toutes les saisons de l'année, sans même en excepter l'hiver, si la température est douce, on les voit, à certaines heures du jour, par un temps calme, monter et descendre par myriades dans l'air en suivant toujours la même ligne verticale; nuées vivantes, elles s'arrêtent parfois à une certaine limite atmosphérique, parfois aussi elles la dépassent; elles continuent ce manége pendant des heures entières, sans prendre pied. Ces danses aériennes, sans trève ni fin, ont l'aspect du bal le plus animé; c'est le prélude des noces : l'accouplement a lieu bientôt après.

L'attitude de la plus grande tipule de notre pays (*Tipula oleracea*) est assez singulière pendant la ponte. Son corps n'est plus parallèle au plan sur lequel elle est posée, situation ordinaire chez tous les insectes; elle se tient droite, campée sur ses deux jambes postérieures, l'extrémité du ventre appuyée au sol par la pointe qui le termine, et ses pattes antérieures accrochées à un brin d'herbe. Quand un œuf est pondu, elle fait quelques pas en avant, toujours dans la même position verticale, et dépose un nouvel œuf dans le trou qu'elle vient d'ouvrir; tous ses œufs sont semés de cette manière; ils sont oblongs, un peu recourbés et d'un noir luisant. Chaque femelle en pond une grande quantité.

Les larves des tipules varient selon les lieux qu'elles habitent; en général, elles ont la forme de vers allongés. Les unes sont pourvues d'appendices pédiformes, les autres en sont privées. Les larves des grandes espèces ont la tête petite, ordinairement cachée sous le premier anneau de leur corps et munie de deux cornes et de crochets au-dessous desquels se trouvent deux pièces écailleuses; ces quatre dernières pièces leur servent à couper et broyer les substances dont elles se nourrissent. Le dernier anneau de leur corps porte deux stigmates par où elles respirent l'air. Ces larves vivent dans les terrains humides des prairies et dans les cavités des arbres à demi pourris. On croit qu'elles se nourrissent de terreau. Elles subissent leur métamorphose dans le sol. La nymphe est de couleur grisâtre. En général, les ailes et les antennes sont ramenées du côté du ventre; les jambes, posées et arrangées à côté les unes des autres, dépassent rarement la moitié du corps; on sait combien elles sont démesurement longues, ce n'est donc pas petite affaire que de les loger : chaque jambe, après être descendue assez bas, se plie dans une de ses articulations ; elle remonte ensuite pour se rendre près de la tête ; là, elle se plie une seconde fois dans une autre articulation pour redescendre encore : chaque jambe, de plus, est plissée dans l'étui qui la contient. Ce ne sont pas là les seules particularités qu'offre cette nymphe. Tandis que dans le ver les organes de la respiration existaient à l'extrémité postérieure du corps, l'insecte métamorphosé les fait voir près de la tête ; deux petites cornes respirent directement l'air ambiant et le portent aux stigmates du corselet. De lisse qu'était le corps sous sa première forme, il devient, chez la nymphe, tout hérissé de piquants, tantôt simples, tantôt bifurqués, et dirigés en arrière. Leur usage est facile à deviner. La nymphe n'a point de jambes ; vient cependant un temps où elle a besoin d'aller en avant ; quand sa dernière transformation est prochaine, elle se pousse sur ses piquants pour s'élever à la surface du sol, jusqu'à ce que son corselet soit tout à fait hors de terre : ce but atteint, le dos de la tipule se fend ; l'insecte tire successivement tous ses organes de leur fourreau et laisse sa dépouille dans le trou où elle est à demi engagée.

Les larves des petites tipules ont des habitations plus variées ; quelques-unes se cachent dans les bouses de vache ; d'autres se tiennent sur les champignons ; plusieurs vivent au sein des eaux.

L'agaric du chêne en nourrit une espèce dont les mœurs méritent d'être remarquées. Elle ne pénètre pas dans la substance de la plante, elle se tient en dessous de son chapeau. Privée de jambes, elle ne fait que ramper, mais, dans sa progression, il lui faut l'étoffe la plus moelleuse; elle tapisse tous les endroits où elle passe d'un enduit visqueux et brillant. Veut-elle se fixer quelque part, elle fait sortir de sa bouche la liqueur gluante, l'applique en un point, puis la file en lames minces, et, à force de se tourner et retourner, l'étend sur tout son trajet : de cette manière, l'animal se fait un lit bien lisse, beaucoup plus large que ne le demande le volume de son corps. Quand il lui plaît de rester longtemps à la même place, la tipule en choisit une où les lames de l'agaric présentent un enfoncement et s'y fabrique une tente du même tissu : elle lui sert d'abri contre les injures de l'air, et empêche son corps de se dessécher, point essentiel, car il doit être toujours humide.

Notre larve aime donc que le lieu où elle repose, comme le chemin par où elle passe, soit tapissé. Pour tracer sa route, elle n'a qu'à élever la tête, étendre et coller son vernis devant elle et glisser dessus. Qui jamais a cheminé si voluptueusement? Parvenue à sa croissance entière, la larve s'enfonce dans une coque à grandes mailles construite de la même matière; elle en sort insecte ailé quinze jours après son changement en nymphe.

Les larves aquatiques de tipules diffèrent d'organisation, comme d'habitudes et de formes. Les unes nagent avec une extrême agilité; les autres se construisent des terriers, au bord mouilleux des ruisseaux; plusieurs se logent dans des fourreaux qu'elles savent se fabriquer avec toutes sortes de matériaux, graines, feuilles ou autres parties végétales en décomposition. Leurs nymphes n'offrent pas moins de variété. Quelques-unes se tiennent immobiles au

fond d'un trou; d'autres se meuvent avec vitesse
dans l'eau; mais toutes sont pourvues d'organes
spéciaux à l'aide desquels elles viennent respirer
l'air à la surface. Quand l'heure de la dernière métamorphose est venue, ces nymphes donnent le jour
à des tipules qui n'excèdent pas en grosseur les petites espèces de cousins; elles sont complétement
inoffensives.

VIII

HISTOIRE DES FOURMIS

Si l'éclat des couleurs devait seul, chez les insectes, attirer nos regards, les fourmis passeraient
inaperçues et resteraient confondues dans cette foule
d'animaux qui ne se recommandent au naturaliste
que par leurs caractères spécifiques; mais il n'en est
pas ainsi. Souvent l'insecte le plus obscur se relève
par son instinct et atteste la main divine qui l'a créé;
les fourmis en sont un exemple. Si l'on considère l'art
avec lequel elles construisent leur habitation, le soin
qu'elles prennent de leurs petits, l'ordre intérieur
des fourmilières, on conviendra que peu d'animaux
présentent des mœurs aussi curieuses et méritent
davantage notre admiration.

ARCHITECTURE DES FOURMIS

Tout le monde connaît les monticules que la
fourmi fauve élève dans les bois. Son habitation se
présente sous l'aspect d'un dôme dont la base est

cachée sous terre. Au premier coup d'œil, on dirait
un assemblage grossier de paille, de feuilles, de
graines, de brindilles entassées pêle-mêle les unes
sur les autres; mais avec un peu d'attention on découvre que ces matériaux ont une destination spéciale, celle de préserver la fourmilière des intempéries de l'atmosphère et de la défendre contre ses
ennemis.

Cependant, ce n'est là que l'extérieur du nid; la
majeure partie est enfouie sous terre, à une profondeur plus ou moins grande. Des avenues habilement
ménagées conduisent du sommet de l'édifice dans
l'intérieur; elles sont d'autant plus multipliées que
le nombre des habitants est plus considérable : leur
ouverture tient lieu de porte. C'est par là que les
fourmis fauves se répandent au dehors. Cette espèce,
en effet, aime à vivre au grand air. Pendant le jour,
s'il fait beau, on voit les fourmis s'ébattre joyeusement sur leur nid; mais à mesure que le soleil
décline à l'horizon, ou que le ciel se charge de
nuages, elles rétrécissent le diamètre de leurs avenues; une grande agitation se produit à la surface
de la fourmilière; les unes charrient des matériaux,
les autres les mettent en place et les fixent dans
l'édifice; celles-ci apportent de petites poutres dans
les galeries, celles-là les croisent au-dessus de l'ouverture; quelques-unes les recouvrent avec des
feuilles sèches; enfin, la nuit venue, tous les passages sont fermés, obstrués, barricadés; les fourmis
se retirent dans l'intérieur, non toutefois sans avoir
posé des sentinelles qui les avertiront au moindre
danger. La scène change à la pointe du jour. Des
éclaireurs, d'abord, vont à la découverte en dehors

du nid; plusieurs fourmis montrent de temps en temps leur tête au-dessous des petits toits pratiqués à l'entrée des galeries; la place explorée, la sécurité bien reconnue, on enlève les barricades, les matériaux sont dispersés de droite et de gauche sur la fourmilière, les passages sont rendus de nouveau à la circulation, et la peuplade d'accourir à la surface pour jouir du retour du soleil. Chaque jour, pendant la belle saison, les mêmes opérations se renouvellent; les jours de pluie, les portes restent fermées, et si le ciel est nébuleux dès le matin, les fourmis n'ouvrent qu'à demi l'entrée de leurs avenues.

Pénétrons maintenant dans leur habitation. Au commencement, la fourmilière n'est qu'une simple cavité pratiquée dans le sol; une partie des fourmis va quérir aux environs les matériaux propres à la construction de la charpente extérieure, et les dispose de manière à couvrir l'entrée de la demeure principale; d'autres fourmis apportent les fragments de terre qu'elles ont détachés pour creuser leur retraite, et les mêlent avec les autres objets, afin de remplir les vides et de donner de la solidité à l'édifice.

Celui-ci n'est point massif, il contient de nombreux étages, plusieurs salles fort basses et d'une construction grossière où les larves et les nymphes sont transportées à plusieurs reprises pendant le jour, et, de plus, des galeries qui aboutissent à une grande salle placée vers le centre de l'habitation; cette salle, beaucoup plus élevée que les autres, est traversée par les poutres soutenant le plafond : c'est là que se tiennent la plupart des fourmis. L'édifice

est donc réellement miné; il céderait sous le poids
de ses nombreux habitants, si la terre qui en remplit les interstices, tour à tour délayée par les pluies
et durcie au soleil, ne faisait office de mortier et ne
servait à lier ensemble toutes les parties de la fourmilière. Cette portion souterraine du nid ne peut
s'observer que lorsque la fourmilière est adossée
contre une pente; en enlevant le monticule qui la
couvre, on voit que les habitations se composent de
loges pratiquées horizontalement dans le sol; elles
offrent, du reste, les mêmes particularités que la
demeure des fourmis brunes.

Ces insectes, l'une des plus petites espèces du
genre, se distinguent par une industrie remarquable.
Leur fourmilière, de forme arrondie, est ordinairement établie au milieu des prés, des gazons, ou sur
le bord des sentiers. Redoutant la grande chaleur,
ils se tiennent, pendant le jour, renfermés dans leur
habitation, et n'en sortent, par des galeries couvertes, qu'après le coucher du soleil, ou lorsque la
terre est encore humide de rosée. Les étages du nid,
élevés de dix à douze millimètres, et divisés par des
cloisons d'un millimètre environ d'épaisseur, sont
composés de parcelles de terre si fines, que les
parois internes semblent parfaitement lisses. Ils
suivent la pente de la fourmilière, et sont tous su-
perposés. En examinant chaque étage isolément, on
y voit des cavités pratiquées avec soin, des loges plus
étroites, et de longues galeries qui servent de communication; les salles sont supportées par de petites
colonnes et par des murailles extrêmement minces.
Plusieurs cases n'ont qu'une seule entrée; il en est
dont l'orifice répond à l'étage inférieur; d'autres,

percées de toutes parts et présentant de larges espaces, forment une sorte de carrefour où toutes les rues aboutissent. Les cases et les places les plus fortes sont occupées par les fourmis adultes, les nymphes habitant des loges plus ou moins rapprochées de la surface, suivant les heures de la journée et la température de l'atmosphère. Quand un soleil trop ardent pénètre les étages supérieurs, les fourmis se retirent avec leurs petits dans la partie basse du nid; au contraire, si des pluies prolongées rendent les étages inférieurs inhabitables, elles se transportent plus haut avec leurs larves; c'est là qu'on les trouve réunies lorsque les souterrains sont submergés.

Mais comment ces fourmis, travaillant uniquement avec de la terre, peuvent-elles donner assez de solidité à des ouvrages aussi délicats? C'est ici que la Providence se révèle d'une manière admirable dans l'instinct de nos insectes. On sait que les fourmis brunes ne sortent qu'après le coucher du soleil et à la fraîcheur du serein ou de la rosée. Observez-les par une légère pluie, vous verrez tout ce petit peuple en mouvement. Chaque fourmi apporte entre ses mandibules une pelote de terre qu'elle a recueillie au fond de sa demeure, et l'applique à l'endroit choisi; là, elle divise cette particule de terre, elle la pousse avec ses mandibules de manière à combler les plus petites inégalités des murs ou des piliers en construction; à l'aide de ses antennes, elle palpe chaque brin de terre, et lorsque tout est convenablement disposé, elle l'affermit en le pressant avec ses pattes antérieures.

Une fois les fondements des piliers et des cloisons jetés, l'insecte ajoute de nouveaux matériaux pour donner plus de relief à son ouvrage. Deux petits murs destinés à former une galerie s'élèvent-ils en face l'un de l'autre, la fourmi brune attend qu'ils aient huit ou dix millimètres de hauteur; elle place alors horizontalement de la terre mouillée contre l'arête intérieure des deux murs et lui forme ainsi un rebord qui, venant à se rencontrer avec celui du mur opposé, remplit l'intervalle et dessine le plafond; son épaisseur est ordinairement d'un millimètre. De toutes parts les fourmis arrivent avec du mortier; toutes les opérations sont réglées; galeries couvertes, salles, piliers s'élèvent à la fois; un étage succède à un autre étage. Tant que dure la pluie, les fourmis brunes en profitent pour miner, maçonner la terre et la mettre en place. Mais l'édifice n'est pas encore bien solide, il ne tient que par juxtaposition; il faut qu'une averse lie plus étroitement toutes les parcelles de terre et leur donne la cohésion qui leur manque; alors les inégalités de la maçonnerie disparaissent; le dessus des étages composé de tant de pièces rapportées n'offre plus qu'une seule couche de terre bien unie, et n'a besoin, pour achever de se consolider, que de la chaleur du soleil.

Les constructions des fourmis noir-cendrées sont différentes. Cette espèce, comparée aux fourmis brunes, ne possède qu'une industrie grossière. Veut-elle donner plus d'élévation à sa demeure, la fourmi noir-cendrée commence par en couvrir le faîte d'une épaisse couche de terre tirée de l'intérieur; elle y creuse des fossés d'une largeur à peu près égale; les massifs qui les séparent servent de base aux murs intérieurs ; des cases y sont pratiquées, et peu à peu l'insecte augmente leur hauteur et les recouvre d'un plafond. Chaque individu travaille de son côté , aussi arrive-t-il parfois que les constructions ne se joignent pas exactement les unes aux autres ; cet obstacle semblerait insurmontable, mais la fourmi ne s'en émeut pas, elle reconnaît l'erreur et la corrige ; rien n'est oublié de ce qui peut faciliter les travaux de la société ; c'est ainsi que les petites branches, les racines, les accidents de terrain sont mis à profit, et ajoutent encore à la solidité de l'édifice.

D'autres espèces de fourmis ont un autre mode de bâtir ; ce sont des fourmis sculpteuses qui se nichent dans les troncs d'arbres, et, sans autres ressources que leurs mandibules, viennent à bout du chêne le plus dur. Leurs nids renferment une multitude infinie de loges, de salles, de corridors, de galeries avec planchers et plafonds surmontés de colonnettes qui laissent voir entre elles la profondeur d'un étage, ou supportés par des cloisons verticales formant une série de cases , le tout d'une couleur noirâtre et enfumée. Ainsi construisent en sculptant les fourmis fuligineuses. La fourmi éthiopienne et la fourmi hercule travaillent de la même manière les troncs des vieux châtaigniers, mais leurs ouvrages sont loin d'avoir la délicatesse de ceux exécutés par les fourmis fuligineuses ; ce sont également d'habiles artistes, mais d'un ordre secondaire ; elles possèdent seulement l'instinct remarquable d'employer la sciure de bois à calfeutrer le plafond de leurs cases, à boucher les conduits inutiles, et à établir des compartiments dans les parties trop vastes de leurs labyrinthes.

SOINS DES FOURMIS POUR LEURS PETITS

L'habitation des fourmis nous est connue dans ce qu'elle présente de plus curieux ; étudions maintenant les individus qui composent la fourmilière ; leurs mœurs vont nous révéler de nouvelles merveilles.

Toute société de fourmis se compose de trois sortes d'individus bien distincts : les mâles, les femelles, et les neutres ou ouvrières ; ces dernières, beaucoup plus nombreuses que les autres, sont privées d'ailes. Dans la plupart des espèces, les mariages ont lieu dans l'air ; quelques-unes cependant s'accouplent dans la fourmilière ; toutes, après leurs noces, font tomber leurs ailes. Si le mariage s'effectue aux environs de l'habitation, les fourmis ramènent de force les femelles à la fourmilière, leur arrachent les ailes et les tiennent renfermées. Gardées à vue par une sentinelle qu'on relève de distance en distance, ces femelles ne peuvent jamais sortir de la fourmilière ; elles y sont comme emprisonnées, mais, peu à peu, elles s'accoutument à ce genre de vie. Les fourmis les nourrissent avec le plus grand soin ; on leur réserve les meilleures places dans l'habitation ; la sollicitude surtout redouble lorsqu'elles sont prêtes de pondre : un cortége de douze à quinze ouvrières les accompagne partout ; ces dernières les transportent entre leurs mandibules, et si l'une d'elles se trouve fatiguée de son fardeau, une autre ouvrière prend sa place ; le cortége poursuit ainsi sa route vers l'emplacement réservé aux femelles.

La femelle pond en marchant; aussitôt ses œufs sont relevés par les ouvrières, elles les portent à leur bouche, les tournent, les retournent et les humectent d'une espèce de salive. Ces œufs ne sont pas tous semblables. Les plus gros sont transparents et présentent une légère courbure à leurs extrémités; les plus petits sont cylindriques et d'un blanc opaque; les œufs de moyenne grosseur se font remarquer par leur demi-transparence; aucun d'eux ne peut éclore sans les soins des fourmis.

Quinze jours après la ponte, l'œuf se fend et la larve se montre au jour; elle est alors entièrement transparente et ressemble à un petit ver sans pattes, blanc, court, et de forme conique; sa bouche est garnie de deux crochets divergents entre lesquels se trouve un mamelon rétractile par lequel le petit animal reçoit la becquée. En général, les larves sont gardées par une troupe d'ouvrières qui, dressées sur leurs pattes et l'abdomen en avant, veillent à leur défense, prêtes à lancer leur venin contre l'ennemi; pendant ce temps, quelques neutres s'occupent à déblayer les conduits, les autres demeurent en repos. Le soleil vient-il à darder ses rayons sur la fourmilière, la scène s'anime, toute la population entre en mouvement. Les ouvrières, placées à la surface du nid, descendent aussitôt dans l'intérieur, avertissent leurs compagnes avec leurs antennes, courent de l'une à l'autre, les pressent, les heurtent, saisissent celles qui ne paraissent pas les comprendre, et les entraînent au sommet de la fourmilière où elles les quittent pour aller, de nouveau, avertir les fourmis de la présence du soleil.

Cette heure est celle du transport des larves et

des nymphes. Les fourmis les portent en toute hâte au faîte du nid pour qu'elles jouissent d'une chaleur bienfaisante; au bout de quelque temps, elles les retirent et les déposent sous une couche de chaume qui les met à l'abri des rayons directs du soleil. Elles-mêmes, alors, vont profiter de son influence, entassées les unes sur les autres, jusqu'à ce que le moment de donner à manger aux larves soit arrivé.

Les fourmis distribuent chaque jour à leurs petits la nourriture qui leur est nécessaire. Dès que la larve a faim, elle redresse son corps et cherche la bouche des ouvrières chargées de la nourrir; la fourmi écarte ses mandibules et lui laisse prendre les aliments qui lui sont destinés.

Indépendamment de ces premiers soins, les fourmis tiennent encore leurs larves dans une extrême propreté; on les voit passer incessamment leur langue et leurs mandibules sur le corps de leurs petits, pour étendre et ramollir leur peau lorsque l'époque de la seconde métamorphose approche.

Avant leur changement en nymphes, la plupart des larves se filent une coque cylindrique, allongée, d'un jaune pâle, très-lisse, et d'un tissu serré; elles s'y renferment, se dépouillent de leur peau et se transforment. Sous cet aspect, l'animal a acquis tout le développement qu'il doit avoir à l'état parfait; seulement, ses membres sont enveloppés dans une pellicule soyeuse, et sa couleur, de blanche qu'elle était primitivement, passe successivement au jaune, au roux, et, dans quelques espèces, au brun et au noir foncé; les mâles et les femelles laissent déjà entrevoir leurs ailes. Les nymphes restent immobiles

pendant toute la durée de leur seconde métamorphose. Incapables de se dégager elles-mêmes de
leur coque, elles périraient infailliblement dans cette
prison, si quelque secours ne leur venait du dehors;
aussi les ouvrières, avec cet admirable instinct dont
elles sont douées, savent-elles prévoir l'heure de
leur délivrance. Ce moment arrivé, elles coupent,
déchirent la coque avec leurs mandibules; elles en
tirent le jeune insecte, enlèvent la pellicule qui
emmaillotte son corps, délient ses membres, étendent ses ailes, et lui apportent ensuite la nourriture.
Cette sollicitude des fourmis pour leurs petits dure
plusieurs jours après que les nymphes ont subi leur
dernière métamorphose; elles les suivent, les conduisent dans leurs labyrinthes et les nourrissent
avec le plus grand zèle; en un mot, elles ne les
livrent à eux-mêmes que lorsqu'ils sont en état de
pourvoir à leurs besoins, et de contribuer, à leur
tour, aux travaux de la société.

Qui n'admirerait ici l'intervention manifeste de la
bonté divine dans ces familles de fourmis! Si des
mères prodiguaient ces soins à leurs petits, on ne
s'en étonnerait pas : l'amour maternel est fécond en
sacrifices et en dévouements; mais chez nos fourmis, ce ne sont plus des mères qui prennent soin de
leur postérité, leur office consiste uniquement à
pondre; trop peu nombreuses pour suffire à cette
multitude de petits êtres, elles laissent à d'autres le
soin de les élever; ces mères adoptives les nourrissent, veillent sur eux et les défendent avec courage.

NOURRITURE DES FOURMIS; LEURS RAPPORTS AVEC LES PUCERONS.

Trompé par l'aspect extérieur des fourmilières, on a cru pendant longtemps que les fourmis amassaient des provisions de grains; mais aujourd'hui que leurs mœurs sont mieux connues, on sait que les semences de toute espèce dont la fourmilière est chargée n'y sont rassemblées que comme de simples matériaux destinés à recouvrir le nid. Comment donc nos insectes vivent-ils pendant l'hiver ? La Providence ne les abandonne pas : dans les grands froids, les fourmis sont engourdies ; on les trouve entassées par milliers au fond de leurs nids et accrochées les unes aux autres; elles passent ainsi des mois entiers sans que la moindre nourriture leur soit nécessaire. Toutes les fois que la température ne descend pas au-dessous de deux degrés, les fourmis sortent de leur léthargie : elles ont besoin de réparer leurs forces; les pucerons, dont l'engourdissement et le réveil coïncident exactement avec ceux des fourmis, leur fournissent leur nourriture.

On sait qu'un grand nombre de plantes sont fréquentées par les pucerons. Ces petits animaux, rassemblés sur les feuilles ou sur les jeunes tiges, insinuent leur trompe entre les fibres de l'écorce et pompent les sucs séveux; une partie de ces aliments transsude bientôt de leur corps sous forme de gouttelettes : les fourmis s'en emparent à l'aide d'un curieux stratagème. Quelquefois elles attendent patiennent que la liqueur sorte du corps du puceron, mais le plus souvent elles l'obtiennent à volonté. D'abord, la fourmi jette son dévolu sur certains pucerons et se fixe auprès d'eux. A peine a-t-elle fait choix de son père nourricier, elle le caresse avec ses antennes en touchant rapidement son corps : la gouttelette apparaît, la fourmi la recueille. Son but atteint, elle passe à un autre puceron ; même manége, même résultat ; à chaque appel provoqué par une légère pression, le puceron livre le liquide désiré ; la fourmi en exploite ainsi un certain nombre jusqu'à ce qu'elle soit rassasiée. Comme bien on suppose, il suffit d'un petit nombre de gouttelettes pour nourrir nos fourmis ; mais, chose digne de remarque, lorsque ces insectes négligent de recueillir le liquide, les pucerons le rejettent, par une sorte de ruade, sur les feuilles où les fourmis le trouvent en butinant.

Il arrive quelquefois que les fourmis, trop nombreuses sur la même plante, épuisent les pucerons dont elle est couverte ; dans ce cas, elles feraient vainement jouer leurs antennes et leurs pattes, il leur faut attendre que les pucerons aient réparé leurs pertes ; cette restauration effectuée, ceux-ci ne résistent plus à leurs sollicitations.

Mais les rapports entre les pucerons et les fourmis, tout singuliers qu'ils sont déjà, vont nous étonner bien davantage. Il est une espèce de fourmi, la fourmi jaune, qui ne sort presque jamais de son trou ; elle ne visite ni les arbres ni les fruits. Cependant la nourriture ne lui manque pas : cette fois encore, les pucerons viennent à son secours ; ils se résignent à vivre avec elle dans le même souter-

rain. Là, les fourmis en prennent le plus grand soin;
elles les transportent d'un point à un autre, comme
elles feraient à l'égard de leurs propres larves; elles
les défendent et ne les perdent jamais de vue, car,
comme dit Huber, l'ingénieux historien des fourmis,
« les fourmilières sont plus ou moins riches, selon
« qu'elles ont plus ou moins de pucerons; c'est
« leur bétail, ce sont leurs vaches, leurs chèvres :
« qui se serait douté que les fourmis fussent des
« peuples pasteurs ! »

Plusieurs espèces de fourmis possèdent des pucerons, mais jamais on ne trouve ces petits animaux
en aussi grand nombre que chez les fourmis jaunes.
La fourmi rouge, la Myrmice des gazons, la fourmi
brune vont les chercher sur les plantes; les unes
enferment les pucerons par des bâtisses en terre
sur les tiges mêmes où ils sont réunis; d'autres se
construisent une galerie qui les conduit de leur retraite à la branche habitée par les pucerons; quelques-unes, enfin, s'attachent aux pucerons du plan-
tain, et comme cette espèce se retire sous les feuilles
à mesure que la tige florale se dessèche, les fourmis l'y accompagnent et s'enferment avec elle en
bouchant avec de la terre humide tous les vides qui
se trouvent entre le sol et le bord des feuilles; creu-
sant ensuite le terrain, elles agrandissent la prison
des pucerons et se ménagent des galeries souterraines qui aboutissent à leur propre domicile.

COMBATS DES FOURMIS

Jusqu'ici les fourmis réunies en société se sont occupées de leurs travaux, de l'éducation des larves et de l'entretien des pucerons ; leurs mœurs, du moins chez certaines espèces, vont nous apparaître sous un jour nouveau ; ce ne sont plus ces insectes laborieux, vivant tranquilles sous leur chaume, des fourmis belliqueuses les ont remplacés ; la guerre, les combats deviennent leurs occupations journalières : c'est toute une histoire à part et dont nous devons la relation au grand naturaliste Huber.

« Le 17 juin 1804, dit-il, me promenant aux environs de Genève entre quatre et cinq heures de l'après-midi, je vis à mes pieds une légion d'assez grosses fourmis qui traversaient le chemin. Elles marchaient en corps avec rapidité ; leur troupe occupait un espace de huit à dix pieds de longueur, sur trois ou quatre pouces de large ; en peu de minutes elles eurent entièrement évacué le chemin ; elles pénétrèrent au travers d'une haie fort épaisse et se rendirent dans une prairie où je les suivis ; elles serpentaient sur le gazon sans s'égarer, et leur colonne restait toujours continue malgré les obstacles qu'elle avait à surmonter.

« Bientôt elles arrivèrent près d'un nid de noir-cendrées, dont le dôme s'élevait dans l'herbe à vingt pas de la haie. Quelques fourmis de cette espèce se trouvaient à la porte de leur habitation. Dès qu'elles découvrirent l'armée qui s'approchait, elles s'élancèrent sur celles qui se trouvaient à la tête de la cohorte ; l'alarme se répandit à l'instant dans l'intérieur du nid, et leurs compagnes sortirent en foule de tous les souterrains. Les fourmis rousses, dont le gros de l'armée n'était qu'à deux pas, se hâtèrent d'arriver au pied de la fourmilière ; toute la troupe se précipita à la fois et culbuta les noir-cendrées, qui, après un combat très-court mais très-vif, se retirèrent dans leur habitation ; les fourmis rousses gravirent les flancs du monticule, s'attroupèrent sur le sommet et s'introduisirent en grand nombre dans les premières avenues ; d'autres groupes de ces insectes travaillèrent avec leurs mandibules à se pratiquer une ouverture dans la partie latérale de la fourmilière ; cette entreprise leur réussit, et le reste de l'armée pénétra, par la brèche, dans la cité assiégée. Elle n'y fit pas un long séjour : trois ou quatre minutes après, les fourmis rousses sortirent à la hâte par les mêmes issues, chacune tenait à sa bouche une larve ou une nymphe de la fourmilière envahie. Elles reprirent exactement la route par où elles étaient venues, et se mirent, sans ordre, à la suite les unes des autres : leur troupe se distinguait aisément dans le gazon par l'aspect qu'offrait cette multitude de coques et de nymphes blanches portées par autant de fourmis rousses. Celles-ci traversèrent une seconde fois la haie et le chemin dans le même endroit où elles avaient passé d'abord, et se dirigèrent ensuite dans des blés où j'eus le regret de ne pouvoir les suivre. Je retournai vers la fourmilière qui avait subi cet assaut, et j'y trouvai un petit nombre d'ouvrières noir-cendrées perchées sur des brins d'herbe, tenant à leur bouche quelques larves qu'elles avaient sauvées du pillage ; elles ne tardèrent pas à les rapporter dans leur habitation. Je re-

tournai le lendemain, à la même heure, sur la route
où j'avais vu passer l'armée des fourmis rousses,
dans l'espoir de retrouver quelques traces du phé-
nomène dont j'avais été témoin, et je découvris
bientôt la retraite d'une de ces hordes belliqueuses.

« Je vis à la droite d'un chemin une grande fourmilière couverte de fourmis rousses ; elles se dispo-
sèrent en colonne, partirent toutes ensemble, et tom-
bèrent sur une fourmilière noir-cendrée où elles
s'introduisirent presque sans opposition ; une partie
d'entre elles ressortirent de là, tenant entre leurs
pinces des larves qu'elles avaient dérobées ; les
autres, moins heureuses, ne rapportèrent aucun
fruit de leur expédition ; elles se divisèrent en deux
troupes : celles qui étaient chargées reprirent le
chemin de leur demeure ; celles qui n'avaient rien
trouvé se réunirent et marchèrent en corps sur une
seconde fourmilière noir-cendrée dans laquelle elles
firent un ample butin d'œufs de larves et de nymphes. L'armée entière formant deux divisions, se
dirigeait du côté où je l'avais vu partir.

« J'arrivai avant les fourmis rousses auprès de leur
habitation ; mais quelle fut ma surprise en voyant à
la surface un grand nombre de fourmis noir-cendrées ! Je soulevai la couche extérieure de l'édifice, il
en sortit encore davantage, et je commençais à croire
que c'était aussi une de ces fourmilières pillées par
les fourmis rousses, lorsque je vis arriver à la porte
du nid la légion de celles-ci chargées des trophées
de la victoire. Son retour ne causa aucune alarme
aux noir-cendrées ; les fourmis rousses descendirent
avec leur proie dans les souterrains, les noir-cendrées
ne parurent pas s'y opposer, j'en vis même quelques-

unes s'approcher sans crainte de ces fourmis guerrières, les toucher avec leurs antennes, leur donner
à manger, prendre quelques-uns de leurs fardeaux
et les emporter dans le nid. Les fourmis rousses n'en
sortirent plus de toute la journée; les noir-cendrées
restèrent encore quelque temps dehors, mais elles
se retirèrent avant la nuit.

« Jamais énigme ne piqua plus vivement ma curiosité que cette singulière découverte... J'étais im-
patient de connaître les relations de ces deux espèces
de fourmis; pour y parvenir, j'ouvris une de leurs
fourmilières : j'y trouvai un très-grand nombre de
fourmis rousses au milieu de noir-cendrées, et je
commençai à acquérir quelques notions sur leurs
rapports mutuels.

« Les noir-cendrées s'occupèrent tout de suite à
rétablir les avenues de la fourmilière mixte; elles
creusèrent des galeries et emportèrent dans les souterrains les larves et les nymphes que j'avais mises
à découvert. Les rousses, au contraire, passèrent
indifféremment sur les larves sans les relever, ne se
mêlèrent pas aux travaux des noir-cendrées, errè-
rent quelque temps à la surface du nid, et se retirèrent enfin, pour la plupart, dans le fond de leur citadelle.

« Mais à cinq heures de l'après-midi, la scène
change tout à coup; je les vois sortir de leur retraite;
elles s'agitent, s'avancent au dehors de la fourmilière : aucune ne s'écarte qu'en ligne courbe, de manière qu'elles reviennent bientôt au bord de leur
nid. Leur nombre augmente de moment en moment;
elles parcourent de plus grands cercles; un geste se
répétant constamment entre elles, toutes ces fourmis

vont de l'une à l'autre en touchant de leurs antennes
et de leur front le corselet de leurs compagnes;
celles-ci, à leur tour, s'approchent des fourmis qu'elles
voient venir et leur communiquent le même signal :
c'est celui du départ; l'effet n'en est pas équivoque;
on voit aussitôt celles qui l'ont reçu se mettre en marche et se joindre à la troupe. La colonne s'orgarnise;
elle s'avance en ligne droite, se dirige dans le gazon;
toute l'armée s'éloigne et traverse la prairie : on
ne voit plus aucune fourmi rousse sur la fourmilière. La tête de la légion semble quelquefois attendre que l'arrière-garde l'ait rejointe; elle se répand
à droite et à gauche, sans avancer; l'armée se rassemble de nouveau en un seul corps et repart avec
rapidité. On n'y remarque aucun chef; toutes les
fourmis se trouvent, tour à tour, les premières; elles
semblent chercher à se devancer. Cependant quelques-unes vont dans un sens opposé; elles redescen-
dent de la tête à la queue, puis reviennent sur leurs
pas, et suivent le mouvement général; il y en a toujours un petit nombre qui retournent en arrière, et
c'est probablement par ce moyen qu'elles se dirigent.

« Arrivées à plus de trente pieds de leur habitation,
elles s'arrêtent, se dispersent et tâtent le terrain
avec leurs antennes, comme des chiens flairent la
trace du gibier; elles découvrent bientôt une fourmilière souterraine. Les noir-cendrées sont retirées
au fond de leur demeure; les fourmis rousses ne trouvant aucune opposition, pénètrent dans une galerie
ouverte; toute l'armée entre successivement dans le
nid, s'empare des nymphes et sort par plusieurs
issues; je la vois aussitôt reprendre la route de la four-

milière mixte. Ce n'est plus une armée disposée en colonne, c'est une horde indisciplinée ; ces fourmis courent à la file avec rapidité ; les dernières qui sortent de la fourmilière assiégée sont poursuivies par quelques-uns de ses habitants qui cherchent à leur dérober leur proie, mais il est rare qu'ils y parviennent.

« Je retourne vers la fourmilière mixte pour être témoin de l'accueil fait à ces spoliatrices par les noir-cendrées avec lesquelles elles habitent, et je vois une quantité considérable de nymphes amoncelées devant la porte : chaque fourmi rousse y dépose son fardeau en arrivant, et reprend la route de la fourmilière envahie. Les noir-cendrées, quittant leurs travaux, viennent relever les nymphes une à une et les descendent dans les souterrains ; je les vois même souvent décharger les fourmis rousses après les avoir touchées amicalement avec leurs antennes, et celles-ci leur céder sans opposition les nymphes qu'elles ont dérobées.

« Suivons encore la troupe pillarde. Elle retourne à l'assaut de la fourmilière qu'elle a déjà dévastée, mais ses habitants ont eu le temps de se rassurer et de placer de fortes gardes à chaque porte. Les rousses, en trop petit nombre d'abord, fuient lorsqu'elles voient les noir-cendrées en défense ; elles retournent vers leur troupe, s'avancent et reculent à plusieurs reprises, jusqu'à ce qu'elles se sentent en force ; alors elles se jettent en masse sur une de ses galeries, chassant, mettant en déroute les noir-cendrées ; toute l'armée s'introduit dans la cité souterraine et enlève une grande quantité de larves qu'elle emporte à la hâte ; mais on ne voit jamais les rousses emmener d'insectes parfaits : c'est aux larves seules qu'elles en veulent. A leur retour à la fourmilière mixte, les larves reçoivent encore le meilleur accueil ; les noir-cendrées ont serré la première récolte ; chacune des rousses pose, derechef, sa nymphe à l'entrée de l'habitation, ou la remet immédiatement à quelque noir-cendrée, et celle-ci s'empresse de la porter dans l'intérieur du nid. Le lendemain eurent lieu de nouvelles expéditions sur d'autres fourmilières qui eurent toutes le même succès. »

Les fourmis sanguines ont une autre manière de combattre. Jamais elles ne sortent seules ; elles vont par petites troupes s'embusquer près d'une fourmilière et attendre la sortie d'une de ses fourmis pour s'élancer sur elle et la saisir ; quelquefois, cependant, l'attaque est plus vive et plus générale, mais toujours elle est accompagnée d'une certaine prudence. C'est surtout aux noir-cendrées que les fourmis sanguines déclarent la guerre ; à peine sont-elles parvenues près de leur nid, qu'elles se dispersent tout autour. Les noir-cendrées se tiennent sur la défensive; pendant ce temps, de petites bandes de fourmis sanguines viennent renforcer la première brigade, l'ennemi fait alors quelques pas en avant ; mais en même temps qu'il approche, des courriers sont expédiés à la fourmilière sanguine. Ces fourmis, arrivant en toute hâte, jettent l'alarme et aussitôt un nouveau détachement rejoint l'armée ; les fourmis sanguines ne se pressent pas encore de commencer le combat; elles tiennent en échec les fourmis noir-cendrées dont la plupart sont sorties pour recevoir l'ennemi.

Bientôt des escarmouches s'engagent autour du camp, et ce sont toujours les fourmis assiégées qui attaquent les assiégeants ; les noir-cendrées se préparent à une vigoureuse résistance ; mais par une prudence vraiment remarquable, et comme si elles se défiaient de leurs forces, elles songent au salut des larves qui leur sont confiées. Longtemps avant que l'issue de la bataille puisse être pressentie, elles apportent leurs nymphes en dehors des souterrains et les amoncellent à l'entrée du nid, du côté opposé à celui d'où viennent les fourmis sanguines, afin de pouvoir les emporter plus aisément si elles étaient vaincues. Le danger s'accroît. Les fourmis sanguines, fortes des nouvelles recrues qui arrivent à chaque instant, se jettent sur les noir-cendrées, les attaquent de toutes parts, et parviennent sur le dôme de leur cité. Les noir-cendrées sont vaincues ; après une vive résistance, elles renoncent à se défendre davantage, s'emparent des nymphes qu'elles ont rassemblées hors de la fourmilière et les emportent au loin. Une partie des fourmis sanguines se mettent à leur poursuite ; les autres pénètrent dans l'intérieur de la fourmilière, s'emparent de toutes les avenues, et enlèvent ce qui reste de larves et de nymphes pour en faire autant d'ilotes qui demeurent seuls chargés des travaux de la société.

MIGRATIONS DES FOURMIS

Il arrive parfois que les fourmis inquiétées, à diverses reprises, dans leur habitation ou attaquées par d'autres fourmis auxquelles elles ne peuvent résister, se décident à changer de patrie et à aller jeter ailleurs les fondements d'une nouvelle demeure, toute la nation se transporte alors dans une autre localité : elle émigre.

Le départ est résolu. Plusieurs ouvrières vont à la découverte, et, lorsqu'elles ont trouvé un emplacement convenable, elles reviennent à la fourmilière, se chargent de fourmis qu'elles suspendent à leurs mandibules, et les déposent dans ces nouveaux souterrains. Le nombre des fourmis porteuses, d'abord très-restreint, augmente à chaque instant. Au commencement, on n'en découvre que deux ou trois dans le sentier qui conduit de l'ancienne fourmilière à l'habitation future; mais lorsqu'il s'en trouve une assez grande quantité pour subvenir aux travaux, une partie de ces mêmes émigrants se rendent à leur tour à l'ancien nid d'où ils tirent, comme d'une pépinière, les habitants destinés à peupler la nouvelle demeure.

Il faut avoir été témoin de l'arrivée des recruteuses à l'ancienne fourmilière, pour se faire une idée de l'ardeur qu'elles déploient à préparer leur établissement; elles s'approchent à la hâte de plusieurs fourmis, les caressent tour à tour avec leurs antennes, les tirent par leurs mandibules et semblent les inviter à la désertion. Celles-ci se décident-elles à partir, elles se saisissent par leurs mandibules, et, tandis que la fourmi porteuse se retourne pour enlever celle qu'elle a décidée au voyage, cette dernière se suspend et se roule au-dessous de son cou. Tout ce manége se passe ordinairement de gré à gré : les deux fourmis se caressent mutuellement avec leurs antennes : leurs mouvements, dans cette circonstance, diffèrent peu de ceux qu'elles font lorsqu'elles se donnent à manger.

Quelquefois, néanmoins, les fourmis qui semblent présider à l'émigration s'emparent des autres fourmis par surprise et les entraînent hors de la fourmilière sans leur laisser le temps de résister ; elles les emportent avec rapidité, et lorsqu'elles sont parvenues à la nouvelle habitation, elles les déposent à terre et vont recommencer leur convoi avec ou sans l'assentiment de leurs compagnes.

Le nombre des recruteuses augmente en peu de temps ; le sentier qui communique aux deux fourmilières en est rempli ; le nid en est couvert ; sa surface est le théâtre de courses et d'enlèvements répétés ; les fourmis ne retournent jamais dans la nouvelle demeure sans y porter quelque émigrante.

Le recrutement dure plusieurs jours ; mais lorsque toutes les ouvrières connaissent la route de la nouvelle habitation, elles cessent leur rôle de porteuses pour l'échanger contre celui d'architectes. Déjà des voûtes, des caves, des avenues ont été pratiquées ; les fourmis ont apporté leurs larves et leurs nymphes, puis les mâles et les femelles ; tout le déménagement est fini ; elles abandonnent alors la première fourmilière : la société est définitivement installée dans son nouveau gîte.

IX

LA CIGALE

La Fontaine, dans une jolie fable, dont la mora-
lité, cependant, laisse à désirer, a popularisé la Cigale, cette rentière qui, sans le moindre souci de
l'avenir, ne travaille guère, et passe tout l'été à
chanter. Grâce au bonhomme, sa réputation musi-
cale est devenue proverbiale; elle était faite, du
reste, depuis longtemps chez les habitants du midi
de la France, étourdis, chaque année, par les sons
stridents d'un orchestre qui les tympanise du matin
au soir, pendant les chaleurs caniculaires.

La cigale, il faut en convenir, ne brille pas précisément par la beauté. Sa tête, large et courte,
flanquée de deux gros yeux saillants, s'articule tout
d'une pièce avec un corselet aussi large que haut, et
réuni carrément au corps sans le moindre agrément.
C'est dire qu'elle manque complétement de taille, et
que toute sa personne a une apparence grossière,
presque stupide. Mais tout ne gît pas dans la forme:
l'imperfection de la structure est compensée, chez
l'insecte, par son double talent de musicien et d'artiste habile à travailler le bois.

Chose étrange! parmi les cigales, toutes les femelles sont muettes; les mâles, seuls, ont le privilége de chanter. On a ignoré longtemps comment ils
s'y prennent pour se faire entendre. L'opinion la
plus répandue attribuait leur chant à l'agitation ra-

pide des ailes et à leur frottement les unes contre les autres; c'était une erreur : les recherches de Réaumur ont découvert les diverses pièces qui composent l'appareil musical des cigales et l'endroit où il est situé; nous savons aujourd'hui que sa structure est très-compliquée, et qu'il ne le cède en rien à l'organe de la voie humaine.

Ce n'est pas dans le larynx de la cigale qu'il faut le chercher; il est logé dans le ventre et recouvert par deux plaques écailleuses placées au-dessous du corselet, à la naissance de l'abdomen. En soulevant les deux plaques, on voit une cavité partagée en deux cellules; leur fond est occupé par deux petites lames extrêmement minces, tendues, vitreuses, et si transparentes, qu'il semble que la cigale ait deux fenêtres par lesquelles on peut voir dans l'intérieur de son corps : elles portent vulgairement le nom de miroirs et présentent, vues de côté, toutes les couleurs de l'arc-en-ciel. Certains auteurs les ont regardées comme des tambours d'où partaient les sons, mais ceux-ci ont une autre origine; ils proviennent du jeu de deux grands muscles aboutissant à deux membranes contournées en forme de timbales qui occupent deux réduits au fond de la cavité abdominale; par la contraction et l'extension rapide des muscles, chaque timbale devient tour à tour convexe et concave; l'air mis en mouvement trouve, en sortant des cellules, un volet écailleux qui le répercute dans une grande cavité où il est modifié et rendu plus sonore; il s'échappe au dehors par les ouvertures qui remplissent, pour la voix des cigales, le même office que le larynx remplit pour notre voix.

Ainsi se produit le chant des mâles; on sait qu'ils n'en sont point avares; il suffit d'un beau soleil pour les mettre en belle humeur; c'est à coups de sérénades plus ou moins harmonieuses, mais à coup sûr très-assourdissantes, qu'ils convient les femelles à ne pas laisser s'éteindre la race joyeuse des musiciens.

La cigale femelle, condamnée au silence, avait droit à une indemnité; elle l'a reçue et avec largesse : sa tarière est un chef-d'œuvre de mécanique. Riche de quatre ou cinq cents œufs qu'elle doit pondre et loger en lieu sûr, elle avait besoin d'un instrument capable d'entailler le bois, de le fendre, de le percer et d'y creuser des trous; rien ne lui manque à cet égard. Sa tarière a près de douze centimètres de longueur; elle la porte à l'extrémité du ventre cachée dans une coulisse où un étui double la conserve. Elle se compose de deux pièces qui peuvent jouer alternativement, mais sans s'écarter l'une de l'autre; elles se meuvent toujours parallèlement, assemblées qu'elles sont avec la plus grande précision, à coulisse et à languette, dans un support commun : ce sont deux limes dont chacune a près de sa pointe et seulement sur le côté extérieur des dentelures.

C'est au moyen de ce jeu alternatif des deux limes, que la cigale vient à bout de percer, dans le bois, les trous où elle veut loger ses œufs; elle ne s'attaque qu'aux branches mortes ou sèches; l'instrument y pénètre de toute sa longueur, obliquement d'abord, mais dès qu'il a atteint la moelle, il prend une direction parallèle à l'axe du morceau de bois. La ponte commence aussitôt que la tarière est parvenue à la moelle. Il est facile de reconnaître les branches auxquelles la cigale a confié ses œufs : elles sont parsemées de petites protubérances disposées à la file les unes des autres, à des distances plus ou moins régulières, mais toujours sur le même côté du brin ligneux. Pour profiter de l'emplacement, la cigale range ses œufs de manière que le bout postérieur de l'œuf qui précède soit en face du bout antérieur de l'œuf qui le suit ; sa ponte achevée, elle bouche l'ouverture des trous avec des fibres ligneuses. Il est à remarquer que lorsqu'elle commence à creuser le bois, elle se contente de soulever les fibres qui sont au bord du trou ; elle les y laisse attachées par un bout, pour le reprendre ensuite et soustraire sa nichée aux intempéries de l'air et aux attaques des maraudeurs.

La larve sort du nid par la même ouverture qui a donné passage aux œufs ; elle est loin d'avoir acquis à ce moment tout son premier développement ; petit était l'œuf quand il a été introduit dans trou de la branche, petite doit être la larve pour pouvoir en sortir. Sa première opération hors de son berceau est de s'enfoncer en terre ; elle y achève de croître sous la forme d'un ver hexapode, prend le bec qui caractérise les insectes de son ordre, et s'y transforme en nymphe. Son travail de mineur lui est rendu facile par la conformation toute particulière de ses deux premières pattes ; elles sont munies d'armures si fortes, que les terres les plus dures ne leur résistent pas ; on les trouve parfois un demi-mètre et même à un mètre de profondeur au voisinage des racines des arbres. Le temps que la nymphe passe sous terre n'est pas pour

elle un temps de jeûne ni d'immobilité absolue,
comme cela a lieu pour la plupart des insectes; elle
se nourrit aux dépens des racines; son accroissement s'achève dans l'espace d'une année environ.
Pour sortir de son terrier, elle attend les premières
chaleurs de l'été; l'heure de sa dernière métamorphose venue, elle grimpe aux arbres, s'accroche à
leur tronc ou à leurs branches, et y laisse sa dépouille en guise d'ex voto, après s'être dégagée du
fourreau qui enveloppait ses organes.

X

LES ICHNEUMONS

Un corps svelte, de forme très-diverse, tantôt cylindrique, tantôt en fuseau, parfois comprimé en faucille,
terminé souvent par de longs filets; des antennes
roulées sur elles-mêmes et presque toujours en mouvement, signalent les Ichneumons. A l'état parfait,
ces jolis insectes se nourrissent du suc des fleurs;
mais aux approches de la maternité, ils changent
de mœurs et ne songent plus qu'à leur postérité:
malheur alors aux larves et aux chrysalides! elles
vont périr par milliers.

Pour remplir leur fonction de mères, la plupart
des ichneumons femelles sont pourvues d'un instrument spécial dont ils tirent un merveilleux parti;
une tarière leur sert à la fois à scier et à forer; elle
ouvre en outre un passage aux œufs à travers le
bois, le mortier et le corps des insectes. A première

vue, l'instrument, au repos, ressemble à un simple filet; mais dans l'action, il montre les cinq pièces dont il est composé : les deux filets extérieurs font l'office d'étui; le filet du milieu se divise en trois pièces dont l'impair abrite deux scies dentelées à leur extrémité.

Dès que la tarière a été mise en jeu, l'insecte commence sa ponte; il dépose ses œufs dans le corps d'une larve vivante, destinée à être la proie des jeunes êtres qui en sortiront. Quelquefois les œufs ne sont pas logés sous la peau, ils sont simplement appliqués à sa face extérieure par un mince pédicule; dans ce cas, les jeunes larves à peine écloses donnent tête baissée dans le corps de leur victime, sans que la partie postérieure de leur abdomen abandonne le fond de l'œuf auquel elle est fixée.

En général, c'est à l'état de larve et non pas sous leur forme parfaite que les insectes sont attaqués par l'ichneumon. Il en veut particulièrement aux chenilles, et surtout à celles du chou ; fondre sur elles, s'accrocher à leur corps, cribler leur peau de trous et y déposer une partie de ses œufs, sont pour lui habitudes journalières : peu de chenilles échappent à sa poursuite.

L'attaque, cependant, n'est pas toujours sans résistance. A l'approche de l'ichneumon, certaines chenilles se précipitent à l'extrémité d'un fil collé d'avance à quelque branche, et impriment à leur corps un mouvement de rotation rapide, tantôt dans un sens, tantôt dans un autre ; à mesure que l'ichneumon cherche à saisir la chenille, celle-ci, par une habile manœuvre, se dérobe à ses coups;

l'a-t-il manquée plusieurs fois, il l'abandonne pour
d'autres moins alertes ou moins avisées; il est rare
cependant que, du premier jet, il n'atteigne pas
son but.

Chaque fois que l'ichneumon enfonce sa tarière
dans le corps de sa victime, il y dépose un œuf à
une assez grande profondeur pour que la chenille
puisse changer de peau et rejeter sa dépouille sans
expulser en même temps le germe auquel elle
donne asile bien malgré elle. Quinze, vingt, trente
blessures faites coup sur coup à la même chenille
la transforment bientôt en une sorte de magasin à
œufs d'où sortira toute une horde de voraces qui
croîtront à ses dépens. Chose curieuse, la pauvre
bête n'a pas l'air de se douter qu'elle porte la mort
dans ses flancs. Non-seulement elle ne s'émeut pas,
la plupart du temps, des piqûres de l'ichneumon,
puisqu'elle continue ses repas comme si rien de
nouveau ne lui était survenu, mais elle se développe, grossit et grandit, alors même que de terribles ennemis font ripaille dans son intérieur. Les
œufs de l'ichneumon, en effet, n'ont pas tardé à
éclore sous l'influence de la chaleur animale qui
les a couvés. Dès leur naissance, les jeunes parasites
ont bon appétit; serrés les uns contre les autres
dans le ventre de la chenille, ils entament, à qui
mieux mieux, ses parties succulentes, se nourrissent de son tissu graisseux, mais se gardent bien
d'attaquer ses organes essentiels, l'estomac, les
intestins; l'instinct leur a appris que leur existence
est intimement liée à celle de la chenille qu'ils dé-
pècent; ils doivent la laisser vivre jusqu'à ce qu'eux-
mêmes aient complété leur première croissance :

voilà pourquoi ils ne la mangent qu'avec discrétion.
Tant que les petits de l'ichneumon sont à l'état de
vers, la chenille continue paisiblement son train de
vie ; ses parasites, tout en la rongeant en détail,
évitent de lui faire des blessures mortelles, ils la
débarrassent seulement de sa graisse, pur objet
de luxe pour les chenilles, si leurs chrysalides n'en
avaient absolument besoin pour fortifier les organes
du futur papillon. Vient un moment, cependant, où
les intrus se disposent à leur métamorphose en
chrysalides ; ils sont repus, la table n'a plus besoin
d'être dressée ; désormais, ils n'auront plus à se
nourrir qu'à l'état d'insectes parfaits, donc plus de
ménagements à garder, haro sur le garde-manger :
ils achèvent de le vider. C'en est fait de la pauvre
chenille, ses jours sont comptés ; un beau jour, sa
peau se perce sur les côtés ; on en voit sortir une
légion de larves qui se tirent de son corps par des
contractions répétées ; en moins d'une demi-heure,
le débarquement général est opéré. La bête n'en
meurt pas sur le coup, mais elle est à toute extrémité. Elle n'a plus, il est vrai, à loger ses mangeurs ;
son rôle de nourrice involontaire est bien terminé ;
mais, à bout de forces, rongée, desséchée, épuisée,
elle traîne encore pendant quelques jours une existence languissante, et finit par périr de consomp-
tion.

Pendant ce temps, que sont devenues les larves de
l'ichneumon ? En sortant du corps de la chenille,
elles descendent toutes du côté par lequel elles se
sont fait jour ; celles du côté droit se rangent à
droite, celles du côté gauche se placent à gauche,
sans s'éloigner les unes des autres, ni même de la

chenille. Tout d'abord, elles se mettent à filer, mais ce n'est là qu'une simple ébauche; elles jettent çà et là quelques fils, en différents sens, et en forment une petite masse qui sert de base à la coque. Chaque ver songe bientôt à s'en faire une tout de bon; elle a la forme et la couleur dorée du cocon des vers à soie : trois quarts d'heure suffisent pour sa confection.

Les chenilles ne sont pas les seules qui servent de berceau et de proie aux ichneumonides, les larves d'un grand nombre de Diptères éprouvent le même sort. Les Araignées elles-mêmes, si redoutables à tant d'insectes, ne sont pas à l'abri des attaques des ichneumons, les femelles viennent pondre tantôt dans leur ventre, tantôt dans leurs cocons soyeux; les larves y éclosent et s'y comportent comme celles qui se nourrissent de la chenille du chou. D'autres insectes, très-voisins des ichneumons, les Chrysides, les Braconides, ont recours à des procédés analogues pour propager leur espèce. Les premières déposent leurs œufs dans le nid de certains hyménoptères, alors que la femelle est en quête de provisions pour ses petits; la larve étrangère, peu scrupuleuse, croque à la fois l'habitant légitime du nid et la pâtée mielleuse qui lui était destinée.

Quelques braconides de la plus petite espèce font élection de domicile dans le corps des pucerons; les plus ventrus sont ceux qu'elles préfèrent. A peine sont-elles à portée du placide animal, elles font glisser leur abdomen entre leurs pattes, de manière qu'il déborde la tête, et piquent le puceron sans y toucher autrement. Celui-ci, une fois blessé,

ne périt pas immédiatement; il reste immobile sous
une feuille ; sa peau se tend de plus en plus; bientôt
elle jaunit et se flétrit : sa décrépitude coïncide avec
le développement de la larve de braconide qu'il
nourrit de sa propre substance. L'insecte parasite
trouve sans doute qu'il fait bon de vivre ainsi au
préjudice de son hôte; il ne le quitte pas aussitôt qu'il
a cessé d'être larve, il y prolonge son séjour même
après la mort du puceron : de son corps desséché
il se fait une tente, s'y file un cocon soyeux pour
se métamorphoser en nymphe, et ne l'abandonne
qu'au moment de prendre sa volée.

De ces faits, et de bien d'autres qu'il serait aisé
de multiplier, découle une conséquence morale à
laquelle on ne fait pas toujours assez attention.
Quand on voit un grand nombre d'insectes devenir,
chaque année, la proie d'autres espèces, on est
porté naturellement à se demander quelle nécessité
fatale enchaîne l'une à l'autre ces existences éphémères. La Providence manque-t-elle donc de ressources pour que tous les êtres trouvent leur place
au grand banquet de la nature? Non sans doute ;
mais la guerre est parfois nécessaire pour équilibrer
toutes choses. Qu'une seule espèce se multiplie
sans obstacle pendant plusieurs générations, et
notre globe envahi deviendrait inhabitable. Au contraire, si les occasions de ruine sont proportionnées
à la fécondité des êtres; si, à mesure qu'une espèce
déborde en légions innombrables, des ennemis
puissants surgissent qui les combattent, les déci-
ment et contiennent leurs races dans de justes
proportions, le superflu de la création s'absorbe ainsi
de lui-même, la loi salutaire des rapports est main-

tenue et l'harmonie générale sauvée : concluons
donc avec maître Garo que

Dieu fait bien tout ce qu'il fait.

LA FONTAINE.

XI

LES FOUISSEURS — LE BEMBEX A BEC

Les Fouisseurs constituent une catégorie d'insectes
distingués par leur habileté à construire le nid et
leur merveilleux instinct à approvisionner leurs
petits, avant même qu'ils soient nés; la plupart
appartiennent à l'ordre savant des Hyménoptères.
Les femelles ont toutes les charges de la maternité
et travaillent solitairement : les mâles, insouciants
de la progéniture, vivent de leurs rentes, sans rien
faire autre chose que batifoler et butiner, pour leur
propre compte, sur les fleurs épanouies.

Tout fouisseur, méritant ce nom, est armé en
guerre et équipé pour le travail. Une bonne épée,
des mandibules dentelées et tranchantes le rendent
apte à l'attaque comme à la défense; ses outils consistent dans de fortes jambes hérissées d'épines;
il s'en sert pour creuser le sol, les murailles, dépecer et charpir les substances végétales; dans
cette besogne ardue, les mâchoires lui viennent
aussi en aide : elles opèrent, à la fois, comme une
pioche ou comme des ciseaux.

L'atelier où les femelles déploient leur industrie

varie suivant la tribu à laquelle appartiennent les ouvriers ; le plus souvent il est établi en plein air, dans des terrains plus ou moins en pente, mais toujours bien exposés au soleil, les bons compagnons ne craignant jamais d'avoir trop chaud.

Il faut les voir à l'œuvre pour se faire une idée de leur ardeur à creuser un trou ; leurs pattes, converties en râteaux vigoureux, déchirent le sol avec une sorte de furie, et en rejettent les déblais en arrière ; les mandibules, à leur tour, arrachent les particules terreuses, détachent les graviers et brisent toute résistance. Rien ne décourage l'insecte ; plus l'obstacle est grand, plus il redouble d'efforts. Il est rare, du reste, qu'il ait affaire à des matières trop dures ; son instinct sait le conduire aux endroits les plus favorables pour pratiquer un terrier ; la maternité le poussant, l'excavation est bientôt terminée ; la galerie ouverte, une ou plusieurs cellules y sont ménagées, dans le fond, pour le berceau des petits.

Tout zélé travailleur qu'il est, le fouisseur ne se croit pas obligé de piocher à tout propos ; il ne tient nullement à la gloriole d'avoir bâti lui-même sa maison. S'il en trouve une toute faite qui n'ait pas de propriétaire, il s'en empare ; de même, il sait profiter de toute cavité ou fissure déjà formée ; chez lui, ce n'est ni paresse ni lâcheté, mais simple question de bon sens : à quoi bon peiner quand on peut l'éviter et arriver au but par des moyens plus faciles ?

Le logement des petits préparé, commence, pour le fouisseur, un rôle bien différent de celui qu'il a rempli jusqu'alors. La femelle adulte ne se nourrit

que de matières fluides, du sucre mielleux des
fleurs ; mais au moment de propager son espèce,
elle se souvient que, dans son jeune âge, elle vivait
de proie vivante ; en bonne mère de famille, elle
fera pour ses petits ce qu'on a fait pour elle : elle
les approvisionnera de chair fraîche ; elle se met
donc à chasser, et chasse sans relâche. Le gibier est
loin d'être le même pour toutes les larves dont on
doit garnir le buffet. Suivant les espèces, il faut aux
unes des entrées de chenilles, aux autres des plats
de coléoptères. Celles-ci digèrent mieux les pucerons, celles-là préfèrent les araignées, d'autres, enfin, aiment beaucoup les mouches. Avec des goûts si
différents, n'y a-t-il pas à craindre quelque méprise ?
Nullement, l'instinct, chez les insectes, ne se trompe
jamais. Il est bon de savoir qu'il y va de la vie des
petits, si on ne leur donne pas les morceaux qu'ils
désirent ; cette fois encore, l'instinct maternel ne
fera pas fausse route. Le chasseur tombe juste sur
la proie qu'il lui faut ; il tue trois, quatre, six et jusqu'à douze pièces, et, suivant leur grosseur, il les
distribue, en plus ou moins grand nombre, aux futures larves. Mais c'est ici que s'étale dans toute sa
magnificence le luxe de ressources que possède
chaque mère fouisseuse. Ce n'est pas tout, pour
elle, de savoir discerner et choisir le gibier que ré-
clameront un jour ses petits, elle doit le leur apporter vivant dans leur garde-manger ; autrement, il
leur serait inutile ; tous périraient d'inanition auprès
d'un cadavre auquel ils ne toucheraient pas, quelque atroce que fût leur faim. La victime doit donc être
vivante pour leur servir de pâture ; il y a plus, sans
pattes, et partant, incapables de se déplacer, les

larves devront la trouver à leur chevet, dès qu'elles s'éveilleront de leur sommeil dans l'œuf. Nulle difficulté à cet égard : la mère aura l'attention de mettre le gibier à leur portée dans la cellule. Mais une autre complication rend le problème fort épineux. Les petits, en naissant, sont faibles; leur corps est à peine vêtu d'une peau fort mince; ils sont absolument hors d'état de lutter avec toute proie qui pourrait se défendre; l'éternelle Sagesse a merveilleusement prévu toutes choses; les victimes, vouées à l'immolation, resteront vivantes, mais dans un état de paralysie qui ne leur permettra pas le moindre mouvement; elles ne pourront apporter la moindre résistance : elles se laisseront ronger, dévorer sans mot dire. Par un de ces secrets chimiques qu'on ne saurait trop admirer, la mère fouisseuse, en saisissant sa proie, la pique là seulement où le coup, sans lui être fatal, la blesse de manière à la plonger dans un engourdissement léthargique qui prolongera sa vie jusqu'au jour où elle servira de nourriture à ses petits : tout est calculé pour qu'elle dorme d'une mort apparente, et qu'elle n'entre en décomposition que bien au delà du temps assigné pour la croissance définitive de la larve qui n'aura plus besoin, alors, de manger. Les choses se passent ainsi; Sphex, Crabrons, Ammophiles, Pompiles, Odinères, Bembex en fournissent maint et maint exemple, chaque année.

Aussitôt que l'approvisionnement est terminé, la mère fouisseuse dépose un œuf dans la cellule; elle la ferme avec les déblais retirés pendant le travail de l'excavation, et s'efforce de faire disparaître toute trace du berceau de sa descendance. Elle procède de la même manière pour chacune des loges où elle a laissé un germe. Les terriers sont tantôt rapprochés les uns des autres, tantôt dispersés sur différents points; tous sont garnis de vivres à l'intérieur, et hermétiquement clos. Cette grande tâche accomplie, l'excellente mère n'a plus rien à faire en ce monde; le but suprême de son existence est atteint : elle a continué son espèce et travaillé, jusqu'à la fin, pour assurer la nourriture de ses enfants posthumes.

Parmi les nombreux hyménoptères qui approvisionnent leurs petits de proie vivante, le Bembex à bec est un de ceux qui donnent l'idée la plus complète des mœurs des fouisseurs; il avait donc sa place désignée dans cette galerie historique destinée à illustrer les insectes les mieux doués du côté de l'instinct.

Sa livrée noir citron rappelle la couleur générale des guêpes avec lesquelles il a plus d'une ressemblance; son corsage, toutefois, est moins élégant. Habitant des lieux sablonneux, en plein soleil, il vole avec rapidité en faisant entendre un bourdonnement aigu et saccadé; il s'arrête peu sur chaque fleur. Dans nos climats, il commence à paraître vers le mois de juillet; la femelle est bientôt courtisée par une troupe d'écervelés, très-désireux de lui plaire et tout prêts à se chamailler pour sa possession.

Peu farouche de sa nature, notre bembex ne craint pas d'avoir des voisines lorsqu'elle s'occupe du berceau de sa progéniture; on la rencontre en troupes dans les endroits où le sable, mouvant à la surface, repose sur un fond solide. Dans cette colonie nidifiante, où tout est femelle, quel caquetage et quel mouvement! on va, on vient, on se remue de tous côtés, et de tous côtés on babille, on chantonne, on mine, on fouille, on creuse; le travail est poussé avec une ardeur fiévreuse, le bourdonnement incessant. C'est bien autre chose, vraiment, si vous vous approchez des commères : vous devenez l'événement qui intéresse la sûreté générale. Aussitôt le bourdonnement augmente, toute la population effarée tourbillonne autour de vous d'une façon menaçante ; elle ne se calme qu'après que vous vous êtes écarté à une certaine distance; c'est le parti le plus sage, car les bembex femelles sont armées de poignards secrets; en vous tenant immobile, il vous sera facile de tout voir du point peu éloigné où vous vous serez placé, et les bembex, d'ailleurs, seront pleins d'indifférence pour votre curiosité. Le trouble apaisé, chacun reprend sa besogne; elle est conduite lestement. Les mères savent que la saison presse ; les râteaux épineux griffent vigoureusement le sol; les débris pleuvent derrière l'insecte, à mesure que l'excavation devient plus profonde; un boyau de deux ou trois centimètres de longueur est percé; il décrit un angle obtus à son ouverture : le berceau du futur hyménoptère repose dans le fond.

Tandis que chaque femelle s'acquitte de son métier de fouisseuse avec une ardeur toute maternelle, les mâles sont aux aguets, posés sur le sable, de distance en distance, ou planent à trente centimètres au-dessus des nids. Une femelle vient-elle à sortir de son terrier, le plus entreprenant se précipite sur elle, mais au même instant trois ou quatre compétiteurs jaloux fondent sur le couple : tous rou-

lent à terre dans une singulière mêlée ; la femelle,
cause innocente de cette irruption subite, se tire
comme elle peut de la bagarre ; elle plante là les
empressés, et s'en va tout doucettement à ses affai-
res. Elle a vraiment toute autre chose en tête que
de se laisser conter fleurette. Elle sera bientôt mère ;
son instinct l'avertit qu'elle doit songer à sa postérité : la chasse la réclame. Le gibier qu'elle con-
voite, ce sont les gros bonnets de la tribu des Mus-
cies, Bombyles, Syrphes, mangeurs de la viande,
Stratyomides, Eryales, etc., tous des voiliers. Les
saisir à la course, petite chance ; au vol, impossibilité
presque absolue ; d'un coup d'aile les Diptères sont
aux antipodes : le bembex tâchera donc de les surprendre ; il les épie, et tandis qu'ils sont à picorer
sur les fleurs, il se jette sur eux et les poignarde au
milieu de leur repas.

Le coup est si adroitement porté, que la victime
tombe comme frappée d'une apoplexie foudroyante ;
plus de locomotion, à peine peut-elle encore remuer
les pattes pendant quelques instants ; elle ne s'agite
même pas d'un tremblement convulsif, dernier
signe d'une vie expirante ; seulement, ses membres
et ses ailes ne sont pas rigides : ils gardent un reste
de souplesse, mais sans pouvoir agir. C'est que le
poison subtil introduit dans les flancs de la bestiole
a produit subitement son effet. La muscie est bles-
sée mortellement, mais elle ne mourra ni des suites
du coup de poignard, ni d'une mort lente ; elle
demeurera paralysée jusqu'au temps où elle servira
de pâture à la larve du bembex. Mieux vaudrait,
sans doute, pour elle finir immédiatement, que de
passer par cette lente agonie ; mais, espérons-le, la

pauvrette engourdie n'en a pas conscience. Chaque
capture entraîne pour le bembex une course à son
nid, et chaque nid reçoit douze pièces de gibier
avec un œuf seulement; la provision faite, l'insecte
remplit le terrier de sable et le tape fortement à la
surface, de manière à dissimuler complétement la
place du nid. La femelle pond au moins dix œufs
pendant sa courte existence; chaque œuf exigera
donc une nouvelle fouille, de nouvelles tueries
et de nouveaux approvisionnements, travail de mineur et de chasseur réellement considérable, mais
qui ne fait jamais reculer une mère; tout calcul
fait, la postérité d'un seul bembex réclame le sacrifice de cent vingt diptères; le proverbe a raison :
On n'élève pas ses enfants avec rien.

XII

LES ÉPHÉMÈRES

Naître le soir, mourir le matin, que dis-je? arriver
à la vie après le coucher du soleil, et disparaître
avant le lever de l'aurore; parfois même, ne se montrer que pendant quelques heures, et cependant finir
de vieillesse et de décrépitude, après avoir rempli
toute son existence, tel est le sort des Éphémères.
A notre point de vue, ce n'est là que passer;
mais pour l'insecte, vingt-quatre heures composent
deux longs siècles que jamais aucun membre de sa
famille n'a traversés : ses centenaires, s'il en est,
vivent à peine l'espace d'une nuit.

Deux grandes ailes réticulées, de la plus fine gaze, recouvrent, comme une mantille, les deux petites ailes intérieures; un corps long et fluet, terminé par deux ou trois filets très-fragiles et dépassant en longueur la taille de l'insecte; une tête large et courte; les deux premières pattes plus longues que les autres et projetées en avant, dessinent la silhouette de l'Éphémère.

Toutes les espèces de cette nombreuse tribu sont habitantes des eaux dans leur premier âge; leur enfance, qui se prolonge pendant deux ou trois années, constitue leur principale existence; aussi, le nom d'Éphémères ne leur convient-il réellement, que lorsque, devenues insectes parfaits, elles ont pris des ailes, sont aptes à se reproduire, et meurent au bout de quelques heures d'apparition crépusculaire ou nocturne : leur état de larves est celui sous lequel elles offrent le plus d'intérêt.

Leur physionomie première est bien différente de celle qu'elles prennent dans la dernière phase de leur vie. Il ne faut y chercher ni beauté ni élégance; à quoi bon quand on vit solitaire au fond d'un trou ? De fortes mâchoires pour triturer une nourriture grossière, des pattes solides pour creuser un terrier, sont bien préférables; sous ce rapport, la larve de l'Éphémère n'a rien à envier aux plus favorisés : mandibules dentelées, jambes armées de crochets et de pioches, longue queue barbelée comme une plume, ne lui ont pas été refusées; son corps, de plus, est garni de houppes placées, selon les espèces, tantôt de chaque côté du ventre, comme les rames d'une galère, tantôt couchées sur le dos et dirigées en arrière; leur nombre varie entre six et sept paires. Bien que chaque larve mène la vie d'un anachorète dans une cellule creusée en terre, au-dessous de la surface de l'eau, le mode de se gouverner n'est pas le même chez toutes : chaque recluse suit son inclination particulière. Les unes, vouées à un régime austère, ont des habitations fixes dont elles ne sortent presque jamais ; rarement quittent-elles leur trou pour nager, si ce n'est dans la circonstance grave d'un déménagement forcé ; les autres, d'un ascétisme moins rigoureux, sont des philosophes errants, une sorte de péripatéticiens, se livrant sans scrupule à la natation, se permettant souvent les douceurs de la promenade sous l'eau, et allant chercher retraite sous des pierres ou sous un morceau de bois où ils dormiront tranquilles, mais jamais pour bien longtemps. Ils n'ont pas fait vœu d'immobilité, et, pour avoir dit adieu à la vie en commun, ils n'ont nullement renoncé à se servir de leurs jambes ; c'est pourquoi ils circulent au fond de l'eau, sur le sol qui en forme le bassin. Les larves sédentaires donnent à l'observateur un spectacle assez curieux : leurs houppes décrivent à la fois, avec une excessive vitesse, une double évolution d'avant en arrière, et d'arrière en avant ; leur agitation tient du vertige. Souvent elles s'agitent toutes ensemble ; d'autres fois, les deux premières restent en repos, tandis que les deux dernières sont emportées dans une vibration rapide. On ne sait pas au juste quelles sont les vraies fonctions de ces appendices ; peut-être ont-ils pour objet d'établir un courant ou un tourbillon qui amène à la portée de l'insecte les animalcules destinés à sa nourriture, peut-être aussi ne font-ils que tamiser l'eau dans le même but.

L'espèce la plus répandue aux environs de Paris, l'Éphémère commune, représente très-bien les mœurs de sa tribu; les connaître, c'est posséder le secret de ses congénères; nous ne nous occuperons donc que d'elle dans cette esquisse biographique.

Quoique la larve soit aquatique, ce n'est pas dans l'eau qu'il faut la chercher : elle n'en habite que les bords, elle gîte dans les trous qu'elle se creuse dans une terre compacte. Les berges en sont criblées à diverses hauteurs, tantôt plus haut, tantôt plus bas, mais toujours aux endroits baignés par l'eau; dès que celle-ci se retire, l'insecte vide la place, descend un étage plus bas, et se creuse un autre trou dans la glaise actuellement sous l'eau. En général, le terrier a une direction horizontale et son ouverture est arrondie; il présente la forme d'un tuyau cylindrique coudé, débouchant par deux orifices rapprochés; l'appartement de l'Éphémère se compose donc de deux pièces, avec porte d'entrée et porte de sortie : elle peut s'y mouvoir sans être obligée de marcher à reculons ou de se retourner bout à bout, ainsi que le font un grand nombre d'insectes serrés par l'espace.

Le logement est toujours proportionné au volume de celui qui l'habite. L'animal est-il jeune, le trou a peu de diamètre, mais sa largeur est pour le moins le double de celle de la larve ; les nymphes, n'ayant plus à croître, reposent dans des cavités dont le grand diamètre mesure un peu plus de six millimètres et n'a pas moins de cinq centimètres de longueur, depuis les deux orifices jusqu'à la courbure qui met les deux branches en communication. La position du terrier au-dessous de l'eau fait que celle-ci remplit le vide que laisse la larve dans son logement; elle baigne donc comme si elle se trouvait en pleine rivière, avec la douce satisfaction d'être à l'abri de la dent vorace des poissons : ces derniers calent trop de fond pour approcher jusqu'à sa demeure.

A l'état de larve ainsi qu'à celui de nymphe, l'Ephémère est outillée pour fouiller dans une terre forte; elle porte au-devant de la tête deux crochets écailleux, de couleur brune, arrêtés chacun au bout d'un manche courbé en arc dont la convexité, hérissée de dentelures, regarde le côté extérieur; des éperons renforcent cet appareil. Les jambes lui viennent encore puissamment en aide pour fouir; les deux premières paires se dirigent en avant et s'arment d'un solide crochet à leur extrémité; celles de la troisième paire, les plus longues de toutes, sont tournées vers la partie postérieure : on conçoit sans peine qu'avec de tels instruments l'insecte s'ouvre facilement un passage en terre.

Lorsque la larve est sur le point de se métamorphoser, elle monte à la surface de l'eau et se débarrasse bientôt de sa dépouille. Elle ne ressemble plus à ce qu'elle était tout à l'heure : elle est pourvue d'ailes, mais elle n'est pas encore insecte parfait. Pour le devenir, il lui faut passer par l'épreuve d'une mue; elle ne sera pas longue. L'Ephémère s'envole, s'arrête sur le premier objet qu'elle rencontre, arbre ou muraille, s'accroche, avec ses pattes, dans une position verticale, la tête en haut, jusqu'à ce que l'enveloppe qui la couvre se fende sur le corselet. A mesure que la fente s'agrandit, l'insecte dégage tous ses membres les uns après les autres.

Il laisse sa dépouille à l'endroit où il s'est fixé; elle lui était indispensable pendant son existence sous l'eau, elle lui serait désormais inutile, puisqu'il ne doit plus vivre que dans l'air. L'opération du changement de peau, si longue et si laborieuse pour la plupart des insectes, s'effectue chez l'Éphémère avec aisance et célérité; nous ne retirons pas plus vite nos bras des manches de notre habit, que la nymphe ne tire son corps, ses ailes, ses jambes, sa longue queue du vêtement complexe qui enveloppe chacune de ces parties d'un fourreau où elles sont plissées : toute l'opération est expédiée en un clin d'œil.

Au sortir de l'eau pour sa première transformation, l'Éphémère avait déjà acquis plus de taille dans cette crise. Après avoir quitté sa dépouille de nymphe, elle prend encore de plus grandes dimensions : ses pattes surtout et ses filets s'allongent singulièrement; le corps, naguère d'un brun terne, change de couleur; les ailes, dans certaines espèces, deviennent vernissées, sèches et friables; mais la différence capitale entre ces deux métamorphoses, c'est que, dans ce deuxième état, l'Éphémère ne change pas de figure comme dans le premier; la nymphe et l'insecte parfait sont tellement semblables, à la grandeur près, qu'il n'est pas possible de les distinguer; dans ces deux révolutions, ni l'un ni l'autre ne paraissent avoir de bouche : qu'en ferait l'Éphémère, puisqu'elle ne prend point de nourriture sous ses deux dernières formes, et qu'elle a si peu de temps à vivre, quand elle les a revêtues?

C'est vers la fin de l'été, aux environs de Paris, que l'Éphémère subit sa dernière métamorphose. Telle

est alors l'affluence prodigieuse des nymphes qui, à
chaque instant, deviennent insectes parfaits, que le
bord des rivières en est couvert et l'air réellement
obscurci. Le nuage commence à se former au
soleil couchant, mais il n'est tout à fait gros qu'après
que l'astre est sous l'horizon; une neige épaisse,
tombant à gros flocons, peut seule en donner une
idée. Des milliers de milliers d'Ephémères voltigent,
tournoient, tourbillonnent, pleuvent de toutes parts;
le sol en est parfois couvert d'une couche de huit
centimètres d'épaisseur; gare les promeneurs! en
un rien de temps, ils sont assaillis, aveuglés, en-
combrés. Sauf de rares exceptions, quelle que soit la
température de la saison, que le soleil n'ait point
cessé de briller pendant la journée, ou qu'il se soit
voilé par intervalles, ou bien qu'il ait plu abondamment, l'heure à laquelle l'Ephémère commence à se
tirer de son enveloppe et à s'ébattre dans l'air, est
toujours à peu près la même sous tel ou tel climat;
tout aussi fatal est le moment qui finit son existence aérienne. Au bout de deux heures, l'avalanche
ailée, qui menaçait de tout envahir, s'arrête; la
pluie vivante cesse tout à coup de tomber. Ce phé-
nomène, bien connu des pêcheurs de nos rivières,
a reçu l'appellation expressive de *manne*; elle offre,
en effet, un copieux banquet aux poissons qui s'en
emparent avidement. Son apparition est en quelque sorte réglée comme une horloge; elle commence chaque soir, à une certaine heure, et finit
dans un laps de temps parfaitement déterminé. Ce
temps est fort court : il ne s'étend pas au delà de
trois ou quatre jours. Pendant cette période passa-
gère, des myriades d'Ephémères voltigent au-dessus

de l'eau ; leurs immenses légions paraissent, disparaissent, se renouvellent et se succèdent coup sur coup ; une partie périt dans les eaux, une autre meurt étouffée par encombrement le long des routes, dans les prés ou au bord des rivières ; mais, chose digne de remarque, à travers ces hécatombes de morts et de mourants, les générations qui tombent n'en doivent pas moins, dans l'espace de quelques secondes, préparer le berceau des générations futures : elles ne manquent pas à ce but final. La ponte commence aussitôt après la dernière métamorphose. Les femelles sèment leurs œufs à tort et à travers, un peu partout; l'eau, cependant, est leur réceptacle le plus ordinaire : ils sont réunis entre eux par une espèce de colle et s'échappent en grappes ; en vertu de leur pesanteur spécifique, ils vont droit au fond de l'eau, et s'y désagglutinent, chemin faisant.

En résumé, l'Éphémère a passé deux ou trois ans sous l'eau, à l'état d'ébauche ; de larve, elle est devenue nymphe ; peu d'instants après cette transformation, elle est arrivée à la plénitude de ses facultés vitales : quelques secondes alors lui sont données pour continuer son espèce ; ce grand acte accompli, elle disparaît de la scène, scène qui n'est pas même d'un jour, s'il s'agit de l'existence aérienne de l'insecte : *vita brevis*, telle est la devise de l'Éphémère adulte.

XIII

HISTOIRE DES CHENILLES

Les amateurs de jardins et l'homme des champs poursuivent, à l'envi, d'une haine profonde les chenilles. Gens positifs, avant tout, ils calculent, chiffre à chiffre, les dommages qu'elles leur causent, et, s'ils pouvaient, ils les condamneraient toutes, sans appel, à la peine de mort. Quoique cette sentence fût bien rigoureuse, et que l'extermination générale de tout un peuple soit toujours déplorable, peut-être auraient-ils raison; la guerre contre les chenilles se justifie, économiquement parlant. A leur tour, les femmelettes et les délicats ont une extrême répugnance pour cet insecte. Une chenille, fi donc! ah! quelle horreur!! Leurs nerfs, d'une sensibilité prodigieuse, ne sauraient résister à une impression si fâcheuse; que dis-je? la vue seule de l'animal les jette hors d'eux-mêmes, ils en détournent avec dégoût leurs regards. Ceux-ci ont tort; cette répugnance irréfléchie, parlons plus juste, cette aversion affichée, n'a point d'excuses. Le pauvre animal, si méprisé, vaut-il moins, en fin de compte, que les King-Charles, Lilliputiens dégénérés d'une race utile, gâtés à outrance, mal élevés, pleins d'humeur et de caprices, et pourtant si ridiculement idolâtrés? Les chenilles ne sont connues que comme des braconnières, voilà leur crime; mieux appréciées, en dehors de cette pecca-

dille, elles jouiraient certainement de plus de crédit.
Pour le naturaliste, l'insecte est loin d'être sans
mérite. Tout d'abord, sa structure est merveilleuse ;
tisserand et fileur accomplis, il est à lui-même son
fabricant et son réservoir de soie ; sa livrée revêt
parfois de brillantes couleurs ; ses habitudes, enfin,
depuis la sortie de l'œuf jusqu'au jour où il va
méditer, au fond d'une chrysalide, son éclatante
métamorphose, sont aussi variées que pittoresques :
en faut-il davantage pour légitimer l'intérêt qui s'attache à sa cause ? Malgré les dégâts qu'elles nous
occasionnent, les chenilles ont aussi leur raison
d'être en ce monde. Si elles rongent bien des feuilles,
elles fournissent, en revanche, la pâture à tous les
becs-fins ; leur apparition sur les plantes coïncide
avec l'arrivée de ces jolis musiciens. Nous les per-
drions sans retour si elles venaient à disparaître,
car enfin les artistes ne vivent pas seulement de
renommée ; sans chenilles, point de gosier chan-
teur ; adieu rossignols, fauvettes, mésanges, rouge-
gorges ! tout l'orchestre printanier s'envolerait à
l'instant. Que deviendraient alors les bois et les
vergers, avec leurs échos muets et attristés ? A coup
sûr, ils perdraient le meilleur de leur charme et de
leur animation. Les chenilles ne sont donc pas absolument inutiles. Au point de vue scientifique, elles
ont une valeur incontestable ; elles ont attiré l'attention des Swammerdam, des Lyonnet, des Mal-
pighi, des Réaumur, et de bien d'autres encore ; laissons donc un instant de côté de mesquins préjugés, et
donnons, en passant, un coup d'œil à leur histoire.

Un corps allongé, cylindrique, de douze anneaux ;
une tête cuirassée de deux calottes écailleuses ; une

bouche armée de deux fortes mandibules, au-dessous desquelles se trouve une filière ; seize pattes au plus, et jamais moins de huit, dont les six premières sont écailleuses, fixes et toujours de même dimension, tandis que les autres, de nature membraneuse, peuvent, à la volonté de l'animal, s'allonger ou se raccourcir, se gonfler ou s'aplatir, signalent, tout d'abord, l'organisation spéciale des chenilles. Dix-huit stigmates concourent à leur respiration ; ils sont échelonnés par paires, le long du corps, sur chaque anneau, à l'exception du second, du troisième et du dernier qui n'en ont pas. Les six pattes écailleuses ou *antérieures*, terminées en pointe, toujours attachées aux trois premiers anneaux, persistent malgré la métamorphose et servent d'enveloppe aux six pattes du papillon ; les autres ne sont que des mamelons mous, garnis souvent de crochets ; ils s'évasent en couronnes ou demi-couronnes, font office de crampons, et disparaissent dans l'insecte parfait : leur nombre est très-variable.

Dans les chenilles à seize pattes, les plus communes de toutes, le quatrième et le cinquième anneau sont dénués de pattes ; les quatre anneaux suivants, placés au milieu du corps, en ont chacun une paire appelée pattes *intermédiaires* ; le dixième et le onzième anneau n'ont point de pattes, mais le dernier en a deux : ce sont les pattes *postérieures*.

Chez les chenilles à quatorze pattes, les pattes membraneuses sont distribuées très-diversement. Les unes ont le quatrième et le cinquième anneau sans pattes ; les huit pattes intermédiaires se groupent, par paires, sur les quatre anneaux suivants, laissant le reste complétement nu. Les autres, au contraire, ont les deux pattes postérieures, et seulement six pattes intermédiaires, mais leur arrangement diffère. Tantôt, après les pattes écailleuses, qui jamais ne manquent ni ne changent de position, trois anneaux sont privés de pattes; les septième, huitième et neuvième donnent insertion aux pattes intermédiaires; ils sont suivis de deux anneaux sans pattes, auxquelles succèdent les pattes postérieures sur le dernier anneau. Tantôt, après les pattes écailleuses, il n'y a que deux anneaux apodes; les six pattes intermédiaires sont suivies de trois anneaux nus : le dernier porte les pattes postérieures.

Les chenilles à douze pattes, après les trois premiers anneaux affectés aux pattes écailleuses, ont les quatre anneaux suivants sans pattes; quatre pattes seulement intermédiaires sont attachées aux huitième et neuvième anneaux; le dixième et le onzième, entièrement nus, précèdent la paire de pattes postérieures placée sur le douzième. L'intervalle considérable qui se trouve entre les pattes écailleuses et les intermédiaires, oblige les chenilles à marcher autrement que les autres insectes. En général, les chenilles à seize et à quatorze pattes cheminent par une sorte d'ondulation, par un mouvement vermiculaire; la progression ne s'effectue pas ainsi chez les chenilles à douze pattes : leurs quatre anneaux consécutifs sans pattes s'y opposent. Lorsqu'elles veulent s'avancer, elles se fixent, d'abord, avec leurs pattes écailleuses, et attirent à elles les pattes intermédiaires et les postérieures, de sorte que les anneaux apodes se trouvent élevés en demi-cercle; ils se courbent, de plus en plus, jusqu'à leur rapprochement complet des dernières pattes écailleuses : dans cette position, les pattes intermédiaires et les postérieures sont fortement cramponnées. Pour marcher, il s'agit de remettre en ligne droite les quatre anneaux courbés en forme de boucle; le corps alors se déploie et s'allonge, la tête se porte en avant d'une distance égale à la longueur des anneaux : le premier pas est fait. Pour en faire un second, il suffit aux chenilles de répéter la même manœuvre; elles l'exécutent sans peine et si rapidement, que, malgré l'infériorité du nombre de pattes, elles devancent les autres chenilles à la course; en marchant à pas comptés, elles semblent mesurer et arpenter le terrain : de là leur nom d'*Arpenteuses*.

A cette catégorie géométrique appartiennent les chenilles à dix pattes. Après leurs six pattes écailleuses, elles ont cinq anneaux de suite sans pattes: deux pattes seulement, intermédiaires, occupent le neuvième anneau; les postérieures sont à leur place normale, sur le douzième. On comprend aisément qu'avec l'espace plus considérable qui sépare les pattes antérieures des pattes intermédiaires, ces chenilles arpentent à plus grands pas que celles à douze pattes. Elles présentent une singularité curieuse : elles peuvent se tenir droites et raides en se soutenant seulement par leurs deux pattes postérieures cramponnées à un arbre; dans cette situation, leur immobilité absolue et leur couleur de bois les font prendre aisément pour une brindille desséchée.

Les chenilles les moins bien favorisées sous le rapport numérique des pattes, n'en ont que huit. Logeant habituellement dans des fourreaux, comme les Teignes, ou dans l'intérieur des feuilles, telles que les Mineuses, il leur suffisait de posséder les pattes antérieures et postérieures pour avancer ou reculer : elles n'ont, en effet, que ces organes de locomotion. Le nombre et la position des pattes des chenilles correspondent à des genres très-différents dans les insectes parfaits ou les papillons.

Le vêtement des chenilles est loin d'être uniforme ; il est glabre ou velu. Les *chenilles rases* n'ont pas de poils apparents. Leur peau, tantôt lisse, tantôt chagrinée ou mamelonnée, se pare souvent de vives couleurs. A côté d'habits unicolores, on en voit de teintés et de nuances variées ; chez les uns, les couleurs sont distribuées par raies ou par bandes suivant la longueur du corps ou le contour des anneaux ; chez les autres, elles s'appliquent par ondes, par taches ou par ocelles ; ces dernières, souvent d'un bleu de turquoises ou couleur de chair, se détachent, d'une façon très-pittoresque, sur un fond brun ou vert. Dans certaines espèces de chenilles rases, le onzième anneau est surmonté d'une corne molle et charnue légèrement infléchie vers l'extrémité postérieure du corps ; l'insecte la tient plus ou moins droite ou plus ou moins inclinée. D'autres, de la même tribu, portent, près du cou, un tubercule charnu plus singulier encore : sa forme est celle d'un *y* ; la chenille le fait rentrer à son gré, de manière qu'on n'en aperçoit plus de vestige ; aux approches de la métamorphose, elle est des journées entières sans le montrer.

Les *chenilles velues* tirent leur nom des appendices dont leur corps est hérissé ; il est en tout ou en partie couvert de poils. Si les poils sont gros et durs, la chenille qui les porte est dite *épineuse*. Les velues, parfois, sont tout entières couvertes de poils tantôt longs, tantôt courts ; parfois aussi elles ont une partie du corps à nu. Les chenilles dont les poils sont doux et très-serrés portent le nom de *veloutées*. Sur un grand nombre, ces poils sont disposés par houppes ou par aigrettes surgissant de tubercules arrondis qui sont percés comme une pomme d'arrosoir ; suivant les espèces, chaque anneau porte quatre, six, sept, huit, dix ou douze houppes de poils dont la direction varie. Sur certaines chenilles, chaque poil est perpendiculaire à sa base ou à la surface du tubercule ; dans ce cas, leur réunion forme une aigrette assez régulière ; sur d'autres chenilles, les poils des tubercules antérieurs se tournent vers la tête, et ceux des autres anneaux s'inclinent vers l'extrémité postérieure : chez quelques autres, la moitié des poils d'un même tubercule tend en bas, et l'autre se porte en haut ; il est encore des chenilles chez lesquelles les poils se dirigent presque tous en bas, ce qui les rend très-velues autour des pattes, alors que leur dos est dénué de poils. Enfin, plusieurs ont, sur le dos, des houppes de poils ressemblant à des brosses ; celles qui sont ainsi chargées ont reçu le nom de *chenilles à brosse* ; c'est dans leur section que se rencontrent les chenilles dont le premier anneau est orné d'une double aigrette dirigée au-devant de la tête comme des antennes : ces faisceaux, étudiés dans leurs détails, sont barbelés comme une plume et sans analogie avec la structure des poils.

Les poils des chenilles ne sont pas aussi simples que leur aspect le ferait supposer : à l'œil nu, ils ressemblent à des corps unis et lisses comme nos cheveux, mais le microscope les fait voir sous des formes très-diverses. Les poils lisses sont rares et se terminent en pointe d'épingle; les autres ressemblent à une tige arrondie dans un sens et déprimée dans l'autre, d'où partent des ramifications d'inégale grosseur et grandeur; des épines, des piquants y sont distribués, tantôt par paires opposées, tantôt s'étageant le long de la tige, comme des feuilles alternes, plus ou moins proches, ou plus ou moins éloignés les uns des autres.

La couleur des poils, dit Latreille, n'est pas moins diversifiée que celle de la peau des chenilles rases. Il est des chenilles qui les ont tous d'une même couleur; chez d'autres, ils sont de nuances très-variées et agréablement mêlées; il y a des poils blancs; il y en a de noirs, de bruns, de jaunes, de bleus, de verts, de rouges, en un mot, de toute couleur. Quelques chenilles ont leurs brosses du plus beau jaune; d'autres les ont blanches, d'autres couleur rose, pendant que le reste des poils est autrement coloré. Les bouquets de poils sont disposés sur le corps des chenilles comme les arbres le sont dans nos bosquets plantés en quinconce; souvent la peau entre ces rangées de poils n'est pas cachée : elle a elle-même ses couleurs propres, quelquefois belles et diversifiées; alors la variété de couleur des poils, jointe à la couleur de la peau, forme autant de nuances si singulièrement mêlées, qu'on ne peut s'empêcher d'admirer la beauté de certaines chenilles, pour peu qu'on s'arrête à les considérer.

La manière de vivre des chenilles est presque aussi variée que leurs espèces. Quoiqu'il y en ait qui habitent dans l'intérieur de la terre, sur les racines ou dans le tronc des arbres, le plus grand nombre cependant préfère l'air libre et se loge à portée des substances destinées à leur alimentation. En général, les feuilles leur fournissent leur nourriture habituelle et leur abri le plus fréquent. Elles en prennent possession pour ainsi dire avant d'être nées, car le papillon ne jette pas ses œufs à l'aventure; il les dépose, plus ou moins régulièrement, aux endroits que recherchent les larves, bien que lui-même, avant la ponte, ne les ait jamais visités. Toutes sortes de plantes ne conviennent pas aux chenilles. Il en est qui, comme les euphorbes, l'ortie et bien d'autres, sont spéciales à certaines espèces; le plus ordinairement, néanmoins, les chenilles ne se montrent pas très-difficiles; elles s'arrangent indifféremment de plusieurs végétaux pour leur nourriture; feuilles d'orme, feuilles de chêne, feuilles de frêne sont tour à tour de leur goût; elles passent même volontiers des essences forestières aux arbres fruitiers : la variété dans les mets leur plaît ainsi qu'à nous. Leur voracité est proverbiale; elles mangent, en vingt-quatre heures, bien plus que l'équivalent de leur poids, criblent les feuilles de coups de dents, et n'en laissent guère que le squelette; sur les arbres où elles fourragent en nombre, toute verdure disparaît bientôt : c'est comme un retour de l'hiver, et, qui pis est, quand elles ont fait une charge à fond sur une plante, elles passent à une autre et l'exécutent de même; heureux encore, lorsqu'elles épargnent les bourgeons, après avoir rongé toutes les feuilles!

Nos fruits, on ne le sait que trop, sont le point de mire d'une foule de petites chenilles. Les papillons dont les larves doivent se nourrir de fruits, collent leurs œufs sur l'ovaire avant même que les pétales soient tombés ; ils les glissent aussi, parfois, entre la corolle et le pistil ; de là, la chenille n'a qu'un pas à faire pour s'introduire dans le fruit ; il est alors tellement embryonnaire, qu'elle le perce sans difficulté ; le trou qui lui a livré passage se referme souvent sur elle et lui permet, par cette clôture, de se développer, en pleine table, à l'abri de tout danger. D'autres espèces microscopiques n'épargnent pas davantage nos céréales ; elles pénètrent dans le grain, rongent toute la substance farineuse calculée tout juste sur la durée de leur croissance, et ne laissent absolument que l'écorce ou le son.

Le temps où les chenilles prennent leur repas n'est pas le même pour toutes. Il en est qui mangent à toutes les heures du jour ; d'autres ne se mettent à table que le matin et le soir, ne bougeant pendant la forte chaleur ; d'autres enfin, comme la chenille du chou, ne mangent que pendant la nuit ; dès la pointe du jour, elles quittent leurs feuilles et se cachent dans la terre, pour n'en sortir que le soir ; elles ne font donc qu'un seul repas, mais repas de ramadan, de douze heures consécutives : ô puissance de l'estomac d'un insecte !

Ainsi, de jour comme de nuit, les chenilles vivent à nos dépens. Leurs dégâts sont considérables, on est bien forcé d'en convenir ; en certaines années, ils prendraient la proportion de véritables fléaux, si, d'une part, les chenilles n'avaient de nombreux ennemis parmi les autres insectes et les oiseaux, et si, de l'autre, les changements brusques de température n'en faisaient périr tout à coup d'immenses quantités; il ne faut rien moins que ces accidents fortuits pour limiter leur nombre, car leur existence est si bien défendue naturellement, et telle est la fécondité de leur race, que, laissées à elles-mêmes, elles envahiraient tout, en peu de temps, par leur prodigieuse multitude.

Quatre moyens principaux assurent chez les Lépidoptères la conservation de l'espèce : les papillons, les œufs, les chenilles et les chrysalides.

Les papillons qui passent l'hiver dans des retraites et ne songent à leur postérité qu'au printemps suivant, sont presque une exception relativement à ceux qui meurent vers la fin de l'été, après avoir pondu.

Tous les œufs des papillons sont enduits d'un vernis imperméable qui les défend de la pluie et les protége contre les plus grands froids. Leur sommeil se prolonge pendant tout l'hiver; mais, au printemps, ils se réveillent avec la végétation. Les chenilles qui en sortent, passent une partie de la belle saison sous cet état; elles se transforment ensuite en chrysalides, traversent l'hiver sous ce masque, soit à l'air libre, soit cachées sous terre, sous les pierres ou dans les trous des arbres ou des vieux murs, le corps tantôt nu, tantôt enveloppé d'une coque; elles se changent en papillons l'année même, ou bien plus tard : cette évolution normale est celle du plus grand nombre des lépidoptères. Il en est cependant dont les chenilles, pressées d'arriver à la vie, éclosent dès l'automne, se nourrissent des feuilles de l'arrière-saison, et s'arrêtent dans leur développement dès que la végétation cesse; elles n'ont guère atteint à cette époque que la moitié de leur croissance ; l'hiver approchant, elles songent à se mettre en sûreté. Leurs retraites varient selon qu'elles vivent en société ou solitaires.

Les premières se font des espèces de nids résultant de la réunion de plusieurs feuilles qu'elles lient avec des fils de soie, et qu'elles attachent sur les arbres : la famille habite l'intérieur de cette tente. Les secondes, tantôt se cachent sous des pierres ou sous des écorces d'arbre, tantôt s'enfoncent en terre : les mœurs des unes et des autres subissent l'influence des milieux où elles vivent.

Les chenilles qui passent leur vie ensemble, proviennent toutes du même papillon. Écloses à peu près le même jour, elles se trouvent réunies dès leur naissance, et continuent de vivre en commun ; mais toutes n'y restent pas le même temps ; il y a parmi elles des sociétés temporaires et des sociétés à vie.

Les chenilles qui vivent ensemble pendant une partie seulement de leur existence, composent une colonie de frères et de sœurs dont le nombre, communément de deux à trois cents, s'élève parfois jusqu'à six ou sept cents ; elles restent groupées jusqu'à ce qu'elles aient atteint une certaine dimension ; ce temps arrivé, elles se séparent ; chacun va de son côté gagner sa vie comme il l'entend : les plus intéressantes à connaître dans cette section sont la chenille commune, la chenille du pin, et la livrée.

La chenille commune a pour mère la femelle du Bombyx chrysorrhea. Ce papillon dépose ses œufs sur une feuille ; quinze jours après, les chenilles éclosent et se mettent aussitôt à manger ; elles rongent le parenchyme des feuilles sans toucher aux nervures. À peine la chenille naissante a-t-elle attaqué une feuille, elle est bientôt suivie d'une compagne qui va prendre place à côté d'elle ; une troisième en fait autant, au sortir de l'œuf : les autres les imitent. Ainsi se forme un rang de chenilles, posées côte à côte, ayant toutes leur tête sur une ligne à peu près droite. Lorsque le premier rang est entièrement occupé, la première chenille qui vient à éclore en commence un second en se plaçant à la queue de celles qui l'ont devancée ; les autres, à mesure des éclosions, remplissent le second rang ; la nichée entière y passe jusqu'à ce que toute la feuille soit garnie de chenilles : quand il n'y a plus de place, les dernières venues se rendent sur une autre feuille et s'y groupent dans le même ordre.

Les chenilles communes n'ont pas plus tôt fini leur premier repas, qu'elles se mettent à filer, de concert. Leurs fils forment d'abord un simple voile jeté sur la face supérieure de la feuille ; en se multipliant, ils prennent l'épaisseur et la consistance d'une toile ; les bourses, les nids où les chenilles se développent, n'ont pas d'autre origine.

En même temps qu'elles grossissent, elles étendent leur logement par de nouvelles couches de feuilles et de fils. A l'extérieur, ce n'est qu'un gros paquet soyeux mélangé de feuilles et de petites branches, sans figure régulière ; mais l'intérieur se compose de plusieurs enceintes de toiles, formant autant d'appartements percés de portes. Le nombre considérable des fils tendus les uns sur les autres permet au nid de résister au vent et à toutes les injures de l'air ; la pluie ne peut y entrer, toutes les issues s'ouvrant en bas ; il ne courrait de risque qu'au retour de la végétation, par suite du développement des feuilles sur les ramilles qu'il enveloppe; mais les chenilles préviennent cet accident en rongeant les principaux yeux de la plante à laquelle le nid est attaché; ainsi aveuglée, la tige se dessèche et ne pousse plus.

Cette précaution n'est pas la seule que prennent nos chenilles; elles s'arrangent de manière à rendre faciles les abords de leur domicile. Nous pavons nos chemins, elles tapissent les leurs; toutes les avenues du nid sont couvertes de fils de soie jusqu'aux endroits où les chenilles ont coutume d'aller pâturer; elles ne s'aventurent pas au delà des traces soyeuses laissées sur leur passage.

Le nid est pour elles un berceau et la maison de famille. Elles s'y réfugient par les temps de pluie, s'y abritent quand le soleil est trop brûlant, et s'y retirent pendant la nuit. Elles ne s'en éloignent guère durant le jour; elles vont et viennent autour de la branche qui le porte, s'entre-baisent comme les fourmis lorsqu'elles se rencontrent, fourragent ensemble et remontent sans confusion au gîte commun, à la tombée du jour. Dès que les premiers froids se font sentir, elles se renferment toutes dans leur nid pour y passer l'hiver, immobiles et courbées en arc. Entrées petites, à l'automne, dans cette retraite, petites elles en sortent au printemps; mais à cette époque, elles augmentent rapidement de volume; une de leurs premières occupations est d'agrandir leur résidence : elles ajoutent de nouvelles cloisons à leurs appartements et changent de peau dans leurs nouvelles tentes. Avril venu, l'heure de la dispersion a sonné pour la famille; la société se dissout; chaque chenille prend la clé des champs et va passer le reste de sa vie dans la solitude.

Les chenilles du pin ont la peau noire et très-velue; leur nid, quelquefois très-volumineux, ressemble beaucoup, pour sa structure, à celui des chenilles du bombyx chrysorrhœa; comme elles, elles y travaillent en commun, l'entrelacent de matières végétales, le divisent par des cloisons multipliées et tapissent toutes leurs routes de fils de soie; mais en dehors de ces points de rapprochement, leur manière de vivre n'est plus la même. Elles sortent volontiers la nuit, ce qui ne les empêche pas de se montrer à toutes les heures du jour; elles s'éloignent à d'assez grandes distances de leur nid, mais toujours elles y reviennent pour s'y reposer ou pour s'y retirer pendant un temps plus ou moins long; leur mode de progression, surtout, les distingue complétement des chenilles communes. Elles marchent d'un pas régulier, à la file les unes des autres, tantôt en ligne droite, tantôt en festons ou en guirlandes, gardant toujours le même ordre, sans chercher à se dépasser et sans laisser de traînards derrière elles. La chenille qui se trouve en tête détermine les évolutions de toute la troupe; chacune garde sa place et se dirige d'après celle qui la précède immédiatement. Plusieurs sociétés avoisinantes partent-elles, à la fois, de différents nids, les files se multiplient en sens différents, sans se mêler ni s'interrompre; les unes montent, les autres descendent; d'autres poursuivent leur route en lignes droites ou courbes. Lorsque les premières chenilles d'une troupe font halte, elles se rassemblent les unes auprès des autres; parfois aussi elles s'entassent en monceau, mais alors elles s'enveloppent d'une poche à claire-voie; pour revenir à leur nid, elles prennent la même route qu'elles avaient suivie au départ, et ne s'égarent jamais, quelque tortueux que soient les détours dans lesquels elles s'engagent. On peut, toutefois, les jeter dans l'embarras; il suffit de rompre la trace de leur chemin; on les voit alors s'arrêter tout à coup, inquiètes et défiantes, à l'endroit où la route est coupée, la marche générale reste suspendue jusqu'à ce qu'une chenille, plus hardie ou plus impatiente que ses compagnes, franchisse le pas douteux; le fil qu'elle tend en risquant le passage, sert de pont pour la suivante : toute la troupe en profite et se remet en route. La société des chenilles du pin dure pendant toute la croissance de l'insecte; l'époque de la métamorphose est le signal de la séparation. A ce moment, tout s'ébranle, et sans ordre chacun se disperse; de cette colonie si nombreuse, il ne reste pas une seule chenille dans le berceau natal; toutes s'enfoncent isolément en terre et s'y construisent des coques de soie.

Les jardins ne connaissent que trop la chenille à livrée, ainsi nommée des bandes bleues et jaunes qui ornent son corps. Le bombyx neustria qui lui donne naissance dépose ses œufs sur les jeunes branches où ils forment une sorte d'anneau. Ils sommeillent tout l'hiver; mais au printemps, il suffit de deux jours pour faire éclore une horde néfaste de deux ou trois cents voraces, disposés à mettre tout à sac et à pillage. Dès la sortie de l'œuf, ils filent une toile commune au-dessus des feuilles dont ils se nourrissent. La provision végétale épuisée, ils passent à d'autres feuilles, s'y construisent une nouvelle tente, et dévorent ainsi successivement toutes les feuilles de l'arbre, sans même attendre qu'elles soient développées; à leur défaut, ils se jettent sur les fleurs.

Ces chenilles n'ont pas plus tôt cessé de manger, qu'elles se mettent à filer des toiles qu'elles étendent progressivement. Le jour, elles se tiennent à la surface du nid, comme sur une terrasse, et s'y entassent les unes au-dessus des autres; la nuit, elles s'abritent à l'intérieur; en cas de pluie, elles se réfugient sous les feuilles. Ainsi que les chenilles du pin, elles marchent à la file les unes des autres, mais sans garder un ordre très-régulier. Souvent elles se croisent dans leurs promenades; le défilé est alors interrompu; certaines chenilles s'attroupent, d'autres retournent au nid, plusieurs continuent leur route : elles semblent n'obéir qu'à leur propre impulsion. Que si l'on vient à toucher celles qui marchent les premières, elles secouent aussitôt la tête à diverses reprises et rebroussent lestement chemin; leur départ n'empêche pas les autres de continuer tranquillement leur route de leur pas accoutumé. Les fils dont elles tapissent leur passage, brillent, au soleil, de l'éclat de l'or et de l'argent. Leurs ravages ne cessent qu'avec leur développement ; mais elles ne restent pas en société compacte jusqu'à ce terme; dès leur seconde mue, elles vont souvent en quête par petites escouades; peu à peu, elles s'affranchissent de toute discipline, et ne tardent pas à errer de côté et d'autre, sans ordre aucun, et finissent par devenir tout à fait solitaires.

Parmi les chenilles qui vivent en société pendant toute leur vie, il n'est pas de république plus nombreuse que celle des *Processionnaires;* leur mode de progression, parfaitement régulier, leur a valu ce nom. Elles ont toujours à leur tête un chef dont elles suivent les évolutions avec une rigoureuse

exactitude : se met-il en route, toutes de le suivre
à la file, sans dévier. S'il fait halte, toutes s'arrêtent, et ne se remettent en marche que lorsqu'il a
donné lui-même le signal du mouvement : elles ne
cheminent qu'en procession. Chaque nichée compose une famille de sept à huit cents individus.

Tant que les processionnaires sont jeunes, elles
n'ont pas d'établissement fixe, elles campent successivement en différents endroits du chêne où
elles sont nées, filant ensemble pour former des nids
qui leur servent d'asile, et à mesure qu'elles changent de peau, elles quittent l'ancien domicile pour
aller loger ailleurs. Mais quand elles sont parvenues
aux deux tiers de leur développement, elles se
choisissent une habitation fixe, qui ne sera aban-
donnée que lorsque l'insecte aura pris des ailes;
leurs mœurs deviennent alors de plus en plus uniformes. Le nid n'est qu'une vaste poche enveloppée
de plusieurs couches de toiles que les chenilles
appliquent souvent contre le tronc des chênes, tantôt près de terre, tantôt à quelques mètres de hauteur; un trou unique et étroit, pratiqué au haut de
la toile, sert de porte d'entrée et de sortie. Le plus
ordinairement, les processionnaires s'y tiennent renfermées pendant le jour en masses diversement
groupées, et n'en sortent guère qu'au coucher du
soleil. A ce moment, elles présentent un spectacle
curieux. Une chenille ouvre la marche et s'avance
seule en tête, les autres suivent à la file, deux, trois
ou quatre de front. Leur alignement est si parfait,
qu'aucune tête ne dépasse l'autre. Arrivé à quelque
distance du nid, le chef fait une pause pendant
laquelle les chenilles continuent de sortir du nid.

Elles prennent rang, le bataillon se forme; la tête s'ébranle, tout suit. La conductrice s'arrête-t-elle, la troupe fait halte et attend qu'elle lui donne le signal pour se remettre en marche; c'est elle qui règle tous les mouvements : là où elle passe, toute la colonne passe ; la procession ne dévie jamais de l'impulsion donnée par le chef.

C'est dans cet ordre, dit Latreille, qu'on voit souvent les processionnaires traverser les chemins ou émigrer d'un arbre à l'autre, quand elles ne trouvent plus de quoi vivre sur celui qu'elles abandonnent. Ont-elles rencontré une branche de chêne couverte de feuilles fraîches, alors les rangs se forment autrement, ils se fortifient; les chenilles se distribuent sur les feuilles et y sont si rapprochées les unes des autres, que leur corps se touche dans toute sa longueur. Ont-elles fini de ronger les nouvelles feuilles et terminé leur repas, elles regagnent leur nid dans le même ordre; une d'entre elles se met en mouvement, une seconde la suit en queue et ainsi du reste; elles commencent à défiler toujours si proche les unes des autres, qu'il n'y a pas plus d'intervalle entre les diverses rangées, qu'entre les chenilles de chaque rang. Souvent le corps d'armée fait une infinité d'évolutions singulières; il se forme sous une multitude de figures différentes, mais toujours sous la conduite d'une seule chenille. La tête du corps est toujours angulaire; le reste est tantôt plus, tantôt moins développé : il y a quelquefois des rangs de quinze à vingt chenilles.

Ce qui se passe dans un nid, a lieu dans tous les nids environnants; tous se vident à la fois quand l'heure est venue où les chenilles doivent aller chercher leur nourriture et ronger les feuilles du chêne. C'est pendant la nuit qu'elles se promènent et qu'elles pâturent; durant le jour, et surtout pendant les jours chauds, elles se tiennent en repos dans leurs nids; on en trouve, pourtant, en plein midi sur des troncs ou des branches de chêne, mais alors elles y sont ordinairement immobiles, plaquées les unes contre les autres, ou bien entrelacées.

Tant que les processionnaires sont chenilles, elles ne se quittent pas, elles mangent ensemble, filent ensemble, se promènent et se reposent ensemble. Cette communauté si parfaite d'existence les accompagne jusqu'à leur dernière métamorphose. C'est dans le même nid qu'elles subissent leurs mues et deviennent chrysalides. Pour se préparer à cette métamorphose, elles changent de peau, se filent chacune, en particulier, une coque mêlée de soie et de poils, se placent parallèlement les unes à côté des autres, et gardent toutes ensemble la même position; les papillons seuls, issus de ces chrysalides, rompent cette unité si continue; à peine démaillotés, ils se dispersent partout où bon leur semble.

Les chenilles qui vivent solitaires ont des habitudes non moins dignes d'attention que les chenilles réunies en société; leurs espèces sont, pour ainsi dire, innombrables; un traité spécial pourrait à peine ébaucher leurs mœurs; aussi nous bornerons-nous à donner une idée générale de leurs industries, en passant rapidement en revue le genre de vie des *rouleuses* et des *plieuses* de feuilles : les unes et les autres sont très-répandues dans les jardins et dans les bois.

On voit au printemps sur un grand nombre de végétaux, mais particulièrement sur le chêne, des feuilles roulées de façons très-diverses. Les unes forment des petits cornets; les autres, roulées en dessous et transversalement, ressemblent à des étuis ou à des cartes à demi roulées; quelques-unes, roulées ensemble, présentent l'aspect de tuyaux plus ou moins épais; tous ces travaux si délicats sont l'ouvrage de petites chenilles n'ayant d'autres instruments que leurs pattes et leur filière; voici comment elles les confectionnent.

La chenille rouleuse commence par se placer vers l'extrémité d'une feuille; elle y attache un fil, et retire aussitôt sa tête pour la porter, aussi loin que possible, à l'endroit opposé; elle y fixe le bout du fil à la surface de la feuille. A côté de ce premier brin, elle tend une foule de petits câbles, en tirant à elle le bord de la feuille pour lui imprimer une certaine courbure. La rouleuse s'avance alors deux ou trois millimètres plus loin et répète le même manége; une nouvelle courbure se forme; la première inclinaison devient plus prononcée; un troisième système de cordages complète le premier tour du rouleau. La feuille résiste-t-elle, la chenille l'a bientôt assouplie; elle ronge les nervures qui font obstacle, et consolide son travail en roulant plusieurs fois la feuille sur elle-même.

Parmi les rouleuses, il en est une qui donne à son rouleau une position tout à fait singulière, elle le plante perpendiculairement, en forme de pyramide, sur la feuille même qui le porte. Son procédé est celui-ci : elle dessine d'abord une bande parallèle à la nervure longitudinale de la feuille; la largeur

de cette bande règle la hauteur du rouleau, sa longueur détermine les différents tours qui doivent en
fortifier les parois. L'esquisse tracée, la chenille
entaille et découpe la feuille dans les limites précédemment posées. Dès qu'un bout est séparé, elle y
attache des fils, et oblige la bande à se courber en
la chargeant du poids de son corps. A mesure qu'une
nouvelle portion de feuille est détachée, l'insecte la
roule par des tractions obliques qui la forcent, en
même temps, à s'écarter du niveau : de cette manière, le rouleau est dressé dans l'instant même où
il est formé; les fils qui le maintiennent et le lient,
deviennent de plus en plus nombreux; à la fin, le
rouleau est presque vertical; la chenille en profite
pour s'introduire au centre : à l'aide de coups de
tête répétés, elle l'assoit dans sa position définitive.

Les chenilles plieuses, plus petites que les rouleuses, se logent dans une espèce de boîte plate
qu'elles fabriquent, et où elles ne laissent qu'un
renflement du diamètre de leur corps. Leur travail
commence à peu près comme celui des rouleuses,
mais lorsqu'une portion de la feuille est pliée, au
lieu d'achever le tour, les plieuses se bornent à
coller les deux bords l'un contre l'autre, et à joindre
les deux surfaces jusque près du pli; elles y ménagent une petite cavité qu'elles ferment, de toutes
parts, avec des fils entrelacés. Cet abri leur sert de
retraite; elles s'y nourrissent du parenchyme de la
feuille, en ayant soin de n'attaquer ni les nervures
ni l'épiderme : au temps de la métamorphose, lorsque
l'insecte a pris tout son développement, les feuilles
ainsi minées ressemblent à une espèce de gaze.

Telles sont les industries les plus remarquables de

nos chenilles; mais sous combien de formes variées
l'instinct conservateur n'apparaît-il pas chez une
foule d'autres espèces? Ici, la chenille du Cossus se
creuse des trous dans l'intérieur des arbres et tisse
derrière elle une toile solide pour lui servir de point
d'appui; là, pour fuir leur ennemi, des chenilles se
précipitent du haut d'une branche, mais un fil les
soutient dans leur chute, s'allonge à leur gré et les
aide à remonter jusqu'à la cime des arbres. D'autres
chenilles, avant de changer de domicile, envoient
des éclaireurs à la découverte, et s'avancent en
même temps par pelotons serrés jusqu'au nouveau
gîte; de toutes parts éclatent mille ruses, mille
ressources que leur révèle un instinct infaillible
dans ses moyens : toutes existent, toutes se conservent malgré de nombreux ennemis, jusqu'à ce que
leur changement en chrysalides les mettent, pour
ainsi dire, à l'abri du danger.

Après avoir passé par les mues successives qui
leur sont communes, ainsi qu'à tous les insectes,
après s'être dépouillées des trois ou quatre tuniques
dont elles sont doublées, les chenilles ont une forme
spéciale à revêtir, celle de chrysalides, avant d'arriver à leur changement en papillons. Les moyens
qu'elles emploient pour se préparer à cette dernière
métamorphose varient singulièrement. Beaucoup,
comme le ver à soie, cette chenille en quelque
sorte domestique, se filent des coques toutes de
soie; il en est qui se les fabriquent de terre et de
soie mêlées, d'autres les bâtissent uniquement de
terre, tandis qu'un grand nombre se contentent de les
envelopper soit de fils plus ou moins lâches, soit
de matières végétales liées ensemble par des fils;

d'autres chenilles, enfin, ne se font de coques d'aucun genre, mais aux approches de la métamorphose, elles quittent les lieux où elles ont vécu, se retirent à l'écart et cachent leurs chrysalides nues sous des pierres, dans le creux des arbres, dans des fentes de mur ou de rocher, ou bien les suspendent contre des branches d'arbre, contre les murs ou sous des auvents.

Les coques les plus grossières comme les plus parfaites sont composées d'un seul fil continu qui ne s'entrelace pas, mais s'applique sur lui-même par ses tours et retours répétés. A mesure que le fil sort de la filière, la chenille le pose à l'endroit convenable, il s'y attache et s'y colle par sa propre viscosité. Le tissu intérieur, presque toujours le plus serré, constitue la coque proprement dite; les fils plus lâches qui l'enveloppent à l'extérieur ne sont qu'une espèce de bourre résultant de l'assemblage de plusieurs couches soyeuses, ils ne se laissent pas dévider et ne sont propres qu'à être cardés. Des feuilles courbées, des branches bifurquées fournissent autant d'appuis aux coques de plusieurs espèces; la chenille, cramponnée dans les fils lâches qui doivent protéger la chrysalide, porte alternativement sa tête de chaque côté en décrivant des arcs de cercle; quand elle a tapissé un endroit de ces zigzags, elle passe à un autre, et remplit ainsi toute une surface concave : la première couche de l'enveloppe extérieure est faite, il n'y a plus qu'à la fortifier, à l'épaissir par une semblable manœuvre.

Certaines chenilles emploient des procédés tout particuliers dans la construction de leurs coques. Celle qui vit sur le poirier et dont le corps est surmonté de tubercules, fabrique sa coque d'un tissu soyeux très-serré et très-épais. Le papillon y demeurerait toujours enfermé, si la chenille n'avait soin de le tenir ouvert à l'un de ses bouts. Les fils forment une sorte d'entonnoir à l'extrémité la plus effilée, ils y sont plus forts et plus raides qu'ailleurs. Non contente de ce premier travail, la chenille construit un second entonnoir sous le précédent, et ses fils y sont encore plus étroitement rapprochés : l'entrée se trouve ainsi bien défendue contre tout ennemi du dehors, tandis que le papillon aura peu d'efforts à faire pour sortir de cette nasse.

Un grand nombre de chenilles velues trouvent sur elles une ressource toute naturelle qui leur épargne une dépense de soie : elles arrachent leurs propres poils et en fortifient leurs coques. D'autres font pénétrer dans les mailles de leur tissu des matières plus ou moins grasses, ou bien y insèrent des fragments ligneux ou des grains de sable.

Quant aux chenilles qui s'enfoncent en terre et semblent négliger de se fabriquer une coque, elles font aussi preuve d'industrie ; leurs ouvrages de maçonnerie se ressemblent tous dans les points les plus essentiels. Extérieurement, ils ont la figure d'une boule plus ou moins allongée ; au milieu se trouve la cavité occupée par la chrysalide : ses parois sont lisses et tapissées d'une toile si fine, que souvent on ne l'aperçoit pas ; cette coque terreuse est formée d'une terre pétrie avec soin, et dont tous les grains ont été bien pressés les uns contre les autres.

Diverses espèces de chenilles, dépourvues de soie, la remplacent par une sorte de colle. Leur coque est très-simple, l'insecte creuse une cavité proportionnée à son volume; pour donner de la consistance à la muraille, il humecte la terre avec sa liqueur, et lui fait prendre la forme d'une voûte en la battant avec son corps; la même manœuvre qui produit la voûte, en lie les matériaux et les retient en place : la colle, en se séchant, consolide le nid.

Après le travail des coques, les chenilles en ont encore un à exécuter pour leur métamorphose, c'est de se tirer de leur enveloppe de larves. Dans cette crise laborieuse, la peau se fend au-dessus du dos; l'insecte gonfle la partie de son corps placée vis-à-vis de la fente, et étend la brèche jusqu'à ce qu'il puisse l'en extraire; la partie antérieure une fois dégagée, il allonge l'extrémité postérieure pour la délivrer et la laisse retomber sur la dépouille : l'opération s'accomplit en moins d'une minute.

Certaines chrysalides, après avoir agrandi la fente et avoir dégagé leur tête, se recourbent pour faire sortir leur queue par cette ouverture; d'autres, après avoir dégagé la partie antérieure de leur corps, poussent successivement vers l'extrémité opposée la dépouille dont elles veulent achever de se défaire : elles la relèguent au fond de la coque, sous la forme d'un petit paquet membraneux, chiffonné.

Les chrysalides qui ne sont pas enveloppées de coques, s'attachent le plus souvent par leur extrémité postérieure, elles demeurent suspendues verticalement, la tête en bas. Quelquefois aussi, c'est par le milieu du corps qu'elles se fixent à une branche ou à une saillie de mur formant voûte au-dessus d'elles; dans ce cas, outre le paquet de fils qui les retient par la queue, elles sont encore soutenues par une ceinture qui les prend au-dessous du corselet : cette seconde amarre les assujettit horizontalement contre le plan auquel elles sont fixées. La manière dont la chenille se pend verticalement est aussi simple qu'ingénieuse. Elle commence par tapisser de fils lâches l'endroit où elle veut se fixer. Cela fait, elle ajoute plusieurs couches de fils sur une portion de la surface tapissée, mais de manière que la couche supérieure soit plus petite que celle sur laquelle elle est appliquée ; le tout représente une espèce de monticule soyeux, de forme conique. Dès qu'il est achevé, la chenille s'y cramponne avec les crochets de ses deux pattes postérieures ; ceux-ci s'embarrassent dans les fils et s'y fixent solidement : l'insecte alors, laissant tomber verticalement son corps, la tête se trouve nécessairement en bas.

Sous la forme de chrysalide, l'insecte semble n'avoir ni pattes ni ailes ; il ne prend pas de nourriture ; il ne peut marcher, ni même se traîner ; la vie ne se révèle en lui que par de légers mouvements aux jointures des anneaux et à la partie postérieure du corps. Sa peau, molle et visqueuse, au sortir de la transformation, se sèche rapidement et se durcit bientôt en une enveloppe solide, généralement lisse. Dans la plupart des chrysalides, le dos est arrondi ; mais chez un grand nombre, il est surmonté d'éminences pointues qui, dans certaines espèces, comme chez les *épineuses*, s'étendent encore sur les côtés du dos et s'avancent jusque près de la tête sous forme de cornes : ces éminences caractérisent les chrysalides *angulaires*, par opposition aux chrysalides *arrondies* : les premières donnent les papillons diurnes, les secondes, les papillons nocturnes.

La couleur la plus générale des chrysalides est brune; il en est aussi de vertes, de jaunes et de jaune-verdâtres. Quelques-unes, parmi les angulaires, sont parées avec une sorte de magnificence; le plus bel or bruni semble ruisseler sur leur vêtement; il n'en contient pourtant aucune parcelle; cette apparence dorée provient de la pellicule mince et colorée qui s'applique immédiatement sur une substance brillante inhérente au corps de l'insecte et en reflète l'éclat par sa transparence.

L'état de chrysalide est un état d'élaboration; toutes les parties de l'insecte parfait s'y fortifient, s'y mûrissent pendant le sommeil profond où il est plongé. Il y vit aux dépens du corps graisseux dont la chenille était largement pourvue dans ce but; par l'évaporation des fluides aqueux superflus, ses fibres se rapprochent et s'unissent plus étroitement; sous l'influence d'une évolution générale, ses viscères se modifient; ce qui deviendrait inutile avec un nouveau genre de vie, disparaît; de nouveaux organes se forment pour une nouvelle alimentation; tout, en un mot, est en travail pour développer le papillon replié et resserré sous le masque d'une chrysalide. Vient enfin le moment où les organes de l'insecte parfait ont reçu leur complément; c'est l'heure de la dernière métamorphose. Rien de plus simple lorsque la chrysalide est nue; elle se fend à la partie antérieure, par le gonflement de la tête et du corselet de l'insecte; le papillon en sort, peu à peu, la tête la première. Mais l'opération est, à la fois, et plus longue et plus pénible, si la chrysalide est renfermée dans une coque; il semble que le pauvre insecte, dépourvu de toutes armes, ne pourra jamais la percer; heureusement, tout a été divinement prévu. En construisant sa coque, la chenille ne l'a point fermée de même aux deux extrémités; elle a eu soin de ménager, à l'un des bouts, une ouverture masquée par des fils contournés en anneaux. Ils sont, il est vrai, assez serrés pour qu'un ennemi ne puisse s'introduire, du dehors, dans la coque; mais lorsque l'insecte parfait voudra partir, ils s'écarteront sans beaucoup d'efforts et lui livreront passage : c'est ce qui arrive. Dès que l'ouverture est suffisante, le papillon montre sa tête à l'extérieur; il porte ensuite son corps en avant; le corselet se gonfle et agit comme un coin; bientôt, les deux premières pattes passent au dehors; elles se cramponnent sur la coque et servent de point d'appui; les autres pattes démaillotées viennent au secours des premières; le plus difficile est fait : tout le reste est bientôt rendu à la liberté.

Au sortir de sa prison, le papillon est tout humide; ses ailes, à peine entr'ouvertes, sont chiffonnées; son corps paraît, relativement, très-volumineux. Immobile, il attend que tous ses organes soient bien ressuyés; l'air, en peu de temps, les sèche et les consolide; le corps, tout en s'affermissant, se réduit; les ailes, enfin, s'étendent et se développent dans toute leur ampleur; au bout de peu de temps, le papillon prend son vol : les habitants de l'air comptent un camarade de plus.

XIV

LA XYLOCOPE VIOLETTE

Cet insecte, de la tribu des Apiaires, ressemble extérieurement à un Bourdon par son corps trapu et velu; on l'en distingue à sa couleur entièrement noire, relevée par des ailes d'un bleu violet foncé, irisé. L'un des premiers, il nous annonce le printemps. L'hiver est à peine fini, qu'on le voit paraître dans les jardins, aux heures les plus chaudes de la journée; il recherche les murs exposés au soleil et garnis de vieux treillages, de vieux contrevents ou de poutres vermoulues; dès qu'on a aperçu une fois la Xylocope, on est presque assuré de la revoir souvent, car elle ne s'écarte guère de son manége habituel. Dans ses voltiges, elle se pose un instant sur le mur qu'elle semble explorer; elle décrit ensuite plusieurs tours en l'air; revient bientôt prendre pied sur un autre point du mur; part, à tire d'ailes, pour une longue course, et reparaît, quelques heures après, aux mêmes endroits. Le bourdonnement qu'elle fait entendre avertit de son retour; à chaque pause, elle reste presque immobile, les ailes un peu écartées, dans une attitude de sybarite se délectant aux rayons du soleil.

La Xylocope, en rôdant ainsi au premier printemps, a un but : elle cherche quelque pièce de bois en décomposition qu'elle puisse percer pour y faire son établissement; jamais elle n'attaque les arbres vivants. Telles se déterminent pour un maître échalas ; telles choisissent un gros pieu soutenant un contre-espalier ; d'autres préfèrent des contrevents ou des pièces de bois usés par le temps : l'état de vétusté des matériaux entre pour beaucoup dans leurs décisions ; elles rejetent tout bois vert ou sec dont le grain trop serré serait trop difficile à entamer. Voilà pourquoi elles s'attachent aux pièces en partie vermoulues, encore y mettent-elles une condition, c'est qu'elles seront bien situées ; elles ne travaillent pas là où le soleil donne rarement.

La Xylocope, son choix fait, se met aussitôt à creuser le morceau de bois sur un point ; l'ouvrage qu'elle entreprend demande patience et courage. Supposons, dit Réaumur, la pièce à peu près cylindrique et posée debout, notre insecte y perce un trou qu'il dirige d'abord vers l'axe, un peu obliquement ; quand il l'a poussé à quelques millimètres de profondeur, il lui fait prendre une autre route : il le conduit à peu près parallèlement à l'axe ; il perce le bois en flûte ; quelquefois, pourtant, le trou est oblique d'un bout à l'autre ; dans tous les cas, il doit avoir un assez grand diamètre pour laisser passer le corps de l'animal ; il faut qu'il puisse s'y retourner à l'intérieur ; aussi en trouve-t-on qui donnent entrée au doigt index et qui mesurent, parfois, plus de quarante centimètres de long. Si la matière y prête par son épaisseur, la Xylocope perce trois ou quatre de ces trous : à coup sûr, c'est là une lourde tâche et non l'affaire d'un jour pour un pauvre insecte ; aussi, y dépense-t-il plus d'une semaine : il y travaille pendant des mois entiers.

Au bas du chantier où charpente l'infatigable ouvrière, au-dessous du trou qui lui donne entrée, la sciure s'amoncelle, aussi grosse que celle qui s'échappe de nos scies à main. Ce tas augmente tous les jours. La Xylocope entre et sort bien des fois à chaque journée; point n'est besoin de l'épier longtemps pour assister à ses opérations; il suffit de la guetter en silence pendant quelques moments: on ne tardera pas à apercevoir le bout de sa tête au bord du trou, d'où tombent les copeaux qu'elle a extraits de l'intérieur. Ses outils sont appropriés à l'œuvre qu'ils doivent accomplir; ils consistent en deux dents écailleuses parfaitement égales entre elles, convexes en dessus, concaves en dessous, formant une sorte de tarière, aiguisée d'une forte pointe: pour peu que le bois s'y prête, l'instrument finit par en venir à bout en le hachant et le dépeçant.

C'est pour loger sa descendance que la Xylocope ouvre ses trous profonds. Son travail et ses soins ne se bornent par là. Les œufs ne doivent pas être empilés les uns sur les autres, ni distribués dans une même cavité. Les petits vers qui en proviendront ne sont pas appelés à vivre ensemble; chacun d'eux croîtra sans avoir de communication avec ses frères; il leur faut à tous table et logement séparés; c'est pourquoi chaque trou n'est que la cage d'un bâtiment où se trouveront, par la suite, plusieurs pièces en enfilade, en d'autres termes, une série de cellules absolument isolées les unes des autres.

L'industrieux insecte n'est pas seulement un habile architecte, un menuisier consommé qui sache à fond quelle nature de matériaux et quelle capacité conviennent aux logements de sa progéniture;

il est encore doué d'un instinct de prévoyance qu'on
ne saurait mettre sur le compte du hasard, cette
force aveugle, incapable d'éclairer le moindre mystère de la création. Quelle est parmi nous la mère
qui connaisse au juste le nombre de kilogrammes
de pain, de viande, d'aliments de toute espèce, et la
quantité de boisson que consommera son enfant
jusqu'à ce qu'il soit parvenu à l'âge d'homme? Nul
ne saurait le dire; eh bien! un faible insecte l'a calculé pour les siens, et d'une manière si précise, qu'il
ne se trompe jamais dans ses prévisions. Mais n'an-
ticipons pas sur l'ordre des faits. Avant de préparer
la nourriture de ses petits, la Xylocope doit achever
sa construction; c'est tout un édifice, elle se met
à l'œuvre.

Généralement, le trou est percé de haut en bas;
le bâtiment, infiniment plus long que large, doit être
distribué en douze étages pour recevoir autant de
cellules. La sciure de bois sert de mortier. La Xylocope prend ces fragments, un à un, sur le tas où ils
sont amoncelés; elle les humecte d'une liqueur visqueuse, les lie entre eux, et les dispose en lames an-
nulaires qu'elle applique contre la circonférence du
trou. Le bord intérieur de la première lame sert
d'appui à un second anneau d'un diamètre plus petit;
celui-ci devient, à son tour, la base d'un troisième
anneau, et ainsi des quatrième et cinquième jusqu'au centre, dont le vide est rempli par une dernière petite lame circulaire. Ces tours concentriques
constituent la cloison ou le plancher des cellules;
chaque nid contient douze planchers, situés à trois
centimètres environ les uns des autres. Ils ne se
montent pas tous à la fois; il faut que chaque cel-

lule, au fur et à mesure qu'elle se bâtit, et avant d'être fermée par une cloison, se remplisse de provisions de bouche : ce travail intermédiaire ne laisse pas que d'avoir son importance ; de charpentière, la Xylocope devient butineuse ; elle va chercher sur les plantes le miel et le pollen nécessaires à la subsistance de sa future lignée ; elle en forme une pâtée qu'elle pétrit et dépose dans chaque cellule, puis elle y enfonce son œuf. La première cellule ne laisse voir qu'une cloison ; le fond du trou sur lequel elle repose lui tient lieu de la cloison qui sert de parquet aux autres. Quand elle est chargée de pâtée jusqu'à la hauteur de trois centimètres, la Xylocope la ferme par un plancher concentrique ; celui-ci forme le fond de la cellule suivante qui reçoit, à son tour, une pâtée mielleuse et un œuf clos hermétiquement par un second plancher : ainsi de tous les compartiments.

La larve n'a que fort peu de place pour se mouvoir dans sa cellule, car la pâtée en remplit presque toute la capacité ; à mesure qu'elle se développe, elle a besoin d'un plus grand espace pour se loger ; l'espace aussi ne lui manquera pas ; il s'agrandit en proportion de l'accroissement du ver, puisque celui-ci vit aux dépens de la pâtée : le volume de l'un diminue quand le volume de l'autre augmente. La provision miellée, ainsi que toutes celles qu'on renferme dans un vase privé d'air, ne se dessèche ni ne s'aigrit ; elle garde son onctuosité jusqu'à la fin, et ne se corrompt jamais.

Si l'on examine un morceau de bois où la Xylocope ait fait son nid et qu'elle ait percé, dans sa longueur, de plusieurs trous, on y verra des larves de

divers âges, par conséquent, de différentes grosseurs ; quelques cellules seront pleines de pâtée et
d'autres presque vides ; plusieurs aussi renfermeront
des nymphes : rien de plus facile à expliquer. Toute
la ponte ne s'est pas faite en un jour ; elle a été éche-
lonnée suivant le temps nécessaire à la mère pour
bâtir son édifice et faire ses provisions. Dans une
série de cellules, les larves sont donc de différents
âges : les plus vieilles habitent les premiers étages,
les plus jeunes sont reléguées au grenier. Les premières, issues des œufs pondus d'abord, doivent donc
aussi arriver les premières à l'état de nymphes et
ensuite à l'état d'insectes parfaits. Comment sorti-
ront-elles de prison ? La plus jeune Xylocope atta-
quera-t-elle, de tous côtés, les parois de sa cellule ?
s'ouvrira-t-elle une route à travers la cellule supérieure ? Dans le premier cas, ce serait bien du travail
pour des dents encore mal affermies ; aussi, n'est-ce
pas par là que l'insecte se met en liberté. Le second
cas aurait des conséquences terribles. Si la Xylocope
qui vient de subir sa dernière métamorphose, impatiente de sortir d'un logement trop étroit, voulait se
frayer un passage par la cellule supérieure, elle n'y
éprouverait pas, à la vérité, grande résistance, mais
il lui faudrait passer sur le corps de la nymphe ou du
ver qui s'y trouve ; il faudrait qu'elle le mît en pièces,
non-seulement lui, mais encore tous les vers logés
dans les étages supérieurs : quelle tâche et quelle
suite de massacres ! toute la famille y passerait. La
Sagesse infinie qui préside à toutes choses n'a pas
voulu qu'une génération entière fût sacrifiée à un seul
individu et que l'espèce se trouvât ainsi compromise ;
dans ses décrets, tout a été prévu ; elle a décidé que

la nymphe recluse aurait la tête en bas dans sa cellule; la Xylocope s'y tient dans cette position, et comme ses premiers efforts pour marcher la portent naturellement en avant, elle ne prend pas la route qui la conduirait vers les cellules pleines, elle se dirige vers le trou percé par la mère à la partie inférieure du nid : sa délivrance s'opère sans meurtre. Le chemin de la liberté est maintenant tracé; les Xylocopes des autres cellules n'auront plus qu'à le suivre, c'est ce qu'elles font ordinairement. Toutefois, il est des nids percés de plusieurs trous, un à chaque extrémité de la rangée de cellules, et un troisième placé à une distance à peu près égale des deux autres. Comment les jeunes Xylocopes le savent-elles? On l'ignore; toujours est-il, qu'elles devinent l'existence de ces orifices multipliés, et qu'elles les mettent à profit pour sortir de prison, sans se nuire, le moins du monde, les unes aux autres.

XV

L'ODYNÈRE DE LA RONCE

A la fois architecte et maçon, cet insecte, ainsi que son nom le donne à entendre, établit sa demeure dans la tige sèche d'une ronce, et suspend son nid au milieu des branches de cet arbuste épineux. Le choix de la tige qui doit abriter ses petits n'est pas pour l'Odynère simple affaire de fantaisie; il ne lui est nullement indifférent qu'elle ait telle ou telle direction, telle ou telle force; elle doit présenter certaines conditions dont notre hyménoptère a l'instinct : il évite avec soin les tiges qui, perpendiculaires au sol, ont leur bout tronqué tourné vers le ciel et exposé aux injures du temps, il leur préfère celles qui sont horizontales ou inclinées vers la terre. La direction verticale de la tige n'est cependant pas toujours une cause de rejet absolu. Certains Odynères bâtissent leur nid dans des tiges dont le canal médullaire regarde le ciel ; la pluie, dès lors, menace les berceaux ; mais, par une ingénieuse combinaison de l'architecte, le danger est conjuré ; après avoir creusé verticalement sa galerie, il y pratique brusquement un coude ; grâce à cette heureuse modification, sa progéniture est à l'abri de tout déluge.

Les prévisions de l'Odynère de la ronce ne se bornent pas à bien choisir l'emplacement de son nid. Ses travaux de maçonnerie ne peuvent être confiés à des branches qui, faciles à creuser, n'offriraient pas des parois assez dures pour résister au poids des constructions ; il faut que ce support fondamental ait un diamètre et une solidité de cloisons en harmonie avec la grosseur et la pesanteur des coques dont il va devenir le réceptacle ; aussi l'Odynère choisit-il constamment les branches les plus grosses et les plus dures ; il les creuse, d'abord, à la profondeur de plusieurs centimètres en enlevant successivement la moelle qui les remplit ; puis, il va chercher au dehors les matériaux pour construire le berceau de ses petits.

Le nid se présente sous la forme de coques allongées, cylindriques, brunes ou d'un gris sale ; elles sont composées de terre remplissant exactement l'intérieur de la tige, et se trouvent engagées au milieu

de la moelle quand celle-ci n'est pas détruite jusqu'au bois. On en compte tantôt deux ou trois seulement, tantôt huit ou dix, mais toujours disposées
à la file les unes des autres : chacune d'elles, quelques semaines après leur construction, renferme
une larve ou une nymphe.

On croirait, au premier coup d'œil, qu'elles sont
contiguës, bout à bout ; mais en les examinant avec
attention, on s'aperçoit qu'il existe entre elles un intervalle occupé soit par de la moelle pétrie, soit par
des débris ; elles sont construites avec une terre soigneusement gâchée, mêlée à des grains de sable et à
quelques restes de moelle de ronce : c'est un mortier
bien conditionné. L'industrieux ouvrier n'a pas besoin, comme le croyait Réaumur, d'aller chercher de
l'eau dans les mares voisines pour détremper ses
matériaux et les agglutiner ; le corps même de l'O-
dynère renferme la source qui doit servir de lien au
ciment ; ainsi que beaucoup d'hyménoptères, il est
pourvu de glandes salivaires dont le liquide sert de
liaison aux éléments solides des coques.

Extérieurement, les coques sont unies, et leur
face intérieure, lorsque la larve a pris tout son développement, est tapissée d'une étoffe soyeuse, lustrée, blanchâtre. Le bout supérieur de la coque, ou
du moins celui qui regarde l'orifice extérieur de la
tige, est tronqué et correspond à la tête de la larve
ou de la nymphe ; il est fermé par un diaphragme
rond, plan, tendu comme la peau d'un tambour,
véritable cloison formée de deux tuniques dont l'intervalle est garni d'une couche serrée de moelle
de ronce : quelle précaution ingénieuse contre la
pluie !

C'est dans la première quinzaine de juin que l'Odynère commence à bâtir ses nids dans les tiges sèches de la ronce. L'œuf déposé au fond de chaque coque, est jaune, oblong, cylindroïde, légèrement arqué, arrondi aux deux bouts. L'approvisionnement de la larve consiste en une douzaine de petites chenilles vertes, roulées en cercle sur elles-mêmes et empilées les unes au-dessus des autres. Lorsque le ver a consommé ses victuailles, il a acquis tout son développement ; c'est alors qu'il tapisse de soie l'intérieur de son étroite demeure ; il s'enferme hermétiquement au moyen d'un couvercle et se voue à une inaction et à un jeûne absolus avant de se changer en nymphe : cette vie immobile et passive se continue pendant dix ou onze mois. Dans le courant d'avril ou de mai, la larve se dépouille de sa peau pour subir sa métamorphose. La nymphe est la momie vivante de l'insecte parfait. Ses pattes, ses antennes, ses moignons d'ailes sont ployés en faisceaux sous son corps : dans cet état, tous ses organes sont condamnés à une immobilité complète. Mais quand est venu le moment de sa dernière transformation, l'insecte sort de la torpeur où il languissait depuis près d'un an ; tout à coup, il se remue et s'agite ; suivez avec attention tous ses mouvements, vous allez avoir le spectacle d'un travestissement à vue. Son dos se fend, s'ouvre, et, après quelques évolutions successives, paraît d'abord une tête ; le corselet se montre ensuite, puis les pattes, puis l'abdomen ; un être, enfin, apparaît au grand jour, bien différent de ce qu'il était tout à l'heure. L'Odynère a pris la robe virile, il achève de se débarrasser de ses langes, de son domino. Le voilà maintenant sous une forme toute nouvelle; on croirait qu'il va se dérouler et prendre l'essor; telle n'est pas encore sa destinée, l'immobilité l'enchaîne et le retiendra encore dans l'inertie pendant plusieurs semaines : il faut qu'il achève son noviciat d'insecte parfait. La saison, cependant, avance; l'heure du réveil définitif vient de sonner : c'est un moment solennel dans la vie de l'insecte; ses téguments ont pris de la consistance; sur le point de jouir librement de la vie, l'Odynère se pare de ses vêtements de noce : les antennes se redressent, les articulations s'assouplissent, les ailes se déploient; l'insecte, amoureux de liberté, redouble d'efforts pour forcer sa prison; elle cède à ses coups répétés : l'empire de l'air le reçoit triomphant.

La délivrance de l'Odynère s'opère en sens inverse de l'époque de la ponte, c'est-à-dire que, dans cette série de coques placées bout à bout et étroitement enclavées dans un étui de bois, la plus inférieure, la première en date comme construction, et qui, partant, renferme le premier œuf pondu, ne lâche son prisonnier qu'après que les autres coques ont perdu leurs captifs. Il y a ici renversement des lois ordinaires de la nature, une véritable abdication du droit d'aînesse. Il en devait être ainsi, sous peine de sacrifier presque tous les membres de la famille au salut d'un seul. En effet, si le premier œuf pondu avait dû être le premier-né des jeunes Odynères, il aurait fallu que celui-ci, pour voir la lumière aussitôt ses ailes venues, perforât, de fond en comble, les six ou sept coques qui le précédaient, afin de sortir par la troncature de la tige de ronce. On n'entre pas dans la vie par le massacre des siens, voilà pourquoi le dernier berceau donne passage au premier-né; celui-ci fraye la route au second, le second au troisième, et ainsi de suite, jusqu'au plus ancien de tous, qui, une fois en possession de sa liberté, s'inquiète fort peu des passe-droits qu'on lui a faits. Sa vie au grand air est bien moins longue que la prison qu'il a subie. Folâtrer quelques jours au soleil, faire nopces et festins, bâtir le berceau de sa descendance comme on a bâti le sien, pourvoir par la chasse à l'existence de ses petits, et, cette fonction de l'instinct maternel accomplie, mourir : tel est le sort de l'Odynère; il disparait de la scène en laissant une postérité qui devra vivre de sa propre expérience, et ne connaitra jamais ses ancêtres

XVI

L'ODYNÈRE SPINIPÈDE

La tribu des Guêpiaires ne renferme pas seulement des individus, qui, comme les Guêpes, vivent en grandes sociétés et se construisent des nids, sous forme de gâteaux; ce groupe comprend encore des insectes qui fuient la vie en commun et lui préfèrent la solitude; de ce nombre se trouve l'Odynère spinipède, l'une des espèces les plus curieuses par ses constructions et la prévoyance maternelle dont elle fait preuve pour l'alimentation de sa progéniture : Réaumur nous a donné son histoire sous le nom de la Guêpe solitaire; le génie de l'observateur y brille d'un vif éclat.

C'est vers la fin de mai que l'Odynère spinipède

se met à l'ouvrage, il continue d'y travailler jusque
vers le mois de juillet. Sa première opération consiste à creuser, dans un tertre argileux ou dans un
sable gras, un trou dont le diamètre ne dépasse
guère celui de son corps. En même temps qu'il fait
office de mineur, il construit au dehors un tuyau
cylindrique ayant pour base le contour de l'entrée
du trou, et qui, après avoir suivi une direction perpendiculaire, se contourne un peu; ce tuyau s'allonge à mesure que le trou devient plus profond; il
est fabriqué avec le sable qui en a été extrait, et
paraît travaillé avec art; c'est un assemblage de
gros filets grainés, tortueux, laissant entre eux des
vides sur certains points. Un expédient très-simple
aide l'insecte dans ses affouillements. L'Odynère
commence par ramollir la particule de sable qu'il
veut enlever, il la mouille de quelques gouttes li-
quides qu'il y dégorge. La terre sablonneuse n'a pas
plutôt bu cette humidité, qu'à l'instant elle devient
pâte molle; les dents de l'insecte la ratissent et la
détachent sans peine; aussitôt, les jambes de la
première paire reçoivent les fragments, les pétrissent, et en composent une petite pelote qui sert
de fondement au tuyau.

L'enceinte de la galerie souterraine que l'Odynère
se dispose à creuser, une fois déterminée, le mortier
est mis en œuvre, la pâte est bientôt contournée,
aplatie, employée. Le trou se creuse, et les grains
de sable détachés, au fur et à mesure, de la fouille,
sont successivement appliqués sur les couches qui
constituent la base du tuyau. L'ouvrage s'avance,
mais il ne peut aller vite, qu'autant que l'animal est
en état d'humecter le sable; à force de saliver, sa

provision de liquide ne tarde pas à s'épuiser; au bout de deux ou trois minutes, il s'envole, va faire de l'eau, et revient à son atelier travailler avec une nouvelle ardeur et un nouveau succès.

Le même Odynère creuse successivement plusieurs trous, mais il ne semble pas y avoir de règle fixe pour leur profondeur; on en trouve qui plongent à huit centimètres au-dessous de l'orifice, tandis que d'autres ne descendent qu'à quatre ou six centimètres. La longueur des tuyaux est également variable, quelle que soit la cavité qu'ils recouvrent. Tous les matériaux qui n'entrent pas dans la construction du tuyau sont rejetés; ces décombres tombent à terre si le tuyau est logé dans un mur, ou au bas de ce tuyau, s'il se dresse sur un terrain horizontal.

La fin pour laquelle le trou est percé dans un massif de sable ne saurait être douteuse, ce trou a pour but de recevoir un œuf et de loger le ver qui doit en sortir; mais on ne devine pas aussi facilement pourquoi l'Odynère bâtit le tuyau de sable dont la construction demande beaucoup plus d'art que le simple percement d'un trou; peut-être est-il destiné à mettre l'œuf à l'abri des maraudeurs, quand la mère est en course; peut-être n'est-il pour elle qu'un tas de moellons qu'elle reprendra en sous-œuvre lorsqu'il s'agira de soustraire le nid aux regards de l'ennemi : l'insecte nous prouvera tout à l'heure que cette supposition n'est pas invraisemblable. La totalité du trou creusé par l'Odynère ne doit pas servir de logement à la larve qui y sera renfermée; une partie lui fournira un gîte assez spacieux; mais il doit être creusé à une certaine profondeur, afin que le ver n'ait pas à souffrir d'une trop forte chaleur lorsque les rayons du soleil tomberont sur la couche extérieure du sable. Le ver a ses appartements au fond du trou et pas ailleurs; la mère sait au juste la capacité qu'elle doit laisser vide, et elle la conserve telle; elle bouche tout le reste, en faisant rentrer dans la partie supérieure du trou tout le sable qu'elle en a retiré. C'est, en quelque sorte, pour avoir ce sable sous la main, qu'elle a construit un tuyau avec les matériaux extraits de la fouille; on la verra, en effet, plus tard, ronger le bout de ce tuyau, après l'avoir mouillé, en former des pelotes de mortier qu'elle prendra les unes après les autres, et qu'elle ne manquera pas de reporter dans le trou, jusqu'à ce qu'elle l'ait complétement rebouché : après cette opération, la cavité est aussi exactement fermée qu'elle l'était avant que l'insecte ait commencé à la creuser.

Lorsque l'Odynère a muré un de ses trous, une des cellules de sable où il a déposé un œuf, il est parfaitement tranquille sur le sort de la larve qui doit en provenir; avant de mettre les scellés, il a pourvu à tout ce qui lui est nécessaire pour sa nourriture, rien ne lui manquera. Avec l'œuf il renferme la provision destinée à l'accroissement du ver jusqu'à son changement en chrysalide. De maçon qu'il était, il se fait chasseur, bat les pièces de luzerne où se cachent les larves de petits charançons, s'en empare, et avant de les porter à son nid, il les blesse d'un dard qui, sans les tuer, les paralyse, arrête leur développement et les maintient à l'état de proie vivante, complétement inoffensive pour le petit ver auquel elles serviront de pâture : au fond de chaque nid, près de l'œuf de l'Odynère, on trouve, en effet, une douzaine de chenilles vertes roulées sur elles-mêmes et appliquées exactement par le côté du dos contre les parois du trou ; aucune d'elles n'a la liberté de se mouvoir.

Pourquoi ces chenilles sont-elles ainsi rangées en pile, pressées les unes contre les autres ? Il est aisé de le deviner, mais on ne saurait trop l'admirer. L'Odynère, nous l'avons dit, ne laisse qu'un œuf dans chaque trou ; de cet œuf doit sortir un ver carnassier, mais qui ne s'accommoderait pas, comme tant d'autres, d'une chair morte ou corrompue ; il lui faut un gibier tout particulier, tendre, dodu, succulent, vivant ; sa mère, pleine de sollicitude pour ses besoins, lui a préparé un festin des plus délicats, tout à fait de son goût. Elle remplit la cellule où il doit passer sa première existence d'animaux qu'il n'aura qu'à dévorer les uns après les autres, quoique leur volume dépasse prodigieusement le sien au sortir de l'œuf ; il mangera, à son aise, l'insecte qui se trouvera le plus à sa portée, sans avoir rien à en craindre ; il passera ensuite au second, puis au troisième, puis à tous les autres, jusqu'à ce que le douzième service de sa table soit épuisé. Douze chenilles, une par jour, ni plus ni moins, il lui faut à cette larve vorace ; d'instinct, sa mère connaît ce nombre, elle ne l'excède jamais. Sa science entomologique est encore plus surprenante. Elle ne va à la chasse que d'une seule espèce de chenille, et, chose non moins étonnante ! ces chenilles sont toutes à peu près du même âge. Ce qui détermine son choix, ce n'est pas l'idée de s'épargner des voyages en négligeant de plus petites chenilles ; la nécessité de les trouver juste comme il les lui faut, multiplie bien davantage ses courses; ce qu'elle veut, ce sont des chenilles pour ainsi dire toutes développées, d'un âge qui leur permette de soutenir un plus long jeûne sans périr, et sans qu'elles aient plus à croître. Admirable instinct, ou pour mieux dire, merveilleuse combinaison providentielle! Si les chenilles qui, pendant douze jours, doivent servir de pâture au ver de l'Odynère et rester, le même temps, entassées dans la cellule, y périssaient au bout de peu de jours, le nid deviendrait bientôt un véritable cloaque, et le jeune insecte y mourrait asphyxié, empoisonné : grâce à la blessure spéciale dont la mère a frappé ses victimes, leurs fonctions vitales sont tout à coup suspendues, mais la vie se maintient, elle persiste dans un engourdissement conservateur, jusqu'à ce que le jeune Odynère la termine brutalement en assouvissant sa faim (1).

La manière dont la mère Odynère apporte le gibier au logis est assez curieuse. La larve du charançon n'est guère moins grosse que notre insecte. Celui-ci l'attaque sans hésiter; il fond sur elle, lui serre la tête entre ses mandibules et l'oblige avec ses jambes, à s'étendre le long de son corselet et de son ventre, malgré tous les efforts de la chenille pour se tordre et s'enrouler. Ainsi appliquée et assujettie contre le corps de son ravisseur, elle augmente peu le volume de l'Odynère qui enfile son tuyau avec autant de facilité que s'il y entrait à vide. Parvenu au fond du nid, il n'a qu'à laisser la chenille en liberté pour quelle se contourne d'elle-même en anneau ; il

(1) Voir, à la fin du volume, l'histoire des Cerceris, racontée par MM. Léon Dufour et Fabre, et qui ne laisse aucun doute sur ce curieux procédé.

suffit, dès lors, de la presser au fond de la cellule, si elle l'étrenne, ou de la serrer contre les autres chenilles, s'il y en a déjà plusieurs emmagasinées : immobiles dans leur position annulaire , toutes attendront , sans s'en douter , le moment d'être mangées.

Elles ne sauraient échapper à leur triste sort. A peine l'Odynère est-il sorti de l'œuf, sa première pensée est pour le garde-manger. Il commence par percer le ventre de la chenille dont il est le plus proche ; il s'en nourrit, et quand il n'en reste plus que la peau et la tête écailleuse, c'est-à-dire presque rien, il tire ces débris, les fait descendre au fond de la cellule, et va traiter la seconde chenille comme il a fait de la première; ainsi de toute la bande, jusqu'à ce que la douzaine y passe.

En attendant le temps de sa métamorphose, le jeune Odynère n'a qu'une seule chose en tête, manger et manger encore; sa voracité est extrême. La brochette expédiée, il se prépare à son second changement; il se file une coque d'un tissu serré, adhérente ordinairement au sable, et de couleur brune; il y reste emprisonné de dix à onze mois, expiant par un long jeûne les appétits gloutons de son premier âge. Vers la fin de mai, dans nos climats, il déchire la coque avec ses dents, s'avance, peu à peu, au dehors, laisse un instant ses organes se ressuyer à l'air, et après un moment de recueillement, il se confie à ses ailes : désormais, il est en pleine liberté.

XVII

L'HYLOTOME DU ROSIER

Le soin de leur postérité est, pour beaucoup d'insectes, le trait principal de leurs mœurs ; aussi, certaines femelles sont-elles pourvues d'instruments particuliers qui leur permettent d'entailler, de scier, de couper les végétaux sur lesquels elles pondent leurs œufs ; l'une des mieux dotées, à cet égard, est l'Hylotome du rosier, dont Vallisnieri et Réaumur se sont faits les historiens. Cet insecte n'est pas rare ; on le trouve dans la plupart des jardins où l'on cultive des rosiers, et, comme il est peu défiant de sa nature, il est facile de suivre son travail, pour peu qu'on ait l'habitude d'observer.

Sa larve est une des fausses chenilles remarquables par leurs attitudes bizarres ; elle tient ordinairement l'extrémité postérieure de son corps élevée et souvent contournée en S, parfois aussi simplement infléchie. Ses jambes sont au nombre de seize, mais les deux dernières se meuvent rarement ; ses jambes écailleuses se terminent par deux crochets. Elle vit sur le rosier. Quand elle a pris tout son accroissement, elle entre en terre pour s'y construire une double coque de tissus très-différents. Le plus extérieur est un réseau à grandes mailles, semblable à celui d'une raquette ; les fils dont ils est composé sont doués d'élasticité : ils reprennent leur position dès qu'on cesse de les presser. L'enveloppe intérieure, au contraire, formée d'un tissu très-serré, mou et flexible, est privée de ressort. Les deux coques n'ont rien de commun entre elles; elles se touchent sans être attachées ensemble, l'une est simplement logée dans l'autre. Lorsque la nymphe a fini son temps de prison, elle devient insecte à quatre ailes, armé de deux dents. Le premier usage de l'Hylotome est de les employer contre sa coque; il arrache les fils de soie de la première enveloppe, coupe les mailles de la seconde, et s'affranchit, par là, de toute entrave; sa vie ne se passera plus qu'à l'air libre.

Sous son dernier état, l'Hylotome ne vit pas long-temps, mais il sait mettre le temps à profit; la maternité lui révèle toutes ses ressources. Un rosier l'a nourri pendant qu'il était fausse chenille, un rosier nourrira encore sa postérité. Il est facile de découvrir son nid; les branches sur lesquelles il est placé sont ordinairement renflées en certains endroits, elles portent de petites cicatrices d'un aspect noirâtre et comme desséché. L'Hylotome, près de pondre, ne se détermine pas à la légère pour l'emplacement de ses œufs; il se promène de branche en branche sur l'arbuste, et, après une inspection minutieuse, choisit avec raison celle qui est plus voisine de l'extrémité du rameau que de son origine : l'écorce, plus verte et plus tendre sur ce point, lui offrira moins de résistance qu'ailleurs. Une fois le rameau désigné, l'insecte s'y cramponne, la tête tournée en bas, et se met en devoir d'attaquer sa besogne. Attention! c'est le moment d'étudier ses manœuvres et de surprendre son secret. Pour bien comprendre ce qu'il va faire, voyons d'abord ses outils. C'est une véritable scie, ne différant de

la nôtre que par sa perfection ; elle est double et ses
dents sont elles-mêmes dentelées. L'instrument,
renfermé entre deux lames écailleuses ou coulisses,
agit à la fois comme scie et comme lime, c'est-à-
dire que, en même temps qu'il entaille, il aplanit et
polit les surfaces raboteuses ; rien de plus ingénieux. L'Hylotome est à l'œuvre, suivons-le. Il a
recourbé son corps en dessous ; la pointe de la
double scie paraît, elle sort bientôt de sa gaîne,
se redresse et se place perpendiculairement à la
branche où elle doit pénétrer. La pointe n'a pas
plus tôt touché l'écorce, qu'elle s'y enfonce. La bête,
cramponnée sur ses jambes, appuie son ventre sur
la base de l'instrument et la presse de toutes ses
forces. Dans ce premier instant, elle n'agit sur l'instrument que pour le piquer dans le bois, pour y engager sa pointe et le mettre en l'état où il doit
être pour que les dents des scies trouvent prise ;
bientôt, celles-ci peuvent opérer avec succès ; une
plus longue partie de l'instrument se cache dans le
bois, il s'y enfonce de plus en plus ; en moins d'une
minute, il y disparaît tout entier : le ventre de l'insecte, d'abord éloigné de l'écorce de toute la longueur de la scie, s'en approche au point de s'appliquer contre le rameau.

L'Hylotome n'introduit pas son instrument dans
la tige du rosier simplement pour la fendre, mais
bien pour y pratiquer une cavité propre à loger
l'œuf assez gros qu'elle y déposera. L'entaille ne doit
pas être partout également large et également profonde, il faut qu'elle serve à loger l'œuf et à l'abriter. Pour cela, l'insecte dirige son instrument à peu
près comme le chirurgien conduit sa lancette, il

l'enfonce d'abord presque perpendiculairement et le
retire ensuite dans une direction oblique; ses deux
scies ont donc besoin d'être pointues par le bout;
il faut, de plus, que leurs extrémités puissent pénétrer dans l'écorce et les fibres ligneuses, comme y
pénètrent des instruments tranchants; mais, en cet
état, bien qu'elles soient en mesure de couper les fibres qu'elles rencontrent, elles ne pourraient , à
cause de leur voie extrêmement étroite , ouvrir une
cavité suffisante, c'est pourquoi la face extérieure de
chaque scie est façonnée en lime pour suppléer à
ce qui manque à la voie et à l'épaisseur des deux
scies : lorsqu'une des deux scies est retirée vers
l'écorce, les dents déchirent les fibres qui se trouvent sur leur passage.

A un certain moment, le jeu des scies cesse, tout
mouvement semble s'arrêter dans leurs tendons,
tout paraît en repos; le travail, en effet, n'a plus
lieu de continuer; l'entaille est assez grande pour
recevoir l'œuf, l'Hylotome l'y glisse, et reste ensuite
immobile pendant quelques minutes, ayant toujours
sa tarière engagée dans la branche du rosier. Tout à
coup, il en retire brusquement la plus grande partie et répand, en même temps, une liqueur mousseuse qui s'élève jusqu'au bord extérieur de l'entaille, parfois même au delà. Vallisnieri croit que
cette liqueur a pour but d'empêcher l'entaille de se
fermer; Réaumur, lui, pense qu'elle sert à conserver
l'œuf. Quoi qu'il en soit, peu de temps après l'apparition de la liqueur, l'Hylotome achève de retirer sa
double scie de l'entaille, et la replace dans sa gaine,
mais non pour longtemps. Bientôt il fait un pas au-
dessous de l'endroit entamé, et recommence son jeu

de scie; il le continue tant que la branche lui paraît propre à recevoir des entailles : celles-ci s'échelonnent à la file les unes des autres. On en compte quelquefois jusqu'à vingt-quatre, mais, généralement, il y en a moins ; quand une branche est épuisée, l'insecte passe à une autre, mais non sans l'avoir d'abord visitée scrupuleusement.

L'ouverture de chaque entaille récente se manifeste par une petite fente un peu courbe, analogue à celle d'une saignée; elle a environ deux millimètres de longueur. En enlevant l'écorce qui avoisine l'une de ces fentes et une petite portion de la partie ligneuse, on met à découvert l'intérieur du nid : l'œuf qui le remplit est oblong, et plus menu à l'une de ses extrémités.

L'endroit de la branche à laquelle l'Hylotome a confié ses œufs ne se distingue, le premier jour, des autres parties que par de petites fentes dont les lèvres, comme celles des saignées, se sont rapprochées. Mais dès le lendemain, cet endroit se signale par sa couleur; de vert, il est devenu brun, surtout aux abords des entailles; peu à peu, le changement s'accuse davantage ; chaque endroit entaillé se relève et prend, de jour en jour, plus de convexité ; la file d'entailles finit par ressembler à une série de grains de chapelet qui, ayant toute leur longueur, auraient perdu une partie de leur circonférence. Ces élévations successives ne sont pas occasionnées, comme on serait tenté de le croire, par le boursouflement des plaies faites au rosier, elles résultent du développement des œufs : rien de plus sûr, quoique la chose paraisse étrange. Les œufs, en général, ne changent pas de volume depuis la ponte jusqu'à l'éclosion ;

il y a exception pour ceux de l'Hylotome ; ils croissent journellement, et, à mesure qu'ils grossissent, ils obligent les parois de la cellule où ils sont renfermés à s'élever et à s'agrandir en tous sens. Son ouverture devient chaque jour plus accentuée ; au moment de la maturité de l'œuf, elle est assez large pour laisser passer la larve récemment éclose ; celle-ci en profite pour aller en quête de sa nourriture sur les feuilles du rosier, à la fois son berceau et son arbre à pain.

XVIII

LES GUÊPES

Le nom de Guêpe éveille, tout d'abord, une idée désagréable ; il rappelle le souvenir d'un visiteur effronté, toujours grondant, menaçant , l'arme sans cesse au poing, de mœurs pillardes et sanguinaires, et d'un caractère tellement irritable, qu'il n'y a jamais à plaisanter avec lui. Son poignard le rend féroce. Tout cependant n'est pas détestable chez les Guêpes. Architectes habiles, elles le disputent même aux abeilles dans l'art d'élever des palais ; mères dévouées, elles ont la plus grande tendresse pour leurs petits ; elles vivent, enfin, pacifiquement entre elles ; malgré de graves défauts, elles ont donc aussi leurs bons côtés.

Leurs sociétés, presque aussi nombreuses que celles des abeilles, se composent également de trois classes de citoyens : de femelles, d'ouvrières et de mâles,

mais avec des différences bien tranchées. Leur république repousse tout privilége. Chez elles, la mission de propager l'espèce n'est pas confiée à une seule
mère, elle se trouve répartie entre un grand nombre
de femelles, et ce n'est pas là leur unique occupation; elles bâtissent, chassent et picorent, en certains temps, comme la grande armée des travailleurs;
chacune d'elles contribue à la prospérité de l'Etat.
Les ouvrières forment la majorité de la nation. Maçonnes de leur métier, la tâche la plus importante
et la plus lourde leur incombe comme aux plus cou-
rageuses; tous les travaux publics leur sont dévolus;
elles veillent, en outre, au respect de la cité, remplissent les fonctions de nourrices, et, de plus, vont en
courses et sont chargées de l'approvisionnement des
petits. Les mâles, à leur tour, ne se croisent par les
bras. Ce ne sont plus des satrapes oisifs, s'engrais-
sant aux dépens de la société, comme les faux
bourdons des abeilles; ils ont d'abord leur rôle principal à remplir; puis, ils gagnent honnêtement leur
vie par un travail utile; les soins de propreté générale
les regardent ; ils ne doivent laisser traîner ni cadavres ni immondices dans la maison commune ; en
un mot, tout ce qui concerne l'hygiène publique
rentre dans leurs attributions. Les emplois civils des
mâles et leur séjour prolongé à l'intérieur les dis-
pensaient d'être armés, aussi, ne portent-ils point
l'épée; les femelles et les ouvrières, au contraire,
appelées à vivre presque toujours au dehors, obligées
souvent de s'assurer de leur proie par la force ouverte, devaient être sur le grand pied de guerre, elles
sont pourvues d'armes formidables ; leur poignard
envenimé donne rapidement la mort aux insectes,

et les rend audacieuses et redoutables même vis-à-vis de nous : il suffit d'avoir fait une seule fois l'épreuve de leur colère, pour savoir combien leur piqûre est douloureuse.

Les Guêpes ont la taille fine, qui ne le sait? Nos coquettes ne prennent-elles pas modèle sur elles? Mais elles ont beau faire, elles n'égaleront jamais l'élégance de ce joli corsage suspendu à l'abdomen par un simple fil. Cette beauté, du reste, n'est que de convention; elle ne vaut pas, à beaucoup près, la vigoureuse structure de l'appareil buccal de l'insecte. Sa lèvre est façonnée de manière à faire, à la fois, l'office d'une langue pour lécher et conduire les aliments, et d'une main propre à détacher, écraser et broyer des parcelles de corps solides ; la résistance est-elle trop forte pour cet organe, deux mandibules presque aussi larges que longues et garnies de dentelures, sont mises alors en jeu, l'obstacle disparaît.

Sans dédaigner la chair fraîche, la Guêpe serait volontiers butineuse et pastorale comme les abeilles, si les fleurs duraient toujours, et si la nécessité, dans certains temps, ne la forçait à devenir carnassière. Elle se montre, en effet, très-friande de toutes choses sucrées ; elle suce sans déplaisir le nectar des plantes; surtout, elle déguste avidement les fruits; poires, pêches, prunes et raisins sont, pour elle, autant de primeurs fort appréciées : avec sagacité elle s'attaque aux plus mûrs et aux plus succulents. A l'époque des petits, son appétit devient extrême; toute proie vivante lui est bonne; insectes de toutes sortes, abeilles surtout, tombent sous ses coups; elle en fait des hécatombes. Sa manière de chasser rappelle celle de l'oiseau de proie. Elle attaque toujours au vol, fond résolûment sur le gibier, le tue sur place, et lui coupe immédiatement tête, ailes et pattes, s'il est trop lourd ou trop volumineux pour être transporté, à tire d'ailes, au nid; là, chose étrange pour un voleur! elle fait part généreusement de son butin à ses compagnes.... à charge, bien entendu, de réciprocité.

Aimant passionnément leur progéniture, à l'abri de tout danger dans des appartements élégants et commodes, accoutumées à la vie en commun, et très-sociables pour ceux de leur espèce, les Guêpes, avec leurs vertus domestiques, seraient certainement plus casanières, si la faim et l'absence totale de provisions pour la satisfaire, ne les jetaient dans une vie de hasards et d'aventures; le soin extrême qu'elles apportent dans leurs constructions attesterait au besoin leur disposition à rester au logis : elles n'épargnent rien pour le rendre confortable.

Toutes les espèces de Guêpes vivant en sociétés placent leur habitation selon leur fantaisie. Les unes la suspendent comme un hamac aux branches d'un arbre; les autres l'abritent sous un toit; quelques-unes la cachent dans de vieilles murailles ou l'enfouissent sous terre; mais toutes emploient à peu près les mêmes matériaux. Elles rejettent absolument les bois verts, et pour cause; les vieux treillages, les vieux châssis, les vieilles portes et les vieux contrevents, en un mot, tous bois vieux et secs, qui ont essuyé les outrages de l'air et du temps, sont ce qu'elles préfèrent. Elles en détachent les fibres, les divisent en charpie, les pétrissent en pâte d'un gris cendré, semblable à celle du papier, et en font des boules qu'elles apportent, entre leurs jambes, à leur domicile. Voilà le fond sur lequel elles travaillent. Pour se faire une idée exacte de leur procédé de bâtir, suivons de près l'espèce la plus répandue chez nous, la Guêpe germanique ; toutes les constructions des guêpes sont calquées, en quelque sorte, sur le même patron.

Et d'abord, notre insecte est un mineur de première force ; sans autre instrument que ses pattes et ses mandibules, il creuse le sol dans une profondeur de trente à quarante centimètres, déblaye une cavité d'un diamètre encore plus grand, et, après avoir pratiqué le trou destiné à recevoir le nid, il le complète par une galerie oblique et de nombreuses voies de communication : il sait qu'une cité populeuse ne saurait avoir trop de portes pour l'entrée et la sortie de ses habitants.

Le nid a généralement la forme d'une boule plus ou moins régulière, suivant que le terrain excavé a présenté plus ou moins d'obstacles naturels difficiles à surmonter, car la Guêpe, ménagère de ses forces et de son temps, ne s'amuse pas à lutter contre les blocs de pierre ou les grosses racines qui se trouvent dans le terrier, elle les contourne ; de là, les variantes qui altèrent la configuration sphéroïde du guêpier : celui-ci se moule sur les contours de la cavité où il gît, il en reproduit nécessairement les accidents. Trois ouvrages principaux constituent l'architecture de notre guêpe : une enveloppe générale, des gâteaux à cellules hexagones, et des liens ou pilastres, en guise de supports.

Vue dans son ensemble, l'enveloppe a l'aspect d'une surface moutonnée, grisâtre, percée de deux trous pour l'entrée et la sortie des Guêpes. Quoique formant un tout compacte, elle est composée de plusieurs couches cintrées, extrêmement minces, séparées entre elles par des vides, et figurant un amas de coquilles convexes, appliquées en recouvrement les unes sur les autres. Sa construction s'effectue dans tous les sens à la fois; tandis qu'un certain nombre de Guêpes sont occupées à lui donner plus de développement, d'autres la fortifient en ajoutant couches sur couches; on en compte souvent plus de quinze dans une épaisseur de quatre centimètres. L'ouvrage est poussé avec la plus grande activité, sans qu'il y ait jamais confusion. Rien de plus amusant que d'assister à ce travail. Une seule Guêpe entreprend une bande d'un cintre, et mène, seule, près de deux centimètres à la fois. Supposons une voûte commencée qu'il s'agit de prolonger. L'insecte se place à l'une des extrémités, y applique sa pelote de pâte et se met à marcher à reculons; à mesure qu'il chemine, il laisse devant lui une portion de sa boule, et tout en retenant le reste entre ses deux jambes antérieures, il étend et aplatit avec ses mandibules ce qu'il se propose d'employer, et le colle, à chaque pas, contre le bord de la bande. Celle-ci, dans son application récente, n'est qu'ébauchée; elle est trop épaisse et mal unie, elle a besoin d'être amincie et aplanie : la Guêpe reprend son travail au point où elle l'a commencé; elle met l'épaisseur de la nouvelle bande entre ses dents, et répète son premier manége, c'est-à-dire qu'elle s'en retourne à reculons, avec vitesse, en frappant de coups répétés la nouvelle bande engagée entre ses dents, mais sans y rien ajouter : ordinairement, toute la matière a été employée de prime abord. Les mandibules remplissent les fonctions des palettes des potiers à creuset ; en frappant la matière molle, elles l'étendent. La Guêpe reprend ainsi son œuvre cinq ou six fois de suite ; après le dernier coup de main, elle donne à la bande son épaisseur définitive. Il est à remarquer que c'est avec une extrême vitesse que la Guêpe travaille toujours à reculons ; elle est ainsi à même de se rendre compte, à chaque instant, du résultat de son opération : le jeu de ses dents est encore plus rapide que celui de ses jambes. Les bandes n'ont pas toutes la même couleur ; les plus récentes, encore mouillées, sont brunes ; on les distingue facilement des plus anciennes qui, suivant les matières employées, varient du blanc au gris jaunâtre ou au gris cendré.

Le nid proprement dit des Guêpes se trouve au-dessous de l'enveloppe qui l'enferme comme dans une boîte ; on y voit quinze ou seize gâteaux, de même substance papyracée que la muraille de ceinture, parallèles les uns aux autres et à peu près horizontaux. Ils forment comme autant de planchers distribués par étages, soutenus, dans l'intervalle qui les sépare, par des piliers et portant de nombreuses cellules semblables à celles des abeilles, et destinées à servir de berceaux aux Guêpes naissantes. L'épaisseur des gâteaux est proportionnée à la profondeur des cellules et au volume des trois sortes d'individus logés dans le nid ; leur diamètre diffère peu de celui de l'enveloppe, non compris cependant le vide qui les sépare ; ce dernier sert de chemin de ronde. Le premier gâteau qui pend à la voûte n'a souvent qu'un diamètre de quatre à cinq centimètres ;

les gâteaux du milieu sont les plus considérables de tous par leur diamètre ; les derniers vont diminuant progressivement de largeur. Tous sont supportés par un grand nombre de liens massifs, fabriqués avec la même pâte que le reste du guêpier ; ils ressemblent à de petites colonnes arrondies, évasées à leur base et aux chapiteaux ; chacun d'eux tient, d'un côté, au rayon supérieur, de l'autre, au rayon inférieur ; sur quelques points, les gâteaux sont fixés aux parois de l'enveloppe, à l'aide de prolongements ; l'assiette du guêpier n'en est que plus solide.

Contrairement aux règles de notre architecture, les Guêpes commencent toujours leurs maisons par le toit ; les fondements de l'édifice occupent la partie la plus élevée du nid, et c'est en descendant que la construction s'achève. Le plus petit des gâteaux ou le gâteau supérieur est bâti le premier, et est attaché au haut de l'enveloppe du nid ; le second gâteau est suspendu en l'air par les liens qui le relient au premier rayon ; les liens qui soutiennent le troisième gâteau s'appuient contre le second, et ainsi de suite jusqu'au dernier rayon, de sorte que le premier gâteau supporte, en grande partie, le poids de tous les autres. Les grands gâteaux sont suspendus par plus de cinquante liens : notre colonnade du Louvre ne compte pas autant de supports.

Le nid est à peine en voie de construction, que la mère Guêpe s'occupe de sa ponte ; chaque cellule reçoit un œuf ; les œufs qui doivent produire l'armée des travailleurs sont logés dans un quartier à part, ceux des mâles et des femelles se trouvent souvent entremêlés sur le même rayon, mais toujours dans des cellules distinctes.

L'été est l'époque de la grande ponte; dans cette saison, les mères cessent de battre la campagne et gardent le logis, la besogne n'y manque pas; on comprend facilement cette réclusion. Elles ont non-seulement à se débarrasser de leurs œufs, mais les soins de la famille les occupent presque exclusivement : il s'agit de nourrir quinze ou seize mille affamés, rude tâche, assurément, bien que les mères soient assistées dans cette opération par le dévouement des ouvrières.

L'œuf, blanc, transparent et allongé, est collé par son bout le plus pointu contre les parois de la cellule, et vers le fond.

Huit jours après la ponte, il donne passage à une larve sans pieds, beaucoup plus grosse que l'enveloppe où elle était renfermée; on distingue déjà les mandibules dentelées de sa bouche. Elle est très-vorace et ne se contente pas d'un seul repas par jour, il lui en faut plusieurs; elle les prend à la becquée, comme les oiseaux. L'activité avec laquelle une mère Guêpe parcourt, les unes après les autres, toutes les cellules d'un gâteau, est chose vraiment merveilleuse; elle fait entrer sa tête assez avant dans les cellules dont les vers sont petits; ce qui s'y passe n'est pas facile à observer, mais on le devine aisément par ce qui se fait dans les loges habitées par des larves près de se métamorphoser. Ces dernières, plus fortes, sont moins tranquilles; elles mettent souvent leur tête hors de leur berceau, et, par des bâillements répétés, réclament leur pitance; la mère la leur apporte avec empressement; le ver alors se calme, et se renfonce pour quelques instants dans sa cellule. Avec d'aussi bonnes nourrices, les larves croissent vite et deviennent bientôt assez grosses pour remplir entièrement leurs cellules; leur tête, alors, se dessine plus nettement, les mandibules prennent une couleur brune plus foncée, et les appendices de la bouche commencent à se montrer; leur corps est tout blanc et revêtu d'une mince pellicule. Quand elles ont acquis tout leur développement, la nourriture ne leur est plus nécessaire, elles se l'interdisent, ainsi que toute relation avec les Guêpes qui les ont élevées : elles se mettent en clôture. Bien qu'on ne leur ait point appris le métier de filandière, elles y sont fort habiles, elles tapissent leur logis d'une membrane soyeuse, et ferment l'orifice de leur cellule par une calotte sphérique, faisant corps avec le tissu même dont elles se sont doublées, et qui déborde un peu à l'une de ses extrémités ; trois ou quatre heures suffisent pour la confection du couvercle : il est bombé dans les cellules de femelles et d'ouvrières, et simplement plan dans celles où sont renfermées les larves mâles.

Peu de temps après que le ver s'est ainsi cloîtré, il se change en nymphe ; il ne reste pas longtemps sous cet état qui le condamne à une immobilité presque absolue. L'heure de sa dernière métamorphose arrivée, il se débarrasse, comme les abeilles, de la tunique dont ses organes sont emmaillottés, et se revêt de la robe virile : il a maintenant toutes les allures de l'insecte parfait. La liberté cependant ne lui est pas encore octroyée; il lui reste à surmonter une crise dangereuse, celle de son dernier dépouillement; ses membres ne trouvent plus d'entraves, mais les portes de la prison cellulaire ne sont pas ouvertes,

il faut les briser ; à cette condition seule, l'insecte sera
réellement affranchi ; il se met à l'œuvre. Selon l'espèce à laquelle la Guêpe appartient, elle ronge avec
ses mandibules les bords du couvercle de la cellule,
et fait sauter la calotte d'un coup de tête ; tantôt,
comme les frelons, elle lime le couvercle par le milieu, y fait un trou et l'élargit, jusqu'à ce que tout son
corps y puisse passer : cette fois, l'insecte est entièrement libre.

La Guêpe, échappée de sa cellule, ne diffère de ses
compagnes que par ses couleurs plus pâles ; l'or et
le velours dont son vêtement est chamarré n'ont pas
encore l'éclat qu'ils prendront sous l'influence de
l'air, de la lumière et d'un bon exercice ; peu d'heures suffiront à leur consistance définitive. La jeune
Guêpe ne s'expose pas au danger du grand air aussitôt après être arrivée à la vie complète ; son
instinct l'avertit de rester d'abord au logis ; ses
organes doivent s'y fortifier par degrés ; pendant ce
temps, les ouvrières lui apportent du dehors le produit de leur chasse, chair ou fruits, ces derniers à
l'état de conserve sucrée, qu'elles font sortir de leur
bouche, sous forme de gouttelettes transparentes. La
jouvencelle, on le devine, fait honneur à ses hô-
tesses ; elle mange avec avidité la chair et savoure
la liqueur offerte : ainsi fortifiée par ce premier repas, elle est en état d'affronter la température
extérieure ; ses ailes sont ressuyées, lustrées ; d'un
bond énergique, elle se lance dans la vie active : la
société possède un citoyen de plus, travailleur et
chasseur comme ceux qui l'ont précédé dans la vie.

Les cellules d'où sont sorties les générations
nouvelles, ne sont jamais à l'état d'appartements

vacants, les nymphes ne les ont pas plus tôt quittées, qu'une escouade d'ouvrières les visite, balaye à fond tous les débris, et leur fait toilette complète, afin qu'elles puissent recevoir de nouveaux habitants : les mères Guêpes y pondent dès que le berceau est prêt.

Tandis qu'elles s'occupent sans relâche de la propagation de leur espèce, les travaux de construction se continuent avec activité ; huit ou dix mille ouvrières ne cessent d'apporter, du matin au soir, les matériaux nécessaires et de les débiter ; l'ardeur qui les anime enfante des prodiges : des milliers de cellules sont promptement bâties ; les étages succèdent comme par enchantement aux étages, la cité ne tarde pas à être achevée ; sa position souterraine, qui défend les abords de la place, est entourée d'un vaste mur d'enceinte gardé par des légions guerrières : elle n'a guère à craindre du côté de l'ennemi. L'ordre le plus parfait règne dans son intérieur, bien qu'au dehors la guerre éclate avec fureur contre tout étranger ; point de querelles, point de combats entre les Guêpes ; rarement elles se chamaillent sérieusement ; jamais elles ne se livrent à ces attaques violentes, de tribus à tribus, ainsi que cela se voit, parfois, chez les abeilles en proie à la disette ; en temps de famine, la Guêpe meurt avec courage et résignation, elle ne pille jamais ses semblables.

Du reste, le gouvernement des Guêpes explique très-bien la douceur de leurs mœurs publiques : point de disputes parmi elles ; personne ne règne ni ne gouverne ; chacun vit librement dans une cité libre, sous la seule condition de n'être pas à charge à l'Etat et de travailler à sa prospérité. Tous agissent de concert, et sous l'inspiration puissante du salut public, sans monopole ni favoritisme d'aucune sorte : quel gouvernement humain pourrait être comparé à cette république modèle ?

Et cependant, comme tous les Etats, même les mieux constitués et les plus prospères, la république des Guêpes doit finir; sa décadence suit de près son apogée. Florissante et dans toute sa gloire pendant la belle saison, elle est rapidement précipitée à son déclin vers le milieu de l'automne. A peine les premiers froids se sont-ils fait sentir, une révolution complète s'opère chez les Guêpes, leur tempérament moral en est tout bouleversé. Plus de cœur à l'ouvrage, adieu l'énergie qui brave les situations les plus désespérées et sait en triompher; la république s'abandonne, elle périra bientôt. On ne songe plus à nourrir les petits; toutes les larves qui, dans la première quinzaine de novembre, n'ont pas encore fermé leurs cellules, sont vouées à l'extermination ; les ouvrières, les mâles, érigés en grands justiciers, les arrachent de leurs berceaux ; ni le sexe ni l'âge ne sont épargnés, on tue jusqu'aux nymphes elles-mêmes. On dirait que les Guêpes, pressentant que bientôt l'hiver ne leur permettra plus de nourrir leur progéniture, s'en défont pour que les petits n'aient pas à périr de misère et de faim. Elles-mêmes, du reste, n'ont plus que peu de jours à vivre. Confinées dans leur gîte par le mauvais temps, sans provision aucune au logis, sans ressource au dehors où il n'y a plus *un seul petit morceau de mouche ou de vermisseau*, elles sont d'abord obligées de faire diète; bientôt la diète devient jeûne et jeûne atroce ; elle épargne à peine quelques estomacs; la gelée leur évite une longue et cruelle agonie.

La mort moissonne, tout d'abord et sans exception, les ouvrières et les mâles, aussitôt que le thermomètre descend à quelques degrés au-dessous de zéro. Vient ensuite le tour des femelles : presque toutes périssent; à peine en reste-t-il quelques-unes qui traversent à grand'peine l'hiver, plongées dans l'engourdissement, et sans prendre la moindre nourriture. Au début du printemps, de tout cet édifice somptueux qui a coûté tant de travail et de dévouement, de toute cette nation naguère si animée et si populeuse, il ne reste plus qu'une habitation déserte : le froid, la faim, la mort en ont fait une solitude silencieuse. Le guêpier, entièrement abandonné, n'a servi qu'une année. On n'y voit plus une seule Guêpe; tout ce qui a échappé à la ruine a dit un dernier adieu à la commune ¦patrie : *Ilion n'est plus !* Chacun, nouvel Enée, s'en est allé à la recherche d'un lieu favorable pour jeter les fondements d'une autre république : elle passera, à son tour, par les mêmes vicissitudes.

XIX

LE PHILANTHE APIVORE

Les abeilles n'ont pas d'ennemi plus dangereux que le Philanthe; la guerre acharnée qu'il leur fait pour nourrir ses petits, lui a valu son surnom, mais il n'est le fléau d'insectes utiles que pour assurer la conservation de sa postérité; c'est une circonstance atténuante : combien de guerres, parmi nous, n'ont pas d'excuses aussi valables !

Le Philanthe apivore n'est pas rare aux environs de Paris. A l'époque où il s'apprête à propager son espèce, on le voit fréquenter les terrains sablonneux bien exposés au soleil : c'est là qu'il bâtit son nid. Ses mœurs ont été particulièrement étudiées par le célèbre professeur Latreille. En sa qualité de Fouisseur émérite, le Philanthe se sert de ses mandibules en guise de pince et de levier ; ses pattes antérieures font office de pelle et de ratissoire. Sa première tâche maternelle consiste à creuser une galerie à peu près horizontale, longue parfois de trente centimètres ; l'insecte ne recule pas devant cette tâche difficile, il s'y dévoue avec ardeur. Une fossette capable de recevoir sa tête est d'abord creusée : la coupe de cette tête servira de module à celle de la galerie. A l'aide de ses mandibules, le Philanthe détache les particules de terre les plus volumineuses et les transporte hors du terrier. A mesure qu'il mine, les décombres s'accumulent ; déjà ils embarrassent l'entrée et pourraient fermer le passage en s'éboulant, il s'agit donc de déblayer pour faire place à de nouveaux débris. Le valeureux pionnier sait son métier ; il sort de sa galerie à différentes reprises, marche à reculons, agite incessamment son abdomen en l'élevant et l'abaissant tour à tour, parvient aux décombres, et les rejette derrière lui avec ses pattes postérieures. La galerie se creuse de plus en plus ; de nouveaux matériaux l'obstruent ; le Philanthe, alors, de faire jouer, derechef, ses pattes et son ventre ; tous les déblais sont expulsés au dehors, l'avenue du souterrain est entièrement libre.

Pendant ce travail, il arrive, parfois, que la voûte de l'édifice s'écroule ; notre insecte restera-t-il enseveli sous la masse des débris qui s'abîment de toutes parts? Nullement. Loin d'abandonner pour cela l'emplacement choisi, il opère lui-même son sauvetage, relève les parties éboulées, se fraye un passage à travers les décombres, et retrouve bientôt le fil de sa galerie. Son opiniâtreté au travail tient du prodige. Rien ne le rebute. Il creuse aussi bien dans un terrain fréquenté que dans un sol désert ; la présence de l'homme ne lui cause pas le moindre souci : ce philosophe croit fermement qu'il y a place ici-bas pour tous les travailleurs de bonne volonté ; il n'a peur de personne, résolu qu'il est à défendre ses foyers. Au courage il sait joindre la prudence, cette mère de la sûreté ; quand il s'éloigne de son trou, il le fait avec circonspection. La tête à l'entrée, il observe ce qui se passe aux environs ; aperçoit-il un ennemi plus fort que lui, il recule, bat en retraite au fond de son terrier, et attend de pied ferme que l'adversaire vienne l'y attaquer ; le danger passé, il remonte au bord de son trou et prend son essor dans la campagne. La guerre va commencer. Tout à l'heure, le Philanthe bâtissait en vue de sa postérité, maintenant il doit chasser pour elle ; fuyez à tire-d'aile, abeilles butineuses ! le corsaire vous guette, il sera sans pitié pour vous. Mais l'abeille n'entend pas ce charitable conseil ; tout occupée des besoins de sa ruche, elle vole de fleur en fleur, récoltant miel et pollen ; tandis qu'elle étend sa trompe sur les corolles sucrées, le Philanthe fond sur elle, l'enserre, la tourne et retourne, jusqu'à ce qu'il l'ait renversée sur le dos. Surprise par cette attaque subite, l'abeille cherche à percer l'agresseur de son dard, mais celui-ci, défendu par une forte cuirasse, n'a garde de

se laisser poignarder ; comme elle, d'ailleurs, il est
armé d'un instrument de mort. Quand le Philanthe a
mis sa victime hors d'état de résistance, il lui enfonce
son dard à la jointure de la tête et du corselet, l'a-
beille, aussitôt, de tomber en convulsions ; elle darde
encore un aiguillon impuissant, mais c'est son dernier effort ; au bout de quelques instants d'agonie, un
tremblement final agite ses ailes, elle étend sa trompe
et meurt. Une fois maître de sa proie, le Philanthe
se dirige vers son souterrain. Il n'y entre pas d'em-
blée. Il vient de faire acte de brigand ; un instinct
secret l'avertit, qu'en son absence, un autre ravisseur
aurait bien pu envahir son domicile, et que lui, voleur, est exposé à être volé. Sans lâcher l'abeille
qu'il tient entre ses pattes, il plane d'abord au-dessus du nid préparé pour ses petits ; il se pose ensuite à distance de l'entrée, s'éloigne de quelques
pas, puis s'arrête par intervalle comme pour explorer
le terrain ; la reconnaissance opérée, si tout respire
la sécurité, il plonge dans son trou, y dépose sa victime et pond auprès d'elle un œuf : la larve qui en
sortira trouvera la table toute dressée, sans avoir à
s'inquiéter de ses provisions de bouche.

XX

LA FORFICULE AURICULAIRE

ou

LE PERCE-OREILLE

L'ignorance ou quelque préjugé a fait à cet humble insecte un mauvais renom qu'il n'a pas mérité. On croit vulgairement qu'à l'aide de l'espèce de pince dont l'extrémité de son corps est pourvue, il s'introduit dans l'oreille des gens endormis, pour pénétrer dans leur cerveau, et leur donner ainsi la mort. Cette supposition purement gratuite ne repose sur aucun fait ; elle tombe, d'ailleurs, devant cette simple objection, qu'entre le conduit auditif et la boîte osseuse du crâne, il n'existe qu'une communication imperceptible ; le sobriquet ridicule dont on affuble généralement la Forficule auriculaire ne proviendrait-il pas plutôt de la ressemblance des pinces de l'insecte avec l'instrument dont on se servait autrefois pour percer les oreilles auxquelles on voulait attacher des pendants ? Admettons cette dernière explication pour sauver l'honneur du bon sens populaire, si souvent en défaut, soit dit en passant.

La Forficule auriculaire est si peu un foudre de guerre ou un animal dangereux, qu'elle n'ose sortir de sa retraite pendant le jour ; tant que le soleil est sur l'horizon, elle se tient presque constamment blottie dans son logis, et ne s'aventure au dehors qu'à la nuit close ou tombante, à l'exemple des Nocturnes et des Crépusculaires dont elle partage les habitudes. Quoiqu'il y ait une paire de pinces dans sa garde-robe, elle n'en fait et n'en saurait faire un mauvais usage ; elle a beau en menacer l'importun qui l'inquiète, on ne la prendra jamais pour une arme sérieuse, car elle n'est apte ni à saisir, ni à percer une proie ; on serait bien plutôt tenté de la regarder comme un simple ornement, ou, mieux encore, comme un appendice d'exploration ; faute de bien connaitre ses fonctions, on lui a attribué des propriétés malfaisantes : ainsi se font souvent les réputations chez les insectes…. et aussi ailleurs.

Les mœurs de la Forficule, loin d'être féroces, sont un emblème touchant de la vie de famille. La mère se tient constamment sur ses œufs, chose très-rare parmi les insectes ; elle ne les quitte que pour aller chercher de quoi vivre. Sont-ils enlevés par quelque accident de leur gite habituel, l'insecte les cherche avec anxiété ; il tourne et court de tous côtés à leur rencontre, les recueille, un à un, les rapporte entre ses mandibules sous le toit maternel, et ne cesse ses démarches, que lorsqu'il les a tous retrouvés et réunis en paquet.

En France, ils éclosent ordinairement dans les premiers jours de mai. Les larves qui en proviennent sont d'une blancheur transparente ; leurs pattes les supportent à peine ; leur corselet n'est qu'ébauché, sans élytres et sans ailes. Laissées à elles-mêmes, elles ne seraient pas en état de pourvoir à leur nourriture, encore moins de se défendre contre leurs ennemis. Mais leur mère est là qui veille sans cesse, butine pour elles, et ne les abandonne jamais ;

elle les guide sur les plantes du voisinage, et, au retour de leurs excursions, elle a soin de leur faire gagner la fraîche retraite que réclament leurs organes débiles.

Les petits savent bien à quelle bonne mère ils ont affaire ; ils ne s'écartent point, ils courent sans cesse autour d'elle, comme les poussins autour de la poule. De même que celle-ci, la Forficule se tient sur eux pendant des heures entières ; elle a aussi un signe de ralliement pour les rappeler. Au moindre danger, elle les rassemble, les fait passer derrière elle, se place un peu en avant dans une attitude menaçante, agitant ses pinces : elle ne songe à prendre la fuite, que lorsque l'ennemi est décidément le plus fort et qu'elle a mis ses petits en sûreté. La troupe, en promenade, s'est-elle laissée surprendre par l'éclat subit d'un soleil brûlant, vite, elle la conduit sous une pierre, une mousse ou une écorce soulevée : sa sollicitude est de tous les instants, comme celle de la mère la plus tendre et la plus dévouée.

Les endroits frais sont ceux où les Forficules se tiennent de préférence, elles s'y assemblent souvent en grandes sociétés. Les jeunes changent plusieurs fois de peau ; à chaque mue, ils deviennent plus complets, plus forts et plus agiles ; leur mère ne les abandonne à eux-mêmes, que lorsqu'ils peuvent se passer entièrement de ses soins. Leur nourriture est essentiellement végétale : les fruits, surtout, sont de leur goût ; cependant ils ne méprisent pas les matières animales en décomposition : après tout, ils y ont bien droit ; ne sont-elles pas la propriété légitime du premier occupant, lorsque nos seigneurs

les Nécrophores, Boucliers et Staphylins ne s'en
sont pas encore emparés?

Les ailes ne viennent que très-tard aux Forficules;
elles se montrent, d'abord, sous l'aspect de simples
moignons rudimentaires; peu à peu, l'organe acquiert de la consistance; quand l'insecte a pris
tout son accroissement, l'appareil du vol, non-seulement se complète d'élytres et de membranes légères, mais les ailes postérieures deviennent très-
puissantes; après s'être développées dans tout leur
luxe, elles se plient en éventail et se replient une
seconde fois transversalement pour se loger sous les
étuis : les adultes en font usage dans les grandes
occasions pour se transporter rapidement d'un endroit à un autre, ou pour échapper aux poursuites
trop vives d'un ennemi redoutable.

XXI

LA MOUCHE BLEUE DE LA VIANDE

De tout l'essaim bourdonnant des mouches, de
cette nuée de parasites qui, bon gré mal gré, s'intro-
duisent dans nos demeures, dégustent tous nos
mets, souillent nos appartements et nous harcè-
lent, à chaque instant, de leurs importunités, nulle
espèce n'a été mieux étudiée que la Mouche bleue
de la viande, quoique beaucoup de personnes ne la
connaissent encore que de nom. L'insecte ne brille
pas par ses couleurs; sa livrée tire même sur le
sombre, et, à l'état de larve, il inspire, tout d'abord,

une répugnance justifiée par son odeur fétide. Mais lorsqu'on surmonte cette première impression, et qu'on suit les évolutions variées par lesquelles la mouche arrive à son état parfait, on oublie bien vite un instant de dégoût pour admirer une organisation singulière, qu'on était loin de soupçonner.

Entendez-vous voler cette grosse mouche gris-bleu foncé, à corselet noirâtre, dont le ventre est bordé de poils noirs? Elle s'agite, bourdonne, décrit de rapides circuits ; elle est en quête de quelque chose. Fermez avec soin votre garde-manger ; pour peu qu'elle y trouve accès, adieu votre gibier et vos viandes succulentes, ils seront bientôt gâtés. Ce n'est pas par caprice que la mouche furette ainsi ; l'instinct maternel qui la porte à pondre sur les matières destinées à servir d'alimentation à ses petits, la dirige sur vos provisions de bouche; son odorat l'avertit qu'une chair appétissante pend à votre croc, elle y vole. Elle ne se trompera pas, croyez-le bien ; elle ne s'attaquera pas à une viande trop mince et, partant, sujette à se dessécher sans profit pour le but qu'elle poursuit ; elle va droit au morceau épais et humide, capable de se corrompre ; c'est là ce qu'il lui faut pour la nourriture première de sa lignée ; sans perdre de temps, elle y dépose ses œufs : l'ennemi est, désormais, au cœur de la place.

La ponte a lieu par tas irréguliers, plus ou moins gros; les uns se composent d'une centaine d'œufs, les autres d'une cinquantaine, parfois d'une douzaine seulement, tous couchés les uns à côté des autres dans chaque tas ; leur chiffre total s'élève à deux cents environ; s'il s'en trouve quelques-uns en dehors du morceau de viande, c'est pur accident;

troublée dans ses fonctions par une cause quelconque, la mouche mère a fait comme la poule inquiétée dans sa ponte, elle a laissé tomber son œuf, n'importe où, pressée qu'elle était par la nécessité : sa prévoyance, en général, est si peu en défaut, qu'elle place ses plus gros tas d'œufs sur les parties intérieures de la viande, plus humide là qu'ailleurs, et ainsi plus à la convenance des jeunes larves premières écloses.

L'œuf est blanc, irisé comme celui de la nacre, quatre ou cinq fois plus long que large, arrondi à ses deux bouts, mais un peu courbe. Sur l'un de ses côtés, légèrement concave, règne une languette cannelée en son bord, et qui s'entr'ouve près de l'une des extrémités de l'œuf lorsque la larve se prépare à sortir de prison. Cette larve fait ordinairement son apparition au jour vingt-quatre heures après la ponte ; on dirait l'œuf cerclé d'anneaux au moment où la larve se dispose à le quitter ; quand il est vide, il ressemble à une membrane chiffonnée.

Les larves présentent l'aspect de vers charnus et blancs ; leur corps, composé de onze anneaux, peut prendre successivement diverses figures : il s'allonge ou se raccourcit, à la volonté de l'animal, et paraît, en conséquence, tantôt plus, tantôt moins gonflé ; il lui suffit, pour produire ce double effet, de faire rentrer ses deux ou trois premiers anneaux les uns dans les autres, et, *vice versa*, de les en retirer. Quoique privées de pattes, les larves marchent, et même assez vite, à l'aide de deux crochets écailleux, parallèles l'un à l'autre et placés au-devant de la bouche : c'est sur eux que tombe le principal effort du ver dans la progression ; ils s'implantent dans la viande comme des crampons ; le corps, ensuite, se raccourcit , pour se porter en avant. Les crochets remplissent encore une autre fonction, ils servent à l'animal de pioche pour détacher et dépecer les fibres charnues dont le ver doit faire sa nourriture ; au repos, ils sont entièrement cachés et rentrent chacun dans une sorte d'étui; la bouche s'ouvre immédiatement au-dessous de ces appendices.

Les vers ne sont pas plus tôt nés, qu'ils cherchent à manger. Ils se traînent d'abord sur le morceau de chair, puis s'y enfoncent en partie; là commence l'œuvre de destruction. Ils se servent de leurs crochets et du dard dont ils sont pourvus pour déchiqueter leur proie. A mesure qu'ils en ont détaché un fragment, ils le divisent et l'avalent; ils raclent et sillonnent ainsi toute la pièce, jusqu'à ce que la matière succulente soit entièrement absorbée; à la fin, le morceau de viande est criblé de toutes parts, il n'y reste plus que les fibres les plus tendineuses : il ressemble alors aux mailles d'un réseau informe. Pendant ce travail, les vers sont toujours enveloppés d'une liqueur gluante, qui sert à entretenir une certaine humidité sur la viande, facilite sa fermentation, et tend à la faire corrompre rapidement : c'est dans cet état qu'elle leur convient le mieux. Ils mangent beaucoup, mais jamais ne rejettent d'excréments solides. Leur croissance s'opère avec une promptitude étonnante. Dès le lendemain de leur naissance, par une température favorable, ils ont déjà une grosseur double de celle qu'ils avaient en sortant de l'œuf; l'accroissement est bien plus prodigieux encore le troisième jour, les vers pèsent deux cents fois plus que dans les vingt-quatre

heures précédentes ; en moins de six à sept jours, et,
quelquefois, en quatre ou cinq, si la saison est très-
chaude, ils acquièrent tout leur développement et
arrivent à cet état où ils n'ont plus besoin de nourriture jusqu'à leur transformation en mouches.

Quand les vers de la viande ont pris tout leur
accroissement , il ne leur convient plus de rester
sur la chair corrompue, où, jusque-là, ils se trouvaient fort à l'aise ; ils la quittent ; chacun va, de
son côté, chercher une retraite où il puisse se
métamorphoser ; ils s'enfoncent en terre, et s'y
blotissent jusqu'à leur changement en insectes
ailés. La transformation ne s'opère pas aussitôt
que le ver a gagné son nouveau gîte, il y garde sa
forme, et s'y tient immobile pendant deux ou trois
jours, quelquefois plus, suivant l'état de la saison.
Le temps de sa métamorphose arrivé, de blanc
transparent et charnu qu'il était, il prend la figure
d'un œuf, de couleur rougeâtre ou marron ; son enveloppe est opaque et cassante. Incapable de mouvement, il ne peut ni s'allonger, ni se raccourcir, ni
se gonfler, ni se contracter ; il est totalement
raide, à la différence des chrysalides dont l'extrémité postérieure est mobile et se meut quelquefois ;
il n'a plus l'air d'un ver, c'est une espèce de ba-
rillet rougeâtre, privé de tout mouvement, et sans
apparence de vie.

L'insecte vit pourtant, et les changements qui
viennent de s'opérer en lui en préparent de plus
considérables : voyons d'abord comment les premiers ont lieu. Le ver de la viande ne sait point se
filer de coque soyeuse, comme certaines chenilles
qui se renferment dans de somptueuses cellules

pour se transformer en chrysalides, mais il a d'autres ressources. D'abord, il se défait de sa peau et s'en fabrique une demeure hermétiquement fermée, assez solide pour le mettre à l'abri des injures de l'air et des attaques de ses ennemis; après avoir détaché sa peau de toutes les parties auxquelles elle était adhérente, il s'abrite sous cette tente pendant tout le temps de sa métamorphose, et lui fait prendre la figure d'une coque qui, bien que formée d'un tissu mince et transparent, acquiert cependant assez de consistance pour ne pas céder à la pression des doigts. Le ver, logé sous terre, fait rentrer sa tête et ses premiers anneaux sous les anneaux subséquents; il se met en raccourci et dispose toutes les parties de son corps à prendre le pli qu'elles devront avoir plus tard. Quand le changement est près de se faire, il s'achève vite, en quelques minutes. Le blanc de la peau prend, d'abord, de légères teintes rouges, puis le rouge s'accentue davantage, et se fond enfin en couleur marron; la peau est devenue coque en se séparant, couches par couches, et en brisant successivement toutes les fibres et tous les vaisseaux qui les unissaient : elle a cessé d'être partie intégrante du ver, sans cesser, pour cela, de l'envelopper.

Dès que cette peau est ainsi façonnée, elle a déjà de la solidité. A la différence de certaines larves qui changent plusieurs fois de peau avant de se transformer, le ver de la viande, sous cette forme, ne se défait d'aucune peau, d'aucune dépouille; selon toute probabilité, il fait, d'un seul coup, l'opération que les chenilles accomplissent quatre ou cinq fois dans leur vie; il conserve sa peau jusqu'à ce qu'elle ait le temps d'acquérir l'épaisseur nécessaire ; peut-être celle dont il se débarasse a-t-elle, à elle seule, l'épaisseur des quatre ou cinq téguments que les chenilles abandonnent successivement.

L'insecte, en subissant son premier changement de ver, passe à l'état de boule ellipsoïde, mais il n'est pas encore chrysalide achevée ; pendant plusieurs jours, il lui faut garder sa forme grossière, il semble alors privé de vie ; ce n'est que peu à peu et par une sorte d'élaboration graduée, qu'il parvient à l'état de nymphe parfaite.

Si l'on ouvre une coque cinq ou six jours après que le ver s'est transformé, on la voit occupée par une nymphe blanche, pourvue de toutes les parties qui constituent une mouche. Les jambes et les ailes, quoique contenues dans des fourreaux, sont très-distinctes ; la trompe est couchée sur le corselet ; on distingue les lèvres et l'étui de l'aiguillon ; la tête est grosse et bien façonnée, ses yeux à réseaux sont très-reconnaissables.

La chaleur et le froid, la sécheresse et l'humidité sont les principales circonstances qui contribuent à avancer ou à retarder chacune des métamorphoses des vers de la viande ; ceux qui ne se mettent en coques qu'à la fin de l'automne, ne deviennent mouches qu'au printemps suivant.

Les nymphes, dont les parties extérieures se sont développées et fortifiées, peu à peu, dans les coques, y sont devenues, avec le temps, de véritables mouches emmaillottées dans une membrane si mince et si transparente, qu'elle laisse voir les parties qu'elle couvre ; les ailes semblent pourtant encore informes, parce qu'elles sont plissées et comme empaquetées. Mais ce qui paraît le plus manquer à chaque nymphe, c'est d'être animée; elle ne le devient, en réalité, que lorsque tous ses organes ont acquis la consistance nécessaire.

Le moment de la délivrance arrivée, la mouche sort constamment par le haut de la coque où se trouve sa tête et où s'abritait auparavant celle du ver. Sa tête n'est pourvue d'aucun instrument propre à percer une grande ouverture; l'aiguillon de la trompe est encore très-mou; fût-il même plus ferme, il ne pourrait faire que d'imperceptibles trous dans une coque résistante. Mais à défaut de scie, de lime ou de tarière propre à percer, il a été donné à la mouche d'agir avec succès contre le bout de la coque; chose remarquable, quoiqu'il paraisse aussi épais, aussi solide que le reste, il est construit de façon à s'ouvrir aisément. C'est une calotte composée de deux pièces, appliquées l'une contre l'autre, qui peuvent facilement se détacher en deux demi-calottes : qu'une des deux soit séparée, c'en est assez, la mouche a une porte suffisante pour sortir.

La manière dont elle s'échappe de sa prison ne laisse pas que d'être originale. Lorsqu'elle est sur le point de terminer sa dernière métamorphose, elle appelle l'air à son aide; elle fait sortir de sa tête une vessie qu'elle y rengage presque aussitôt, pour l'en retirer plus grande un instant après, sous la figure, tantôt d'une boule, tantôt d'un museau allongé. La vessie et la tête, en se gonflant et se contractant tour à tour, poussent les deux demi-calottes du bout de la coque; celles-ci ne tiennent pas longtemps contre les coups redoublés de cet étrange bélier : l'insecte a fait un premier pas vers sa liberté, mais il n'en jouit pas encore, il doit la conquérir par de nouveaux efforts.

Dès que la mouche a forcé tout ou moitié de la calotte, elle présente sa tête à l'ouverture, l'avance ensuite au dehors, et bientôt exhibe une partie de son corselet. Ses anneaux lui sont alors de plus de secours que ses jambes empaquetées. Le corselet n'est pas longtemps à se montrer; lorsqu'il se trouve en entier au delà des bords de la coque, les jambes achèvent de se tirer de leur enveloppe; la mouche commence par mettre les deux premières hors de la coque, les quatre autres ne tardent pas à les suivre. Les premières jambes ne sont pas plus tôt délivrées de leurs entraves, que le plus difficile est fait; la mouche s'en sert pour se tirer en avant et pour achever de dégager les autres jambes, ainsi que son corps : elle laisse en arrière la membrane légère qui l'emmaillottait.

La mouche, au sortir de la coque, diffère notablement de ce qu'elle sera bientôt. Elle doit être bleue; mais sa couleur actuelle tire sur le gris; encore ne paraît-elle sous cet aspect qu'à la faveur de ses poils noirs; le fond de son corselet, de son corps, et même de ses jambes est blanchâtre. Mais, peu à peu, le blanc s'altère, et de telle sorte, qu'en moins de trois heures, toutes les parties deviennent aussi colorées, aussi bleues qu'elles le seront le reste de la vie de l'insècte; pendant ce temps, tout achève de prendre de la consistance; les anneaux, le corselet et les jambes s'affermissent; de membraneux qu'ils semblaient être, ils deviennent comme écailleux.

Ce n'est pas seulement par sa couleur et sa consistance que la mouche, à sa dernière métamorphose, diffère de ce qu'elle sera dans la suite. On ne lui voit alors que des moignons d'ailes, et si courts, qu'on ne saurait les considérer comme de véritables ailes, propres à fendre l'air et à porter l'insecte partout où bon lui semblera. Mais leur transformation s'opère sans retard; ils s'étendent, s'allongent en zigzags multipliés, appliqués les uns contre les autres, et finissent par s'étaler en une surface plane.

L'air joue un grand rôle dans la forme suprême que doit prendre l'insecte au moment de se lancer dans l'espace. Au sortir de l'état de chrysalide, la mouche, débarrassée de sa coque, paraît grosse relativement à la capacité de sa prison; elle semble cependant encore bien plus petite que la mouche qui lui a donné naissance. Les insectes, on le sait, n'ont plus à croître après leur dernière métamorphose; on serait donc tenté, tout d'abord, de s'imaginer qu'on a affaire, ici, à un animal rabougri, dégénéré. Il n'en est rien : donnez à l'air le temps d'agir, et vous ne tarderez pas à voir la mouche acquérir plus de volume dans toutes ses parties, et devenir même plus grosse que les mouches de son espèce. Cet accroissement subit n'est qu'apparent. Il ne faut pas oublier que l'animal est resté emmaillotté pendant un certain temps; toutes ses parties, serrées les unes contre les autres, s'écartent, peu à peu, sous l'influence de l'air; la mouche aspire cet air avec force, il s'introduit dans son corps; la tête, le corselet, le ventre se gonflent; le fluide pénètre aussi dans les ailes; elles se déchiffonnent, se développent, s'étendent : l'œuvre dernière est accomplie. La mouche, en quelques heures, est passée, de l'enfance, à la plénitude de ses facultés ; c'est un être complet, il va s'ébattre au grand jour et propager son espèce : ménagères, attention au garde-manger !

XXII

L'ANTHOPHORE

ET

LE MÉGACHILE DES MURS

La tribu des Apiaires est une tribu d'artistes ; elle renferme d'habiles coupeuses de feuilles, des tapissières émérites, et surtout des maçonnes de premier ordre ; parmi ces dernières, deux se distinguent particulièrement, ce sont l'Anthophore et le Mégachile des murs.

L'Anthophore bâtit son nid dans les vieux murs et les terrains à pic, exposés au soleil. Trouve-t-elle un trou tout fait, elle s'en empare, en vertu du droit du premier occupant ; si cette bonne fortune lui manque, elle se met à creuser, construit, avec des parcelles de terre, une ou deux cellules dont l'intérieur est poli et présente la figure d'un dé à coudre. Les visites courtes et empressées qu'elle fait aux fleurs, ne sont pas tout à fait désintéressées ; en échange de ses coquetteries, elle leur demande la provision de pollen et de miel destinée à ses petits : heureux larcin qui favorise en même temps le mariage des plantes ; la plupart des insectes ne s'en font pas scrupule.

La cellule préparée, approvisionnée, l'Anthophore y dépose un œuf; sa tâche principale est accomplie, il ne reste plus qu'à défendre le berceau de ses petits contre les ennemis du dehors. Une porte circulaire, à surface extérieure inégale, fabriquée avec de petits grains de terre, clôt la cellule; si le nid doit renfermer deux larves, l'insecte construit une seconde loge, et établit un fond spécial pour la cellule supérieure; il est lustré d'un vernis blanchâtre.

L'Anthophore paraît au printemps et ne se montre plus, dans nos climats, après le solstice d'été; elle pond en mai et juin; les œufs n'éclosent que neuf mois après.

Le Mégachile des murs se livre à des travaux plus compliqués que ceux de l'Anthophore. Leur but est également d'assurer l'existence des jeunes insectes appelés à continuer l'espèce; mais une simple cellule ne suffira plus pour abriter les petits de cette nouvelle mère; ses loges seront nombreuses, elles exigeront l'emploi du mortier, et devront, en outre, être protégées par une enveloppe commune, très-résistante; cette œuvre est la grande affaire de notre insecte.

Chez lui, point de palais comme chez les abeilles; ni frises, ni corniches, ni chapiteaux; rien qui ressemble aux caprices d'une élégante architecture; son nid est des plus modestes, et tellement simple, à l'extérieur, qu'on n'y devinerait pas l'art avec lequel il est bâti; tout au plus, y soupçonnerait-on le logis d'un insecte : il mérite, pourtant, attention. Plusieurs cellules posées les unes près des autres, cachées sous une calotte générale de même matière, et semblables à des plaques de boue projetées contre un mur et s'y confondant par leur couleur terreuse, disent, tout d'abord, peu de chose à l'imagination ; mais, pour peu qu'on ait l'habitude d'observer, on s'aperçoit bien vite qu'elles sont l'ouvrage d'un insecte industrieux.

Les murs tournés au nord n'en présentent jamais de vestiges ; les murs exposés au midi sont ceux où l'on en voit le plus, et si l'on en trouve à l'est et à l'ouest, ce n'est qu'aux endroits que le soleil échauffe pendant plusieurs heures. Ces plaques, d'un aspect grossier, renferment les nids du Mégachile ; pour que les larves puissent se développer et arriver à l'état de nymphes, il faut que le soleil les pénètre, les mûrisse ; sans cela, elles avortent : ainsi s'explique l'orientation spéciale du nid.

Les femelles seules sont chargées de tout ce qui concerne la conservation de la postérité ; les mâles se contentent de butiner et de folâtrer.

Les nids sont faits de matériaux auxquels le temps donne presque la dureté de la pierre. Le Mégachile se garde bien de les attacher sur des murs enduits de crépi, l'appui de la base serait, dans ce cas, moins solide que le corps du bâtiment ; jamais pareille bévue de la part de nos insectes. Les pierres de taille sont ce qu'ils préfèrent pour y attacher leur nid, ils le suspendent aux endroits les plus solides. Des plinthes, des entablements sont-ils en saillie, forment-ils des angles avec le plan du bâtiment, c'est là que les Mégachiles travaillent le plus volontiers ; le nid, logé dans un angle, s'y trouve bien mieux assis que s'il était appliqué contre le plat du mur ; on en rencontre cependant dans cette dernière position, mais la science des maçonnes n'est pas pour cela en

défaut : il suffit de détacher un de leurs nids ainsi
placés, pour voir que la pierre qui lui sert de base
est hérissée d'inégalités, et offre, en conséquence,
des points d'attache équivalant à ceux d'un angle.

La manière dont le Mégachile bâtit son nid est la
partie la plus curieuse de son histoire. Bien choisir l'emplacement est son premier soin ; il s'occupe ensuite d'aller à la recherche des matériaux de construction, de les préparer, de les charrier et de les mettre en
œuvre. Le nid qu'il s'agit de bâtir réclame un mortier dont le sable formera la base ; mais toute espèce de sable n'est pas indifférente ; le gravier et le
sablon, par exemple, ne conviennent pas ; le Mégachile choisit, grain à grain, le sable qu'il veut employer. Avec ses dents, aussi fortes et aussi larges que
celles de l'abeille, il pétrit plusieurs grains les uns
après les autres, mais ce n'est pas, un à un, qu'il les
transporte, il sait mieux ménager le temps ; d'ailleurs, pour composer du mortier, le sable ne suffit
pas, il ne prend corps qu'autant qu'il est lié avec de
la chaux éteinte ; en guise de chaux, le Mégachile fait
sortir de sa bouche une liqueur visqueuse dont il
mouille un grain de sable ; une fois humecté, celui-
ci se colle contre un deuxième grain , lequel ,
mouillé à son tour, s'attache à un troisième : de cette
agglutination successive résulte une petite motte où
il entre toujours un peu de terre pour rendre le tout
plus facile à pétrir.

Quand l'insecte a trouvé du sable à son gré, il
vient y prendre tout celui dont il a besoin ; selon
toute probabilité, il le trie avec minutie, car on le voit
s'abattre en certains endroits , cherchant les particules les plus fines et les faisant passer sur ses

mandibules ; ailleurs, il répète le même manége , avec cette différence cependant, qu'il ajoute quelques parcelles de gravier à son premier lest ; lorsque la charge est complète , il gagne l'édifice où doit se construire le nid.

On sait déjà qu'il se compose de plusieurs cellules ; toutes sont pareilles et d'égale capacité ; chacune d'elles, avant d'être fermée, présente la figure d'un dé à coudre. Le Mégachile les bâtit les unes après les autres, c'est-à-dire qu'il ne commence la seconde, que lorsque la première est terminée, et ainsi de suite. L'ordre dans lequel le travail est conduit n'offre rien de particulier, dit Réaumur; une plaque circulaire, composée de plusieurs pelotes de mortier appliquées les unes auprès des autres, forme la base sur laquelle doit s'élever une petite tour ronde, en mettant successivement des assises les unes au-dessus des autres. La maçonne qui arrive chargée de mortier, se pose sur le bord même qu'elle veut élever, elle y reste un instant tranquille, la tête tantôt en bas, tantôt en haut ; elle tourne et retourne ensuite, à plusieurs reprises, avec ses premières jambes et ses dents, la petite motte qu'elle a apportée. Son plan est tiré d'avance. Elle s'assure de l'endroit où le mortier doit être appliqué; les dents qui le tiennent sont aussi les instruments qui servent à le mettre en œuvre; en le pressant , elles le façonnent et le rendent propre à s'ajuster exactement contre le point auquel il doit être attaché ; est-il trop épais, les dents l'amincissent en faisant glisser des grains simplement retenus par une liqueur encore peu consistante. Les jambes aident à soutenir les grains de sable ; les unes se trouvent en dedans de la cavité, les autres en dehors ; par leur pression et au moyen de petits coups répétés, elles contribuent à la perfection de l'ouvrage : si la motte de sable est trop grosse pour la place qu'elle doit remplir, le Mégachile en retranche une partie : nos maçons ne font pas autrement.

Outre la position et l'attitude où l'on vient de voir l'insecte, il en prend beaucoup d'autres ; d'ordinaire, il fait entrer sa tête dans la cellule, comme pour voir l'effet produit par la matière employée et pour juger s'il n'y a pas quelque chose à rectifier. Il se montre moins difficile pour l'extérieur du nid, qu'il laisse graveleux, que pour la cellule dont il polit l'intérieur autant que le permettent les matériaux choisi pour sa confection. Remarquons ici que le Mégachile mouille, derechef, la charge de mortier, afin de lier davantage les grains de sable et de les rendre plus aisés à pétrir.

Chaque cellule doit avoir environ trois centimètres de hauteur et près de douze millimètres de diamètre : c'est presque un monument ; l'insecte cependant l'achève dans l'espace d'une journée ; il est vrai, il n'épargne ni peines ni voyages.

Le travail de bâtir n'est pas le seul auquel le Mégachile doive se livrer. Une cellule n'est pas plus tôt élevée aux deux tiers de sa hauteur, que, par une admirable prévision de l'avenir, la mère songe à garnir le buffet de ses petits. La nourriture qu'ils reclament est, à peu de chose près, la même bouillie dont se nourrissent les Xylocopes, les Bourdons ; des poussières d'étamines délayées avec du miel en forment le fond. L'habitation de la future larve est calculée sur la quantité de provision qui lui suffira pendant ce premier état ; avant donc d'avoir achevé la cellule, notre insecte cesse de transporter des matériaux à mortier, il est tout entier à son rôle de mellifère, courtise assidûment les fleurs et butine le plus qu'il peut : enfariné de la tête aux pieds, il gagne sa cellule, et y fait tomber avec sa brosse tous les grains de pollen qui se sont embarrassés entre ses poils.

Tant que le pollen est à l'état pulvérulent, la provision alimentaire n'est qu'ébauchée, il faut qu'elle soit arrosée de miel et qu'elle devienne onctueuse pour posséder toutes ses qualités nutritives : le Mégachile y dégorge la liqueur sucrée renfermée dans son estomac ; il la pétrie, la délaye et en compose une pâte homogène ; si quelque fente ignorée laisse échapper le miel de la cellule, elle est à l'instant bouchée par du mortier. Lorsque le magasin est rempli à la hauteur jugée nécessaire, le Mégachile y dépose un œuf, sa tâche est achevée : il ne lui reste plus qu'à fermer la cellule avec un couvercle de mortier. C'est donc dans une loge murée de toutes parts et scellée hermétiquement, mais où il entre cependant un peu d'air à travers les parois, que la larve doit éclore ; elle y trouvera tout ce dont elle aura besoin jusqu'à sa transformation en insecte parfait : sa mère a fini son rôle vis-à-vis d'elle.

Dès qu'une première cellule est construite, souvent même avant qu'elle soit entièrement terminée, la maçonne jette les fondements d'une autre loge qu'elle remplit comme la première. Le plus ordinairement, elle en fait entrer sept ou huit dans chaque nid, quelquefois, seulement deux ou trois. Elle les pose les unes auprès des autres sans les aligner avec

régularité; loin de là, elle leur donne des inclinaisons différentes par rapport au plan où elles sont placées. Telle cellule est couchée sur le mur, tandis que
telle autre est appuyée perpendiculairement, et que
plusieurs occupent des positions intermédiaires. Des
cellules cylindriques, fussent-elles rangées aussi régulièrement et aussi près que possible les unes des
autres, fussent-elles, même, toutes parallèles, laisseraient des vides; les différentes inclinaisons qu'elles
affectent augmentent considérablement ces vides, et
ce n'est pas sans dessein de la part de l'insecte : il sait
qu'en les remplissant de mortier, le nid n'en sera
que plus solide, il ne manque pas de le fortifier
ainsi. Il fait plus encore; non content de garnir de
mortier l'intervalle qui sépare les cellules, il enveloppe le tout d'une calotte commune, de sorte que
le nid prend la figure d'un massif de mortier très-
dur, percé, dans son intérieur, de plusieurs trous
cylindriques, et cachant entièrement les cellules :
son contour arrondi est presque toujours oblong.

Que ce soit pour lui donner plus de solidité ou simplement pour économiser le travail, toujours l'enveloppe extérieure du nid est construite avec un
sable moins fin que celui des cellules : elle est
composée de graviers relativement très-gros, disposés avec beaucoup de symétrie.

Tout en supposant que le mur d'enceinte dont le
Mégachile protége son nid serve à lui donner plus
de consistance, il se pourrait que cette fortification
eût encore un autre but plus essentiel, celui de défendre les petits contre les maraudeurs. La société
des animaux, pas plus que celle des hommes, n'est
exempte de convoitises; il est des insectes qui aiment

à jouir sans travail et qui profitent volontiers du bien d'autrui. On a vu, maintes fois, tandis que le Mégachile était en quête de matériaux de construction, certains fureteurs entrer, sans façon, dans une cellule commencée, la visiter en tous sens, et faire mine de la ragréer, comme si elle leur appartenait. La preuve qu'ils étaient poussés par une mauvaise intention, c'est qu'à l'arrivée du propriétaire, ils ne lui cédaient nullement la place; celui-ci était forcé d'user de violence pour reconquérir ses droits : de là, pugilat, coups et blessures.

Duhamel a été souvent témoin de ces luttes; elles sont si opiniâtres, qu'elles durent des heures entières. C'est en l'air que se livrent les chocs les plus rudes. En général, les deux adversaires volent l'un vers l'autre, tête contre tête; le plus élevé a ordinairement l'avantage. Attrape-t-il l'ennemi placé au-dessous de lui, il le heurte avec violence pour le précipiter à terre; l'autre cherche à parer le coup en plongeant ou en volant à reculons. Il arrive parfois, qu'allant à la rencontre l'un de l'autre, ils se choquent si fortement, qu'étourdis de ce coup réciproque, ils tombent tous deux à terre; ils ne lâchent pas prise pour cela, le combat ne continue que de plus belle. Ils se saisissent par les jambes, cherchent à se renverser, roulent et culbutent l'un sur l'autre. A coup sûr, ce serait le moment de faire usage du dard empoisonné dont ils sont armés; mais soit que la fureur les aveugle au point de n'y pas songer, soit que, d'égale force sur l'escrime et également bien cuirassés, ils sachent éviter toute blessure mortelle, ces combats acharnés se terminent sans que mort s'ensuive; l'insecte dont les forces sont le plus vite épuisées

lâche pied et prend la fuite ; il est rare qu'il soit poursuivi : le vainqueur se contente de prendre possession de la cellule disputée. Les vieux nids abandonnés sont plus souvent l'objet de contestations
que les cellules nouvellement construites. Pourquoi ?
On l'ignore.

La pâtée destinée à l'alimentation des larves ne
dure que le temps nécessaire à leur développement,
il n'en reste plus dans la cellule lorsque leur accroissement est complet. Le ver songe alors à se faire
un logement spécial pour se métamorphoser en
nymphe ; il se file une coque de soie d'un tissu extrêmement serré, qui n'adhère, en aucun point, aux
parois de l'alvéole et n'en remplit pas la cavité. Pour
sortir de prison, il n'a pas grand effort à faire, le
réservoir d'eau qu'il possède lui épargne toute difficulté ; il lui suffit d'humecter l'enveloppe pierreuse
du nid ; à mesure qu'une portion du mortier est
détrempée, il la détache avec ses mandibules ; la
barrière tombée, l'insecte prend son vol et remplit,
à son tour, le rôle qui lui a été assigné.

A voir l'épaisse muraille qui protége le nid du
Mégachile, il semble que ses petits n'aient rien à
craindre des ennemis du dehors : ils sont pourtant,
quelquefois, la proie d'un audacieux brigand. La
mère, qui vient de construire une cellule, a beau faire
une garde assidue et passer la nuit dans son logis,
la tête tournée vers le fond de la cellule, la maison
n'est pas à jamais fermée aux rôdeurs. Le Mégachile ne peut rester toujours chez lui ; il est obligé
de sortir, de temps à autre, ne serait-ce que pour
aller chercher ses matériaux de construction, approvisionner son nid, ou même pour aller en quête de sa

propre nourriture. Ces absences, si courtes qu'elles soient, sont un vrai danger qu'il ne peut éviter. Le Clairon des abeilles est là, dans le voisinage, qui guette tous ses mouvements. Il a vu le Mégachile sortir ; sans perdre de temps, il se glisse dans ses pénates, y pond un œuf et se retire aussitôt. C'en est fait de la postérité de la pauvre maçonne. De retour au logis, elle achève ses cellules, les remplit de pâtée, et, pour plus de sûreté, elle mure ses œufs et ses provisions d'un couvercle ; pauvre mère ! elle ne se doute pas qu'avec sa progéniture elle a enfermé l'œuf de son plus cruel ennemi, et que toutes ses précautions n'ont abouti qu'à mettre le loup dans la bergerie. Loup cruel, en effet, et qui n'y va pas de main morte. Ce n'est rien pour lui que de manger le ver de la cellule où il est né si illégitimement ; à l'aide de ses fortes dents, il perce les cellules voisines, égorge une seconde larve, puis une troisième, puis une quatrième ; presque toutes y passent : heureux s'il en échappe quelqu'une pour réparer les infortunes de cette famille ravagée !

XXIII

LES FRIGANES

La guerre règne souvent au sein des eaux avec la même violence qu'elle éclate sur terre. Les petits, comme chez nous, y deviendraient presque toujours la pâture des grands, si le danger, éveillant la ruse

et l'industrie, n'enseignait aux faibles d'ingénieux
moyens pour se sauver de leurs ennemis. L'histoire
des Friganes confirme cette vérité. Peu d'insectes
naissent plus débiles et plus exposés qu'elles, pendant le jeune âge, à des périls de toute espèce ;
Dytiques, Hydrophiles, Naucores, Nèpes et bien
d'autres bêtes carnassières rôdent sans cesse autour
d'elles pour les dévorer, sans compter que les Gre-
nouilles et les Tritons ne demanderaient pas mieux
que de banqueter à leurs dépens. Et cependant, à
travers mille et mille obstacles, elles n'en arrivent
pas moins à se développer et à compléter leur existence : tant il est vrai que plus la créature est in-
fime et chétive, plus elle est entourée d'une sollicitude providentielle ; ses moyens de salut com-
pensent alors sa faiblesse.

Les Friganes, de l'ordre des Névroptères, sont
caractérisées par leurs ailes supérieures en toit,
leurs ailes inférieures transparentes et plissées, de
longues antennes sétacées et l'absence de mandibules. Aquatiques à l'état de larves, elles ne s'éloignent guère des ruisseaux, des mares ou des étangs,
quand elle sont devenues insectes parfaits. Pendant
le jour, elles se tiennent immobiles, comme les
Noctuelles, tapies sous les feuilles, dans les buissons
et sur le tronc des arbres ; dans cette position,
elles portent directement en avant leurs antennes ;
au moindre danger, ces organes s'agitent d'une vibration rapide : l'insecte prend alors son essor. Il
voltige, surtout le soir, vers le coucher du soleil ; la
lumière artificielle l'attire d'une manière en quelque sorte magique ; il y trouve souvent le sort du
téméraire Icare. Ses mœurs ont été l'objet des

recherches de Réaumur et de Pictet, de Genève ;
tous deux nous serviront de guides dans cette esquisse biographique.

Les Friganes pondent dans l'eau ; leurs œufs,
fixés par paquets sur des pierres ou des feuilles,
sont très-petits, arrondis et enfermés dans des
boules de gelée, de formes diverses. Ce n'est,
d'abord, qu'un tissu spongieux, presque sec, ridé
et compacte ; mais une fois imprégné d'eau, il
se développe et devient transparent ; il est destiné à
maintenir l'œuf dans un certain degré d'humidité, et
à fournir la première nourriture du jeune animal.
Les larves naissent peu de temps après la ponte,
éclosent dans la gelée, y vivent plusieurs jours, et
passent l'hiver au fond de l'eau, pour devenir insectes ailés dans la belle saison, à des époques
variables, mais assez constantes pour chaque espèce.
Deux ou trois jours après sa naissance, la jeune
larve sort de la gelée, se file un tuyau de soie, et
devient ensuite fabricante d'étuis avec les matériaux spéciaux à sa race. Plusieurs genres de Friganes se bâtissent des étuis mobiles ; d'autres, au
lieu de fourreaux, se construisent des abris plus
ou moins complets, fixés au sol ou à de grosses
pierres. Chaque espèce a sa villa de prédilection.
Les unes se plaisent dans les eaux courantes, les
autres trouvent les eaux stagnantes plus à leur
gré ; quelques espèces n'affectionnent que les ruisseaux les plus limpides, et se rencontrent surtout dans
les sources. Parmi celles qui choisissent les eaux
courantes comme domicile, il y a diversité dans
la manière de se gouverner ; les unes restent attachées aux herbes du rivage, d'autres circulent au

fond de l'eau, plusieurs vivent sous les pierres; certaines espèces ne se montrent que là où le courant est rapide; il en est, enfin, qui habitent les fossés et les étangs constamment tranquilles : elles ont alors moins besoin de s'attacher aux herbes et aux pierres; aussi en voit-on souvent flotter à la surface ou entre deux eaux; elles ne font, parfois, que se cramponner avec leurs pattes; parfois aussi, elles relient avec des fils de soie leur fourreau aux corps où elles veulent s'attacher.

Dans leur régime ordinaire, les larves des Friganes sont herbivores; les grandes espèces mangent toute la feuille en commençant par le bord; les petites se contentent de déguster le parenchyme, elles laissent les nervures intactes. Leur goût pour les végétaux n'est cependant pas si prononcé ni si exclusif, qu'elles ne recherchent, à l'occasion, de meilleurs morceaux; friandes de petits insectes, elles n'épargnent pas même leur propre espèce quand elles rencontrent des larves dépouillées de leur fourreau; leurs mâchoires peu tranchantes ne leur permettent d'attaquer que la partie molle, l'abdomen; elles ne touchent ni à la tête, ni au corselet, ni aux pattes; malgré leur voracité de circonstance, elles peuvent rester des mois entiers sans manger.

Le fourreau ou l'habit des Friganes est le point le plus intéressant de leur histoire. Le fond en est de soie, et toujours très-régulier; il consiste en un tuyau cylindrique, plus large à l'avant qu'à l'arrière, souvent un peu arqué, mais toujours parfaitement lisse à l'intérieur. Il n'en est pas de même de sa surface externe : celle-ci est aussi variée de formes,

que le sont les matériaux destinés à la recouvrir et
à la fortifier. L'élégance et la grâce ne président pas
toujours au choix et à l'emploi de la matière
première ; mais la larve s'inquiète peu de ce qu'on
pensera de son habit ; elle tient, avant tout, à ce
qu'il soit tel que les circonstances l'exigent : il faut
convenir, toutefois, que, chez plusieurs, il ne laisse
pas que d'être fort baroque. On en voit de hérissés
comme des porcs-épics ; d'autres, tout à fait dépri-
més, ressemblent à des robes de chambre flottantes ;
quelques-uns ont pour étoffe des morceaux de bois
diversement contournés, à côté d'autres régulièrement rangés ; plusieurs, véritables costumes d'ar-
lequin, sont fabriqués de brins de paille, de morceaux de feuilles, de débris de coquilles et de
brindilles bizarrement entrelardés à travers ce
marivaudage. Il est néanmoins des habits plus
excentriques encore. Ceux-là portent sur le dos
toute une ménagerie vivante, Bulimes, Cyclostomes,
Moules, mollusques aquatiques de toute sorte,
juchés dans toutes les positions imaginables, qui
la tête en bas, qui le corps en travers, qui à cheval
sur son voisin, tous amarrés les uns aux autres
par des cordages de soie. Règle générale, tout objet
plongé dans l'eau est apte à s'ajuster aux vêtements
des larves ; le sable et le gravier eux-mêmes
entrent dans leur confection. Plus les matériaux
sont uniformes, plus les fourreaux sont réguliers ;
plus ils sont hétérogènes, plus leur aspect est bi-
zarre : l'insecte, alors, semble fort mal habillé :
on dirait souvent qu'il traîne une série de guenilles.

Les fourreaux les plus irréguliers sont ceux formés
de substances végétales. La plupart des larves dis-

posent ces matières longitudinalement avec plus ou
moins de symétrie ; certaines espèces emploient des
feuilles tout entières ; leur fourreau, nécessairement
très-plat, simule un amas de débris de plantes.
L'irrégularité qui distingue les étuis de matières végétales pures n'est pas absolue ; plusieurs espèces
de Friganes coupent des fragments de feuilles égaux
entre eux, et les disposent en hélice d'une façon
très-régulière ; chez d'autres, la forme verticillaire
ne laisse rien à désirer. La régularité se retrouve
enfin, en général, dans une autre catégorie d'étuis
herbacés, tels, par exemple, que ceux provenant de
matériaux disposés transversalement ; la larve, pour
les construire, coupe des brins d'égale longueur, et,
les plaçant tangentiellement à l'axe soyeux, forme
une espèce de prisme à base octogone ou hexagone ;
mais si elle ne trouve pas tous ses matériaux d'un
égal diamètre, elle ne les rebute pas pour cela ;
l'étui, seulement, perd beaucoup de sa régularité :
celle-ci est parfaite toutes les fois que le fourreau
se compose exclusivement de coquilles.

Parmi les espèces qui fabriquent leurs tuyaux avec
des pierres, on observe aussi des formes très-diffé-
rentes. Les unes se servent de pierres d'une certaine
dimension, et les fixent comme en usent les Friganes
à l'égard des substances végétales ; leurs étuis sont
cylindriques. D'autres donnent la préférence au sable,
au gravier ; dans ce cas, le tissu soyeux est plus fort ;
les matières minérales, par la rigidité qu'elles lui
communiquent, l'empêchent simplement de s'inflé-
chir : ces fourreaux sont, en général, les plus uniformes de tous dans la même espèce, parce que les
matériaux employés sont partout les mêmes, ou peu

s'en faut : ils sont ordinairement forts, un peu arqués, plus larges à l'extrémité antérieure qu'au bout postérieur; ils rappellent la forme d'une corne.

Tels sont les principaux types des fourreaux de Friganes. A première vue, il semble que les matières qui entrent dans leur composition doivent les rendre bien lourds. La plupart, en effet, seraient de terribles fardeaux pour l'insecte, s'il était obligé de marcher sur terre; mais tantôt il chemine sur le fond de l'eau, tantôt il monte et descend, à travers l'espace liquide, sur les herbes qui y croissent; son étui lui coûte peu à porter, parce que les différentes pièces dont il est formé constituent un tout d'une pesanteur à peu près égale à celle de l'eau : l'instinct de la Frigane se manifeste ici avec éclat, il justifie complétement la bigarrure étrange que présente, parfois, son habit.

Si l'insecte se montre fort indifférent sur la forme des pièces qui composent son vêtement, il a grand soin, en général, de choisir des matériaux qui aient une pesanteur moindre que celle de l'eau. Il ne sait point nager, et toute sa déambulation se borne à marcher soit sur les pierres, soit sur les plantes ou le gravier qui se trouvent dans l'eau : il lui faut des gourdes pour se soutenir. Quand donc il veut marcher, il fait sortir sa tête et la partie antérieure de son corps par l'une des deux ouvertures du fourreau, se cramponne avec ses jambes écailleuses et se tire en avant. On le conçoit, il éprouvera d'autant moins de difficulté à cheminer dans l'eau, que le poids de son corps et celui de son fourreau chargé de diverses pièces, approcheront davantage de celui du milieu où il se trouve. Or, le corps de la larve est plus pesant

que l'eau; elle doit donc chercher à contre-balancer
cet excès de pesanteur : voilà pourquoi elle fait
choix de matériaux minces et présentant plus de
surface que d'épaisseur; au besoin, elle y ajoute des
brins de bois léger pour diminuer leur pesanteur
spécifique. Un écueil, ici, est à éviter : il ne faudrait
pas que les différentes pièces attachées au fourreau
fussent trop légères; l'insecte aurait alors autant de
difficulté à vaincre, en marchant, que si l'étui était
trop pesant; il prévient cet inconvénient en lestant
partout également son fourreau, de manière qu'il
ne prenne dans l'eau que la position qu'il veut lui
donner. Quand donc la larve n'a pas assuré, tout
d'abord, à toutes les parties de son étui l'équilibre
convenable, elle applique de petits fragments de
bois ou de feuilles aux endroits jugés trop pesants;
de là, sur certains fourreaux, les petits morceaux
de bois rapportés qu'on y voit; de là, ces pièces de
bois considérables par rapport aux autres matériaux; de là, encore, ces longs morceaux de bois qui
flanquent parfois, de chaque côté, des fourreaux re-
couverts de sable, de gravier ou de coquilles : le
logis de l'insecte paraît alors suspendu entre deux
poutres. La forme cylindrique des étuis les met en
état de supporter d'assez fortes pressions; la larve,
trop faible pour se défendre, se retire dans sa retraite dès que le danger menace; dans sa marche,
elle traîne son étui derrière elle, le corps à demi
découvert; à la moindre alerte, tête et corselet disparaissent, on ne voit plus rien hors du fourreau.

Sous leur premier état, les Friganes quittent rarement leur étui, il faut une circonstance majeure
pour les forcer à sortir momentanément de cet abri

protecteur. Elles n'y rentrent pas, du reste, sans précautions; avant d'en reprendre possession, elles tournent tout autour et l'examinent attentivement; y flairent-elles quelque embuscade, elles s'en éloignent, toutes prêtes à s'emparer du premier étui vide qu'elles rencontreront, pourvu qu'il ait appartenu à quelqu'un de leur espèce; s'il est d'une autre forme ou d'une dimension autre que celle du fourreau dont elles sont sorties, elles lui tournent le dos et vont s'en construire un nouveau.

La fabrication de l'étui mérite attention; il est facile d'assister à ce travail; il suffit, pour cela, de tirer adroitement la larve de son fourreau et de la placer dans un vase avec des matériaux de construction : on la verra bientôt à l'œuvre.

Supposons, dit Pictet, qu'on fasse l'expérience sur une Frigane qui fabrique son étui avec des pierres, les matériaux sont faciles à trouver : voici ce qui va se passer. La larve, dépouillée de son gîte et mise ainsi à nu, se promène, tout d'abord, dans le vase pour reconnaître la place et choisir l'endroit propre à la confection de son étui; elle prend ensuite deux ou trois pierres plates, assez grandes, et en fait une voûte mince, soutenue par des fils de soie; elle se gîte dessous. Ce premier travail accompli, elle prend successivement une pierre avec ses pattes et la présente, à l'instar du maçon, de manière qu'elle entre exactement dans les intervalles que laissent entre eux les premiers matériaux, et que sa surface plane soit à l'intérieur. Sa position lui convient-elle, elle l'attache par des fils de soie aux pierres voisines; ces fils se collent aux pierres et les retiennent ensemble. Même opération à l'égard de chaque pierre; pendant ce temps, la larve se tient au dedans de son œuvre, et se tourne successivement pour avoir entre ses pattes la pierre qu'il s'agit de poser. La confection complète de l'étui est une affaire de cinq ou six heures; il est à remarquer que, pendant toute l'opération, la larve sort, le moins possible, de son abri; elle ne fait que s'allonger un peu en avant pour saisir les pierres dont elle a besoin.

Le mode de fabrication ne change pas, si la larve emploie d'autres matériaux; l'opération seulement est moins longue, en raison de la plus grande surface des matières végétales. La larve commence presque toujours son étui par la partie postérieure, elle avnace ensuite peu à peu; lorsque le fourreau est trop long, ce qui arrive, parfois, avec des substances herbacées, elle y remédie en en coupant une partie.

Comme toute chose périssable en ce bas monde, l'étui s'use; pendant toute sa vie, la larve est obligée de le réparer. Au fur et à mesure qu'elle grandit, elle s'allonge et coupe la partie postérieure devenue trop étroite; certaines espèces qui, dans le jeune âge, fabriquent des étuis de feuilles, les réparent et les allongent avec des pierres, et finissent par avoir des étuis entièremeut pierreux.

Pendant toute la durée du premier âge, le fourreau suffit pour défendre la larve contre les attaques de l'extérieur; aux approches de sa seconde période, elle a d'autres précautions à prendre; la mollesse de ses organes et son immobilité forcée, comme nymphe, la livreraient à la rapacité de ses ennemis, si elle n'était pas mieux protégée; aussi, peu de temps avant de se métamorphoser, elle s'enferme dans son fourreau et le clôt soigneusement. Cette fermeture n'est pas la même dans toutes les espèces de Friganes. Chez quelques-unes, la larve construit aux deux bouts une grille ou tamis de la même dimension que son corps; cette grille, assez régulière, composée de fils peu serrés, laissant entre eux des jours, et dans une position perpendiculaire à l'axe, ferme l'ouverture, sans empêcher l'eau de passer : l'insecte, grâce à cet abri, se transforme en nymphe en toute sécurité.

Quelquefois, dit encore Pictet, la grille n'est pas la seule défense; la larve dispose obliquement des brins de bois, des feuilles et des pierres pour protéger l'entrée, elle se barricade; l'eau continue de passer à travers les fils de soie peu serrés qui relient entre eux tous les moyens d'obstacles. En dessous de ce premier appareil, on trouve quelquefois la vraie grille, mais souvent il en tient lieu. Certaines espèces ferment leurs étuis avec une seule pierre plate. Outre ces précautions, la larve a encore soin de fixer son fourreau à quelque corps solide; toutes les espèces qui vivent dans les eaux courantes subissent cette nécessité. Les larves fixent ordinairement leur étui par son bord antérieur à une pierre, à un végétal, quelquefois à d'autres larves : dans cette opération, elles ont soin de ne pas boucher entièrement l'ouverture, afin que l'eau puisse se renouveler; aussi les voit-on, le plus souvent, attachées obliquement. Une des manières les plus curieuses de mettre la nymphe à l'abri, est celle qu'emploie la Frigane striée (*Friganea striata*). Avant de passer à son second état, elle s'enfonce verticalement dans la vase qui forme le fond du ruisseau, jusqu'à ce qu'on ne voie plus que les dernières pierres dont l'étui est formé ; à cet effet, elle se retourne dans son fourreau, passe sa tête et ses pattes par le petit bout et creuse un trou : cette opération achevée, elle reprend sa position ordinaire.

Pour se préparer à la crise qui doit la transformer en nymphe, la larve reste trois ou quatre jours dans sa prison grillée. La nymphe s'y tient à peu près immobile, son seul mouvement consiste en une oscillation presque constante de l'abdomen. Elle reste en cet état de quinze à vingt jours ; après ce temps, elle rompt son grillage à l'aide de deux petits crochets en forme de bec dont sa tête est armée. Ses membres ont pris alors assez de consistance pour lui permettre de se mouvoir dans l'eau ; elle nage à la manière des Notonectes, c'est-à-dire le dos en dessous, et en se servant de ses pattes comme d'avirons. L'insecte, sous cet état, est très-agile, et fuit avec rapidité. En général, il cherche un endroit sec pour s'élever à l'état d'insecte parfait, il y étend ses membres ; le ventre et le dos reprennent leur position normale. Au bout de quelques instants, la peau se gonfle et se boursoufle telle qu'une vessie remplie d'air, puis elle se fend sur le dos. L'insecte ailé sort par cette ouverture ; le corselet se dégage le premier, la tête vient ensuite ; les antennes se déroulent comme par un ressort ; les pattes et les ailes se démaillotent les dernières : à ce moment suprême, la Frigane apparaît munie de tous ses organes ; elle n'a plus d'autre changement à subir que celui qui attend tout être créé : passer de vie à trépas.

XXIV

LE HANNETON

Le Hanneton est l'ennemi-né du bien public ; depuis sa naissance jusqu'à sa mort, il ne cesse de nuire. Le vieux dicton populaire qui le suppose très-simple, n'a pas tout à fait tort, ses habitudes, en effet, ne sont pas faites pour lui donner beaucoup d'esprit : sa vie entière n'est qu'un sempiternel repas ; il dort tout le long du jour , et il n'exerce aucune industrie qui puisse racheter des mœurs aussi grossières. Le Hanneton ne devrait donc pas figurer ici, à côté de travailleurs illustres, tenant la tête de l'instinct parmi les insectes. S'il y trouve place, c'est qu'il est nécessaire de le dénoncer comme un malfaiteur dangereux, afin que chacun lui coure sus, et nous débarrasse de sa détestable engeance.

Le régime alimentaire du Hanneton se devine à la simple inspection de sa bouche. Chez lui, point de crocs ni de pièces acérées, comme sont forgées les mâchoires des carnassiers pour déchirer une proie ; au lieu de cette forte armure, le Hanneton n'a que de simples dents obtuses, destinées à broyer des substances peu résistantes ; aussi, n'est-il qu'un vulgaire mangeur de feuilles. Voulez-vous son signalement ? En quelques lignes le voici : antennes à feuillets mobiles, au nombre de six dans la femelle, de sept dans le mâle ; corselet noir ; corps oblong, voûté, souvent velu , marqué, de chaque côté, de taches

blanches triangulaires, et caché sous des élytres
fauves; jambes de devant bi ou tridentées, les autres
armées de petites épines. Si vous apercevez cette
livrée, c'est lui; n'hésitez pas, criez au voleur! il a
commis ou il va commettre quelque méfait, sa race
ne vit que de rapines. Dès la fin d'avril jusqu'à la
fin de mai, les Hannetons s'abattent par immenses
troupes sur tous les arbres; chênes, bouleaux,
peupliers, ormes, surtout, sont par eux envahis
et dépouillés si complétement de leurs feuilles,
qu'on croirait qu'un second hiver vient de les frap-
per. Quand les Hannetons sont attablés, leur bruissement ressemble à une forte pluie; ils mangent
gloutonnement, bruyamment, comme des gens
mal-appris. Pendant le jour, ils se tiennent immobiles,
presque engourdis, suspendus aux branches et à la
face inférieure des feuilles. Ainsi que les Crépusculaires, dont ils se rapprochent, ils fuient la lumière,
se retirent au plus épais du feuillage, et attendent
le coucher du soleil pour prendre leurs ébats. On
les voit alors voler d'un arbre à l'autre, en faisant
sonner à outrance leur gros bourdon. C'est l'heure
de leurs jeux et de leurs poursuites, mais ils s'y
livrent sans ordre et sans grâce; ils donnent contre
le premier objet venu, tête baissée, sans crier gare;
s'en vont à droite, à gauche, en haut, en bas, se
jetant, comme des étourdis, à travers tout prome-
neur, au risque de payer cher leur témérité; souvent,
au beau milieu de ces chassés-croisés, ils s'abattent
tout d'un coup, se relèvent, parfois, avec prestesse;
parfois aussi, lorsque le choc a été trop rude, ils
tombent les quatre fers en l'air sur le sol, et restent
quelque temps dans cette ridicule position avant de

pouvoir reprendre leur allure. Lorsqu'ils veulent s'envoler, ils ont l'habitude de se recueillir et de méditer pendant quelques instants. Leurs élytres alors se soulèvent à diverses reprises pour faire glisser de l'air le long de leur ventre. Les enfants prétendent que, dans cette attitude, ils sont occupés à compter leurs écus.

Les Hannetons suivent, en quelque sorte, les progrès de la charrue. Assez rares dans les landes et les terres en friche, ils sont d'autant plus nombreux, que le sol est plus meuble, plus abondamment fumé et qu'il produit une plus riche végétation; les forêts les voient affluer par milliers sur leurs lisières; à l'intérieur, elles en sont généralement préservées.

A l'état adulte, le Hanneton vit peu de temps; dans l'espace de cinq à six semaines, toute la horde mangeante et bourdonnante a disparu. L'accouplement a lieu dans le courant de mai. Les femelles ne tardent guère à s'enfoncer en terre; elles choisissent un sol léger; creusent, à l'aide de leurs pattes antérieures, un trou de quinze à seize centimètres de profondeur, et y déposent leurs œufs, les uns à côté des autres. Leur nombre varie de trente à quarante; ils sont oblongs, de couleur tirant sur le jaune, et de la grosseur d'un grain de chènevis. La ponte terminée, les mères remontent à la surface et gagnent les arbres, mais pour y prendre à peine de nourriture; leurs instants sont comptés; après avoir langui un ou deux jours, elles périssent; les mâles les ont précédées dans la mort presque aussitôt après l'accouplement.

Les œufs éclosent ordinairement au bout de qua-

rante jours ; ils donnent naissance à des larves
molles, allongées, ridées, d'un blanc sale, et dont le
ventre est recourbé en dessous, à son extrémité.
Leurs pattes sont courtes, en forme de griffes
écailleuses ; leur tête est grosse et défendue par une
plaque solide ; neuf stigmates bordent chacun des
flancs ; la peau, transparente, laisse voir, dans toute
son étendue, un tissu adipeux blanchâtre, sauf le
bout du ventre, qu'un dépôt de matières excré-
mentitielles fait paraître violacé.

Les larves, désignées, généralement, sous le nom
de *vers blancs*, passent trois ans sous cet état rudi-
mentaire. La première année, leur faiblesse les rend
presque inoffensives, elles restent en famille dans le
trou qui leur a servi de berceau. A mesure que la
mauvaise saison s'avance, elles pénètrent plus profondément en terre, et descendent, parfois, à plus de
cinquante centimètres ; les plus fortes gelées, comme
les pluies abondantes, ne les atteignent pas dans
cette retraite, elles s'y tiennent engourdies, immobiles, et sans prendre la moindre nourriture, tant
que l'hiver sévit. Ce jeûne forcé cesse aussitôt que
le temps doux est revenu ; leur appétit se réveille
alors avec une sorte de furie. Pour se mettre en
haleine, elles commencent par changer de peau,
s'implantent ensuite sur les racines, et en dévorent
toute la substance : leurs ravages surpassent de
beaucoup ceux des adultes ; tandis, en effet, que le
hanneton ailé se contente de feuilles, perte passa-
gère que la séve, puissamment excitée par la chaleur
et l'humidité, a bientôt réparée, les vers blancs,
eux, ne se bornent pas à ce simple délit de chasse ;
ils se répandent de tous côtés, bouleversent le sol

en tous sens, rongent d'abord les racines des céréales et des plantes fourragères, passent ensuite
aux racines plus résistantes, et finissent par attaquer celles des arbres. Dans les prairies, leurs
dégâts sont énormes; ils coupent souvent toute la
partie souterraine, ne laissant plus à la surface que
des plaques de gazon sans adhérence avec le sol, et
que l'air et le soleil achèvent bientôt de détruire.
Dans les jardins, on trouve fréquemment des ar-
bustes rongés au pied par des centaines de vers
blancs qui s'y sont donné rendez-vous; tant de
morsures cruelles arrêtent vite la végétation; l'arbuste s'en relève difficilement, il jaunit et se flétrit
de plus en plus; finalement, on le voit se dessécher
et périr. Partout où les larves s'attachent, c'est la
mort ou peu s'en faut : le feu ne causerait pas plus de
ruines. Ces ravages continuent ainsi pendant toute
la belle saison, et d'autant plus désastreux, que
l'été est plus sec : la sève, suspendue par la forte
chaleur, est alors sans puissance contre le fléau
souterrain. L'automne arrivé, les larves s'enfoncent,
derechef, à une profondeur considérable en terre :
cette profondeur suit toujours l'intensité du froid.
Au retour du printemps, mêmes évolutions qu'auparavant. L'insecte, affriandé par la végétation
renaissante, reprend avec plus d'énergie son métier
de ravageur. Il a changé une seconde fois de peau,
il est en marche vers son accroissement complet,
il mange en conséquence. Cette faim terrible a
cependant un terme. Au bout de la troisième année,
le ver blanc cesse de prendre de la nourriture;
il plonge à cinquante centimètres sous terre, se fabrique une coque enduite d'un mucus visqueux que

fortifient des fils de soie, et se change en nymphe :
antennes, pattes, ailes et ventre se dessinent parfaitement sous la mince pellicule qui les emmail-
lottent. L'insecte n'a plus que l'hiver à passer sous
cet état; au fond de sa retraite, il n'a d'autre
ennemi à craindre que la taupe; cette chercheuse
de gibier entomologique en fait une prodigieuse
consommation, et nous ne lui en savons pas gré!
Février est à peine venu, que le Hanneton, impa-
tient de liberté, déchire son enveloppe, fait une
trouée à travers sa coque, et en sort sous sa dernière forme : sa séquestration n'est pas encore finie.
Le Hanneton, il est vrai, a quitté la robe d'enfance
pour prendre le vêtement des adultes, mais tous ses
organes sont mous et débiles, ils ont besoin de se
durcir et de se fortifier. Leur maturation s'achève
sous terre : c'est prudence, il fait encore trop froid
pour se montrer au dehors. Vient enfin le moment
de la délivrance absolue; la température a tourné,
décidément, au beau; le Hanneton, ressuyé, conso-
lidé, coloré, se laisse influencer par la chaleur qui
a pénétré jusqu'à lui; il gagne, petit à petit, la surface, cette fois, pour ne plus la quitter et y jouir de
tous les priviléges de l'insecte ailé : il a faim et ne
marchande pas son premier repas à l'air libre; on
le conçoit sans peine : il l'a attendu trois ans, les
feuilles lui payeront l'arriéré de sa consommation.

Dire tous les dégâts occasionnés par les Hannetons, serait chose bien difficile, tant ils sont nombreux et considérables; c'est par millions qu'on doit
les évaluer chaque année. La tête de ces malfaiteurs
a été bien des fois mise à prix; aussi, recettes,
pour les détruire, ne manquent pas. Les uns ont

conseillé de faire ramasser les larves, au fur et à
mesure que la charrue les déterre et les amène à
la surface; c'est coûteux : néanmoins, on peut aider,
dans cette tâche, les pies et les corbeaux, qui s'en
acquittent à merveille. D'autres ont recommandé
d'asphyxier les Hannetons pendant leur repos, en
promenant des flambeaux soufrés sous les arbres où
ils stationnent; le gaz délétère se dégage, il est
vrai, par la combustion, mais autant en emporte le
vent. Il n'est pas jusqu'aux amateurs de jardinage
qui, pour sauver leurs espaliers, n'aient aussi préco-
nisé un remède *infaillible* : ils conseillent de semer
des salades au pied des arbres, sous prétexte que
les vers blancs en sont très-friands. Ces animaux
les aiment beaucoup, en effet, mais ils ne dédaignent
pas la variété dans leurs repas; ils font d'une pierre
deux coups, ils attaquent la salade et ne ménagent
pas plus la racine des arbres : on ne gagne donc pas
grand'chose à ce procédé empirique. Toutes les
panacées, du reste, prônées dans ces derniers temps,
ne sont, en définitive, que des moyens ou trop dis-
pendieux, ou peu praticables, et, dans tous les cas,
de mince réussite. Un seul, jusqu'à présent, est
réellement efficace : c'est le hannetonnage général,
ordonné et rendu obligatoire dans la saison où
s'accouplent les Hannetons. On règlemente tant
en France sur toutes choses, qu'un arrêté de plus
ne coûterait guère; espérons que, tôt ou tard, on
le prendra, et, surtout, qu'on le fera exécuter : nous
pourrions, enfin, nous débarrasser du fléau des
Hannetons, au grand profit de l'agriculture.

application de leur contour contre celui de la cellule
suffit pour les retenir. Depuis la dernière des pièces
qui composent le couvercle, jusqu'au bord de l'ouverture de la cellule, il reste un vide d'un millimètre de
profondeur, c'est dans ce vide que le Mégachile en-
grène le fond de la cellule suivante, il porte immédiatement sur le couvercle de la cellule qui vient
d'être bouchée; six ou sept loges s'enfilent ainsi à la
suite les unes des autres; leur ensemble revêt la forme
d'un couteau presque cylindrique, renfermé dans un
étui qui aide à maintenir toutes les cellules dans leur
position. Les morceaux de feuilles dont ce dernier
est fabriqué, sont plus grands que les fragments qui
entrent dans le corps de chaque cellule; leur figure
approche plus de l'ovale; leurs extrémités sont arrondies et presque d'égale largeur; rien ne les retient
que la courbure qui leur a été imprimée.

Mais, dit Réaumur, comment des insectes vien-
nent-ils à bout de couper des morceaux de feuilles,
et de leur donner à chacun les dimensions et les
contours nécessaires? où sont les ateliers où ils
taillent leurs pièces? Une ancienne observation, à
laquelle je n'avais pas d'abord attaché d'importance,
me mit sur la voie de ce que je cherchais. J'avais
remarqué de nombreuses échancrures sur les feuilles de plusieurs de mes rosiers. Les ayant examinées,
une autre fois, avec plus d'attention, je vis que ces
échancrures étaient tantôt ovales, tantôt demi-ova-
laires, et qu'un certain nombre, circonstance plus
décisive, avaient leur contour exactement circulaire; il ne me fut pas difficile d'en conclure que ces
vides provenaient de l'enlèvement des pièces qui
avaient servi à composer le corps des cellules, leurs

être exclusif : à côté des utilitaires, ne sied-il pas d'admettre les êtres privilégiés qui ont reçu en partage le culte de l'art et du beau? Leur industrie fastueuse est un diamant de plus dans l'écrin splendide de la création; donnons donc, sans plus de scrupule, droit de bourgeoisie à la Collette à ceinture, au Mégachile coupeur de feuilles et à l'Osmie du coquelicot : leurs travaux en tapisserie passent, à bon droit, pour les chefs-d'œuvre du genre.

Le nid de la Collette à ceinture se compose de plusieurs cellules en forme de dés, enchâssées les unes dans les autres, et sans enveloppe commune : la première donne entrée à la seconde, celle-ci sert de fond à la troisième, qui en reçoit elle-même une quatrième ; toutes n'ont pas la même longueur : l'insecte les loge sous terre. Leur nombre n'est pas invariable. Si la Collette, en fouillant le sol, rencontre un obstacle qu'elle ne puisse surmonter, elle borne son nid à deux loges; quelquefois, cependant, elle tourne cette difficulté par un ingénieux stratagème, elle prolonge son trou en y pratiquant une courbure ; les cellules sont alors coudées en un point, l'un des dés fait angle avec celui dans lequel il s'emboîte.

La réunion des cellules constitue un cylindre orné de bandes transversales de deux couleurs; les plus étroites se trouvent à la jonction de deux cellules et sont blanches; les plus larges résultent du corps même de chaque cellule et tirent plus ou moins sur le rouge ou le brun, selon que la pâtée d'étamines et de miel qu'elles renferment et reflètent, est plus ou moins vivement colorée. Leurs parois, fabriquées de plusieurs membranes, d'un tissu très-

serré , sont d'une finesse inexprimable ; à côté
d'elles, la soie la plus délicate et la plus lustrée n'est
qu'une étoffe grossière ; elles sont si transparentes,
qu'elles laissent voir les matières alimentaires de
l'intérieur, comme si rien ne les enveloppait. La
Collette n'est point filandière, elle se contente d'être
mellifère, comme tous les insectes de sa tribu : d'où
provient donc la matière de cette sorte de gaze im-
palpable qui constitue son nid? Il ne faut pas lui
chercher d'autre origine que le corps de l'insecte,
elle est transsudée exactement comme la bave visqueuse que la limace et les colimaçons laissent
échapper sur leur passage ; elle sert encore d'enduit
pour garnir l'intérieur du trou où gît le nid, et préserver la cavité de tout éboulement ; elle rend, en
outre, le logement plus propre.

Malgré leur extrême tenuité , les membranes
pariétales ne laissent pas d'avoir une certaine consistance , on peut les toucher sans les déformer ;
la pâtée qui se trouve comme moulée dans les petits magasins, contribue à soutenir les parois de l'é-
difice.

Les larves habitent solitairement chaque cellule ;
leurs provisions sont à leur portée aussitôt qu'elles
sortent de l'œuf, mais elles n'y touchent qu'avec circonspection : l'instinct ici se manifeste avec éclat. Au
lieu de se nourrir à l'aventure de leur pâtée comme
le font les autres insectes, elles l'entament perpendiculairement ; à mesure qu'elles la consomment, elles
s'y pratiquent une espèce de tuyau vertical qui ménage les parois du nid. Ce tuyau croît en proportion
du développement de la larve. Vient un moment où
il disparaît avec la pâtée ; les cloisons sont alors ré-

duites à leur plus simple expression, c'est une baudruche presque idéale ; mais aussi la Collette est arrivée à l'époque de son changement en nymphe, elle n'a plus besoin de nourriture, elle vit de l'air du temps pendant cette métamorphose ; quand elle sera parvenue à l'état d'insecte parfait, la fragilité des cellules lui sera d'un secours précieux, il lui suffira d'un seul coup de dent pour s'en échapper.

Laissons maintenant les insectes qui, à l'exemple de la Xylocope et des Collettes, travaillent dans les murailles, arrivons à ceux qui creusent perpendiculairement au bord des chemins ; la série des Coupeuses va nous apparaître avec sa curieuse industrie. Voici, d'abord, le Mégachile enrôlé dans cette troupe d'élite. Il ne se borne pas à creuser en terre un trou cylindrique, il bâtit le nid de ses petits avec des fragments de feuilles dont l'arrangement ferait honneur à un véritable artiste. Les champs, les jardins sont les endroits qu'il préfère pour ses constructions. Un tuyau cylindrique, sous forme d'étui, composé de plusieurs morceaux de feuilles légèrement ovalaires, courbés et ajustés les uns sur les autres, réprésente l'extérieur du nid. Si l'on détache ses premières enveloppes, on voit qu'il se divise en divers étuis, très-courts, quelquefois au nombre de six ou sept, égaux entre eux, assez semblables à des dés à coudre, sans rebord à leur ouverture, et s'emboîtant les uns dans les autres. Chacun d'eux constitue l'appartement du ver, qui l'occupera depuis l'instant de sa naissance, jusqu'à son accroissement complet et sa transformation en insecte ailé, après avoir passé par le masque d'une chrysalide. La loge a encore une autre destination, elle sert de magasin pour renfermer la pâtée mielleuse des larves; c'est un vase fabriqué avec des fragments de feuilles, dont tous les morceaux sont si bien ajustés, qu'ils ne laissent échapper aucune goutte de miel.

Mais, pour se faire une idée plus nette de la précision et de l'adresse avec lesquelles notre Coupeuse est obligée de travailler, il faut examiner les pièces dont chaque dé est formé. Elles ont toutes une figure à peu près semblable. Chacune d'elles, avant d'être mise en œuvre, était plate, comme tout morceau qui vient d'être taillé dans une feuille. Elles sont environ une fois plus longues que larges; leur plus grande largeur se trouve près d'un de leurs bouts, et, de là jusqu'à l'autre extrémité, elles vont en se rétrécissant et prennent une légère courbure. C'est avec ces morceaux plans qu'est fabriquée la cellule en forme de dé, dont le diamètre intérieur mesure environ deux millimètres; sa longueur n'est que de deux millimètres plus courte qu'un des morceaux de feuilles, parce que chacun d'eux se trouve diminué de cette portion en se repliant en dessous pour contribuer au fond de la loge; le reste est plié en gouttière. Trois morceaux semblables et égaux suffisent, et au delà, pour constituer un tuyau de six millimètres de diamètre; aussi, les feuilles sont-elles en recouvrement. Un dé qui n'aurait que l'épaisseur d'une feuille pourrait donc être fait de trois morceaux disposés ainsi qu'il vient d'être dit, mais il n'aurait pas grande consistance; les feuilles ne sont pas collées les unes contre les autres, elles ne sont retenues que par leur position, le ressort qu'elles ont acquis en se séchant, et le pli qui a ramené leur petit bout en dessous; leurs jonctions pourraient ne pas tenir contre le miel faisant effort contre elles. L'insecte le sait, et agit en conséquence. Pour soutenir les feuilles aux endroits où elles se croisent, il applique trois nouvelles feuilles courbées en gouttières, comme les premières, et pliées de même près de leur bout. Cette seconde couche forme un second tuyau dans lequel le premier est logé, trois autres feuilles forment une troisième enveloppe ; ainsi neuf pièces sont employées à composer le dé : sa solidité ne court plus aucun risque.

La cellule, on ne l'a pas oublié, a pour but de loger un œuf ainsi que la pâtée dont le ver fera sa nourriture. Le petit pot qui la soutient est souvent couché horizontalement , mais, ne fût-il posé qu'obliquement à l'horizon, c'en serait assez pour que son ouverture, plus large que le reste, demandât à être exactement bouchée; dès que le Mégachile l'a rempli de provisions presque jusqu'au bord et qu'il y a pondu un œuf, il songe à le bien fermer, avant d'ébaucher une nouvelle cellule. La manière dont il y procède est la plus simple et la meilleure qu'on pût choisir; il emploie des matériaux semblables à ceux dont il a déjà fait usage, coupe un fragment de feuille en rondelle et l'applique sur la pâtée en guise de couvercle : celui-ci s'applique parfaitement contre les parois de la cellule. L'habile Coupeuse, cependant, ne s'y fie pas; elle semble craindre que ce couvercle ne soit pas suffisant, quand bien même il ne laisserait aucun vide entre sa circonférence et les parois de la cellule; elle en use donc comme pour les pièces du corps de sa loge, elle met trois ou quatre plaques circulaires les unes au-dessus des autres; elles n'ont pas besoin d'être collées, l'exacte

application de leur contour contre celui de la cellule
suffit pour les retenir. Depuis la dernière des pièces
qui composent le couvercle, jusqu'au bord de l'ouverture de la cellule, il reste un vide d'un millimètre de
profondeur, c'est dans ce vide que le Mégachile en-
grène le fond de la cellule suivante, il porte immédiatement sur le couvercle de la cellule qui vient
d'être bouchée; six ou sept loges s'enfilent ainsi à la
suite les unes des autres; leur ensemble revêt la forme
d'un couteau presque cylindrique, renfermé dans un
étui qui aide à maintenir toutes les cellules dans leur
position. Les morceaux de feuilles dont ce dernier
est fabriqué, sont plus grands que les fragments qui
entrent dans le corps de chaque cellule; leur figure
approche plus de l'ovale; leurs extrémités sont arrondies et presque d'égale largeur; rien ne les retient
que la courbure qui leur a été imprimée.

Mais, dit Réaumur, comment des insectes vien-
nent-ils à bout de couper des morceaux de feuilles,
et de leur donner à chacun les dimensions et les
contours nécessaires? où sont les ateliers où ils
taillent leurs pièces? Une ancienne observation, à
laquelle je n'avais pas d'abord attaché d'importance,
me mit sur la voie de ce que je cherchais. J'avais
remarqué de nombreuses échancrures sur les feuilles de plusieurs de mes rosiers. Les ayant examinées,
une autre fois, avec plus d'attention, je vis que ces
échancrures étaient tantôt ovales, tantôt demi-ova-
laires, et qu'un certain nombre, circonstance plus
décisive, avaient leur contour exactement circulaire; il ne me fut pas difficile d'en conclure que ces
vides provenaient de l'enlèvement des pièces qui
avaient servi à composer le corps des cellules, leurs

couvercles et l'enveloppe générale du nid. Quand on sait ce qu'on doit chercher à découvrir, et l'endroit où on le peut voir, on est bien près d'atteindre son but. Il ne s'agissait que de se mettre à l'affût, à différentes heures du jour, près d'un rosier, et d'épier ce qui s'y passerait. Je fis donc le guet. Vers le milieu du jour, une espèce d'abeille sur qui mes soupçons étaient tombés, vint s'abattre sur un rosier. J'étais déjà sûr de l'intention qui l'y amenait; elle m'ôta bientôt toute incertitude. Elle se posa au-dessous d'une feuille, et saisit aussitôt avec ses deux dents l'endroit du bord dont elle était le plus proche: elle coupa la feuille, et continua de la couper en avançant vers la principale nervure. A chaque instant, une nouvelle partie de l'épaisseur de la feuille se trouvait entre ses dents, et celles-ci, sur-le-champ, lui donnaient un coup aussi efficace que celui des meilleurs ciseaux; enfin elle conduisit ses coups et sa marche de façon qu'arrivée près de la nervure de la feuille, elle retourna vers le bord en coupant toujours; bref, elle acheva de couper près de l'endroit où elle avait commencé à entailler, et, chargée de la pièce qu'elle venait de détacher, elle prit son vol. Tout cela fut fait en bien moins de temps qu'on ne pourrait se l'imaginer; avec de bons ciseaux, nous ne couperions pas plus vite dans une feuille de papier.

Pour l'ordinaire, le Mégachile qui arrive volant près d'un rosier, ne s'y pose pas tout de suite; il voltige au-dessus, en fait plusieurs fois le tour en divers sens, comme s'il voulait reconnaître la feuille qui lui convient le mieux; son choix n'est pas long; il se pose sur celle qu'il a préférée et, au moment même où il

s'y appuie, il lui donne un premier coup de dent.
Toutes les Coupeuses ne se placent pas de la même
manière sur la feuille. Les unes s'y attachent par
dessous, les autres se mettent dessus, d'autres ne saisissent la feuille que par son tranchant, de sorte que
le bord se trouve entre les jambes. Le plus souvent
elles la saisissent près du pétiole, la tête tournée
vers la pointe de la feuille ; d'autres fois, elles prennent la position inverse. Quelle que soit, du reste, leur
première position, toutes opèrent ensuite de la même
façon. Dès que le premier coup de dent a été donné,
des coups semblables se succèdent sans intervalle ;
l'entaille s'approfondit ; le Mégachile fait passer entre ses jambes le bord du fragment qu'il a commencé
à détacher ; les jambes, d'un côté, sont au-dessus de
cette portion, et les jambes, de l'autre côté, au-dessous. La direction de la coupe est toujours en ligne
courbe. Supposons que le trait en a été tracé sur la
feuille, que la route à suivre par les dents y a été
marquée, ce trait s'approche de la principale nervure jusqu'à un certain point ; arrivé là , il retourne
vers le bord d'où il est parti , et s'y termine Quoique notre Coupeuse soit absolument sans guide
d'aucune sorte, elle n'hésite pas ; rien ne l'arrête,
encore que la pièce même qu'elle coupe semble devoir l'embarrasser, lorsque l'entaille commence à
devenir profonde et surtout lorsque l'insecte, après
s'être approché très-près de la nervure principale,
s'en éloigne, car la pièce, son seul soutien, devient
alors pendante. Aussi, ne se tient-il plus précisément
sur la tranche de cette pièce ; il oblige à se courber et
à se plier en deux la portion placée entre ses jambes ;
à l'instant où les coups de dent qui vont achever

de détacher la pièce seront donnés au fragment qui
tient encore, la pièce est toute pliée en deux et si-
tuée perpendiculairement au corps de l'insecte qui
la serre avec ses six jambes. Le dernier coup de
dent est enfin donné ; le support, tout d'un coup,
manque à l'animal ; la pièce qui lui en tenait lieu ne
tenant plus à rien, il tomberait à terre, s'il n'était
pourvu d'ailes ; il prend son vol chargé des morceaux
de feuilles dont il s'est emparé avec tant d'adresse
et de célérité.

C'est ainsi que le Mégachile coupe et transporte
successivement toutes les pièces dont il a besoin : les
ovales, les demi-ovales et les rondes. Quelque régulier que soit le contour de ces dernières, leur façon ne
lui coûte ni plus d'attention, ni plus de temps que
les autres. La facilité et la précision avec lesquelles il
taille les pièces circulaires, ne nous paraîtront-t-elles
pas bien surprenantes à nous qui ne saurions en couper de semblables sans le secours d'un compas ? Si, du
moins, la bête se plaçait en dedans de la circonférence de la pièce qu'elle veut détacher, et si, pendant que ses dents agissent , elle tournait sur quelque partie de son corps comme sur un pivôt, elle
aurait là, pour se guider , quelque chose équivalant
à un compas ; mais non ; elle est dans la position la
plus désavantageuse ; par la circonférence même de la
pièce, elle n'en peut voir que la portion qu'elle coupe
et, au plus, celle qui lui reste à couper, puisque la
portion tranchée est passée entre ses jambes ; cependant elle ne tâtonne nullement : avec ses dents
elle coupe aussi vite, en suivant une courbure circulaire, que nous pourrions couper en ligne droite
avec des ciseaux plus grands que les siens. Et ce

n'est pas là tout ce qu'il faut admirer chez le Mégachile : la petite pièce ronde, destinée à servir de couvercle, doit entrer dans le bout d'un tuyau cylindrique, elle doit s'appliquer assez exactement
contre ses parois pour empêcher le miel de s'écou-
ler, elle doit donc avoir un diamètre égal à celui du
tuyau. Tandis que la Coupeuse visite le rosier, le
tuyau sur lequel elle veut placer un bouchon, est
loin de ses yeux, il est caché sous terre ; elle agit
donc comme si l'idée du diamètre de ce tuyau lui
était présente, puisqu'elle le donne à la pièce circulaire, sans se tromper d'un seul iota. Assurément,
nous essayerions en vain de tailler une pièce propre
à s'ajuster exactement à un moule, placé même devant nous, s'il ne nous était pas permis d'en prendre
le diamètre et de le rapporter sur la feuille : ici,
toute la science de l'homme est vaincue par celle
d'un faible insecte qui n'a pour lui que son instinct : quelle matière à réflexions !

Et ce n'est pas tout, vraiment, pour humilier
notre orgueil. Les morceaux de feuilles qui composent le corps de chaque petit dé, ont besoin aussi
d'exactes mesures dans leurs dimensions ; il leur
faut une longueur déterminée, plus de largeur à un
bout qu'à l'autre, des contours mathématiquement
calculés ; parmi ces pièces, enfin, les unes deman-
dent plus d'ampleur que les autres. Les idées de
toutes ces mesures existeraient-elles dans la tête du
Mégachile? qui le sait ? Mais, que ce soit machina-
lement ou par combinaisons réfléchies qu'il vienne
à bout de ce difficile problème, la gloire n'en revient pas moins à l'Intelligence supérieure qui lui a
donné l'être, ainsi qu'à nous.

Le reste des mœurs de notre insecte n'a rien de particulier à nous offrir. De l'œuf sort une larve qui se nourrit de la pâtée dont la mère a approvisionné sa cellule. Quand elle a pris tout son accroissement, elle se file une coque de soie extérieurement épaisse, solide et brunâtre, mais fine, blanche et luisante sur ses parois intérieures : sa délivrance a lieu au printemps.

L'Osmie, dont il nous reste à parler pour terminer le chapitre des Coupeuses, n'est pas moins curieuse à étudier que son émule, le Mégachile ; elle va nous apprendre que l'homme n'a pas seul le privilége d'orner ses appartements, et que ses tentures les plus riches de damas cramoisi ne surpassent pas, si même elles égalent, les tapisseries rouge feu, du plus beau velouté, qu'un frêle insecte sait appliquer aux berceaux de ses petits.

L'Osmie du coquelicot se montre vers le même temps que cette fleur, et disparaît avec elle. Elle creuse en terre un trou perpendiculaire de dix centimètres environ de longueur, cylindrique à son entrée, évasé et ventru dans le fond, semblable à une sorte de bouteille. Le terrier préparé, l'insecte songe à le tapisser ; il le couvre de tentures, non-seulement sur ses parois intérieures, mais jusque par-dessus son orifice ; la fleur du coquelicot en fait les frais : de là, son nom spécifique. C'est une Coupeuse émérite ; elle taille ses pièces dans les pétales avec une adresse égale à celle que déploie le Mégachile en découpant les feuilles du rosier, et leur donne la forme d'une moitié d'ovale. Son manége est très-curieux à observer. En transportant son butin à son trou, elle tient la pièce de coquelicot

pliée en deux : c'est le moyen de lui faire occuper
moins de place pendant le vol, et de préserver son
tissu frêle et délicat, très-facile à se déchirer en
passant dans une cavité raboteuse et étroite. L'Osmie ne l'a pas plus tôt introduite, qu'elle la déploie,
l'étend, et en tapisse les parois de son logis. Les
premières pièces qu'elle applique sont mises sur
le fond du terrier; au-dessus d'elles, elle en tend plusieurs autres, et successivement, jusqu'à ce qu'elle
ait couvert tout l'intérieur, et qu'elle ait fait déborder sa tapisserie un peu au delà de l'entrée.
Chaque pièce ne peut tendre plus du tiers de la
circonférence du trou; la hauteur totale en contient
cinq ou six, les unes au-dessus des autres. Le peu
d'épaisseur des pétales de coquelicot, on le conçoit,
fournirait une bien mince cloison, s'il n'était pas
doublé; l'insecte ne se contente pas d'une seule
application, il fortifie le fond de son nid par quatre
couches de fleurs, et consolide les parois par une
double ou une triple tenture.

Les fragments de pétales qui tapissent en dehors
les bords du trou, font partie d'une grande pièce
appliquée sur l'intérieur de la muraille; elle y a
été ajustée de façon à s'élever de quelques millimètres au-dessus de l'orifice; la portion excédante
est repliée sur le bord et étendue à plat sur le terrain.

La tapisserie qui recouvre les parois internes du
trou, n'est, à proprement parler, qu'un étui de fleur
assez solide pour lui conserver sa forme, indépendamment de l'appui que lui prête le terrier; sa surface intérieure a tout le poli qu'on peut souhaiter;
il n'en est pas de même de l'extérieure; on y re-

marque des inégalités produites, la plupart, par la surface graveleuse des parois du trou.

Ce n'est qu'après que le terrier a été revêtu d'un nombre suffisant de couches florales, que l'Osmie porte dans le fond la pâtée de poussières polliniques et de miel préparée pour sa progéniture ; elle l'y entasse jusqu'à douze ou quatorze millimètres de hauteur ; il n'en faut pas davantage pour la larve qui doit éclore de l'œuf unique déposé dans le nid.

Dès que celui-ci est suffisamment approvisionné, et que l'œuf a été pondu, l'insecte détend toute sa tapisserie qui décore et déborde l'entrée jusqu'à la pâtée, et à mesure qu'il la détache des parois, il la pousse vers le fond du trou et l'y plie, de manière que la partie supérieure des provisions, jusqu'alors demeurée à nu, se trouve bien mieux enveloppée que tout le reste de pétales de coquelicot. L'Osmie procède à cette opération de la même façon dont nous plions et replions les ailes supérieures d'une enveloppe sur l'objet qu'elle renferme dans son centre ; tout ce qui constituait la partie supérieure du cornet de fleurs de coquelicot est refoulé dans le bas, pressé et empilé sur le sommet de la pâtée ; une portion de ces légères membranes est même forcée d'entrer dans le tuyau de fleur et se trouve façonnée en bouchon. Cette œuvre achevée, l'étui qui, à l'origine, avait dix centimètres de hauteur, est réduit à vingt-quatre millimètres. La pâtée et le ver se trouvent renfermés dans un sac formé d'un grand nombre de pièces florales. Tout n'est pas fini cependant. Si bien clos que soit le berceau de pourpre, s'il restait en cet état, il serait exposé au pillage de plus d'un maraudeur ; les fourmis surtout, si friandes de toute matière sucrée, en feraient leur profit. L'Osmie n'a garde de l'abandonner à un si grand danger ; elle n'ignore pas qu'une seule rôdeuse qui aurait découvert son nid, y attirerait bientôt une légion de voleuses qui, en un rien de temps, mettraient à sac ce cher trésor ; elle remplit de terre le vide qui termine le dessus du berceau. Ce n'est rien moins qu'un grand trou de sept centimètres de hauteur à combler ; mais, une fois la tranchée fermée, bien habile qui découvrirait la place du nid : le terrain est redevenu uni, il ne reste plus trace de l'endroit où il avait été fouillé.

XXVI

LES COUSINS

De tous les insectes buveurs de sang, il en est peu qui soient plus incommodes que les Cousins par leur acharnement à nous poursuivre et les démangeaisons cuisantes qu'ils nous causent. Quelles campagnes, pendant la belle saison, sont à l'abri de leurs invasions, et, jusque dans les villes, est-on bien en sûreté contre leurs piqûres ? Entre eux et nous, il y a guerre ouverte, guerre de jour et guerre de nuit, sans trêve aucune. Non contents de nous attaquer à la face du soleil, ils nous relancent encore jusque dans notre repos ; toujours leur trompette insupportable nous harcèle, toujours elle sonne la charge : à tout prix, il leur faut notre sang. Les Cousins sont donc nos ennemis déclarés ; ne nous plaignons pas trop cependant. Il est des contrées chaudes et humides où ils se montrent bien plus terribles que dans nos climats tempérés; moustiques et maringouins, sous les tropiques, sont un véritable fléau, tandis que, chez nous, ils ne nous infligent qu'un peu de patience, rendue plus facile par l'habitude; d'ailleurs, ils sont bons à connaître, car, pour peu qu'on les examine avec attention, on en vient à admirer leur structure, l'instrument dont ils nous blessent, et les péripéties curieuses de leur fragile existence.

Le Cousin, tout chétif qu'il paraît, n'est pas un Paria déshérité de la nature; son habillement est très-confortable. Ne nous arrêtons pas à son dos bossu et à ses pattes de derrière d'une longueur démesurée; la bosse n'ôte rien à l'intelligence, et de longues échasses ne sauraient être des appendices inutiles quand on passe sa vie dans les marais; le Cousin en fait un excellent usage. Voyez ses ailes transparentes, se croisant à leur extrémité, comme elles sont artistement fortifiées par un système complet de côtes et de nervures! Leurs ramifications, observées au microscope, s'embellissent d'arborisations pittoresques; on les dirait tapissées de feuillages, sur un fond parsemé de points et bordé d'une frange d'écailles en leur contour. Une cuirasse de même nature protége leur corps, et se hérisse, en outre, de longs poils extrêmement fins. Leur tête n'est pas moins somptueusement parée; elle s'ombrage de deux panaches, en guise d'antennes, et leurs yeux à facettes, suivant le point d'où on les regarde, passent, tour à tour, du plus beau vert d'émeraude à la couleur éclatante du rubis. Mais c'est surtout dans leur arsenal de guerre que l'habileté du grand Ouvrier se dé-

ploie avec magnificence ; la trompe du Cousin est
tout simplement un chef-d'œuvre auprès duquel pâ-
lissent nos meilleurs instruments de chirurgie ; c'est
un aiguillon composé de plusieurs pièces extrêmement fines. Réaumur l'a parfaitement décrit : « Il est
de ceux, nous dit cet incomparable observateur, qui
sont renfermés dans un fourreau. Ce qui s'en voit ordinairement, n'est que l'étui des pièces destinées à
percer notre peau et à sucer notre sang, pièces renfermées comme les lancettes dans leur gaîne. Cherchant à me rendre compte de ce qui se passe pendant que le Cousin nous pique, bien loin de vouloir
le chasser ou le tuer, je n'avais d'autre crainte
que de le troubler dans son opération. Plus d'une
fois, j'ai invité ces insectes à venir sur ma main ;
plus d'une fois, je l'ai offerte à ceux qui volaient, la
mettant tout doucement à leur portée ; pendant ce
temps, je tenais une lampe de l'autre main, pour
m'aider à mieux voir le jeu de leur trompe. On
croira sans peine que j'ai réussi à me faire piquer ;
je n'ai pourtant pas été piqué toujours, ni aussi
souvent que je l'aurais voulu. Il y a plaisir, je
vous l'assure, à voir le Cousin à l'œuvre, on oublie
bien vite la légère blessure qu'il vous fait ; sur la
main, elle n'est ni très-douleureuse, ni de longue
durée. Un jour donc, qu'un Cousin m'avait fait la
grâce de se poser sur ma main, je suivis attentivement
son manége. Il faisait sortir de sa trompe une pointe
très-fine, et avec le bout de cette pointe, il tâtait
successivement quatre ou cinq endroits de ma peau.
Il sait apparemment choisir le point le plus aisé à
percer et celui au-dessous duquel on peut puiser à
souhait dans un vaisseau sanguin. Son choix n'est

pas long; on en est averti par la petite douleur que vous cause, sur-le-champ, la piqûre. La pointe de l'aiguillon s'introduit dans la peau par l'extrémité du bouton qui couronne l'étui. Cet étui, quoique solide, a une sorte de flexibilité, il se courbe à mesure que l'aiguillon pénètre dans la chair ; il s'éloigne de l'aiguillon qui doit toujours rester tendu et droit. Celui-ci a besoin d'être soutenu immédiatement au-dessus du bord du trou; aussi l'étui, ne fait-il que se courber; il devient, d'abord, un arc dont l'aiguillon est la corde. Le bouton de l'étui doit toujours rester sur le bord du trou pour aider à y maintenir un instrument très-délicat et l'empêcher de vaciller. C'est par un expédient semblable que les ouvriers qui ont à percer de petits trous dans un corps dur, parviennent à maintenir la pointe du foret. A mesure que l'aiguillon pénètre, l'étui se courbe de plus en plus; il finit par prendre la figure d'un angle tellement aigu, qu'il est plié en deux lorsque l'aiguillou s'est enfoncé aussi avant que possible, c'est-à-dire lorsque la tête du Cousin est près de toucher la peau. »

Ordinairement, lorsque l'insecte suce à son aise, et sans être troublé, il ne quitte point l'endroit où il s'est fixé, il se gorge de tout le sang que son estomac et ses intestins peuvent contenir : au préalable, les intestins se vident de ce qu'ils renferment, afin de faire plus de place au liquide aspiré. Tel Cousin, dont le ventre était plat, flasque et gris avant la piqûre, présente cet organe très-tendu, arrondi et rougeâtre après la succion; le sang dont il s'est rempli, se laisse apercevoir à travers la peau : l'insecte repu s'envole.

La piqûre faite par une pointe aussi fine que l'est

celle de l'aiguillon d'un Cousin, devrait être presque insensible : une si légère blessure semblerait devoir se fermer sur-le-champ et n'être suivie d'aucun accident fâcheux ; cependant des tumeurs plus ou moins fortes s'élèvent, parfois, à l'endroit piqué : la cause en est fort simple ; à l'exemple de l'Abeille, le Cousin a versé dans la plaie une gouttelette empoisonnée qui irrite les chairs, y fait affluer le sang, et lui communiquant plus de fluidité, le rend plus facile à être absorbé et digéré.

C'est par millions de millions que les Cousins pullulent dans certaines contrées chaudes et marécageuses ; leur nombre est si prodigieux, par rapport à celui des grands animaux qui fréquentent leurs parages, qu'il paraît difficile que tous puissent trouver à satisfaire leur soif de sang. Bien peu, dans le cours de leur vie, ont chance de s'en régaler. Tous les autres sont-ils donc condamnés à un jeûne cruel ou à périr de faim ? Point du tout ; ils font de nécessité vertu ; faute de chair, ils sucent le nectar des plantes. Dans les jours chauds et dans les lieux éclairés du soleil, ils se tiennent en repos jusque vers le soir, fixés au revers des feuilles qui leur servent ainsi de tentes et de parasols. Ils restent dans cette position plusieurs heures de suite sans changer de place, mais non pas absolument tranquilles : ils s'y meuvent même d'une façon singulière. Quoique l'extrémité de leurs pattes soit fixe et cramponnée, tout le reste de leur corps est souvent en mouvement ; les trois paires de jambes se plient et se redressent successivement et avec assez de promptitude, de sorte que le corps est tantôt porté vers la feuille, tantôt reporté dans sa première situation.

Quelquefois les jambes semblent se contourner d'un côté, puis se redresser et revenir, l'instant d'après, vers le côté opposé ; le Cousin éprouve alors un mouvement de libration latérale et antérieure, il se trémousse ainsi d'une façon fort originale, comme s'il avait des inquiétudes aux jambes.

S'il n'est que trop facile de rencontrer des Cousins avides de notre sang, il n'est guère plus difficile de les observer sous leur première forme, alors qu'ils sont tout à fait inoffensifs. C'est dans les eaux qu'il faut les chercher, mais seulement dans les eaux stagnantes : on ne les trouve ni dans les rivières ni dans les ruisseaux d'eau courante ; en revanche, les mares en fourmillent, depuis le mois de mai jusqu'au commencement de l'hiver. C'est ce qui explique pourquoi on est si tourmenté par les Cousins dans les pays marécageux ; de là vient aussi que les années pluvieuses, pendant lesquelles les mares ne sont point à sec, donnent beaucoup plus de Cousins que les années sèches : par les vents chauds du sud, les insectes piquent bien plus que lorsque souffle le vent du nord ou tout autre vent frais. Leur fécondité est prodigieuse : chaque femelle donne naissance à 300 individus, et il se produit jusqu'à sept générations par an ; leur nombre prend donc, en très-peu de temps, des proportions effrayantes ; il rendrait bientôt la terre inhabitable, si, d'une part, il ne périssait beaucoup de Cousins pendant le premier âge, et si, de l'autre, une foule d'insectes et d'oiseaux n'en faisaient, à chaque instant, une ample consommation : les libellules et les hirondelles, principalement, ne contribuent pas peu à empêcher leurs légions de déborder.

L'instinct porte les Cousins femelles à pondre dans les endroits humides. Placées sur le bord des étangs ou sur quelque brin d'herbe flottant à la surface de l'eau, elles se posent sur leurs quatre pattes antérieures, de manière que leur ventre plonge dans l'eau, les deux pattes postérieures restant libres : le dernier anneau de l'abdomen se recourbe vers le dos; de son extrémité sort un œuf d'une forme peu commune. C'est une espèce de quille ou de cône terminé par un col court, rebordé, et muni d'un petit renflement en forme de bouchon. L'insecte doit pondre ses œufs de telle sorte, qu'ils soient perpendiculaires à la surface de l'eau et se tiennent les uns aux autres : pour cela, il croise ses jambes postérieures en les rapprochant de son ventre. Les œufs fraîchement pondus sont tout blancs; peu à peu, ils prennent un aspect verdâtre, et passent ensuite au gris, leur couleur définitive; ces divers changements de teinte s'opèrent en moins d'une demi-journée. Les œufs sont enduits d'une matière visqueuse; à mesure qu'ils viennent au dehors, ils sont reçus sur les jambes postérieures qui les maintiennent dans la position obligée; chaque œuf adhère à celui qui le précède; tous sont agglutinés les uns aux autres; leur masse augmente successivement, et prend la forme d'un petit bateau, plus élevé à ses deux extrémités. Quand le paquet a acquis un certain volume, le Cousin écarte ses pattes postérieures, elles se rangent alors sur deux lignes parallèles, sans cesser de soutenir les œufs. Sa ponte finie, l'insecte lance son bateau; il flotte au-dessus de l'eau, tous les œufs y plongent par leur col. La ponte a lieu ordinairement le matin entre cinq et six heures;

si la température est favorable, l'éclosion s'effectue
en deux ou trois jours. Les larves se tiennent le plus
souvent à la surface de l'eau, parallèlement les unes
aux autres, la tête en bas ; elles sont très-vives et
très-inquiètes : pour peu qu'on imprime de mouvement à l'eau, elles gagent le fond, mais pour reve-
nir bientôt se placer comme elles étaient auparavant. Leur corps, privé de pattes, allongé, transparent, se compose de trois parties : la tête, le corselet
et l'abdomen. La tête, plus brune que le reste du
corps, tient au corselet par une espèce de cou ; elle
présente, de chaque côté, l'apparence d'un œil noirâtre et une antenne en faucille avec deux aigrettes
de poils. Autour de la bouche pendent de petits
barbillons garnis de poils ; la larve les fait jouer
avec vitesse, ils produisent de petits courants à
l'aide desquels les animaux microscopiques qui font
sa nourriture sont portés vers l'orifice buccal ; de
l'extrémité de l'abdomen prolongé en cône, partent
deux tuyaux : l'un supérieur, destiné à la respiration
et susceptible de contraction et de dilatation ; son
ouverture figure une étoile à cinq rayons ; l'autre,
inférieur, plus gros et plus court, presque perpendiculaire à la longueur du corps, est bordé de longs
poils se contournant en entonnoir quand ils flottent
dans l'eau : son ouverture donne passage aux excréments ; quatre petites lames transparentes, disposées
par paires et pouvant s'écarter les unes des autres,
représentent les nageoires.

La larve est sujette à plusieurs mues ; elle en subit
au moins trois dans l'espace de quinze à vingt jours.
Quand le moment est venu de changer une enveloppe devenue trop étroite, elle se place à la surface

de l'eau, mais non plus cette fois pour mettre l'air en contact avec l'extrémité de son tube respiratoire, comme elle le faisait naguère à chaque instant, elle se recourbe, replie sa tête et sa queue, et présente à l'atmosphère une partie de son dos : la peau alors se dessèche et se fend sur toute la longueur du corps; l'insecte n'a plus qu'un léger effort à faire pour achever de se débarrasser de sa dépouille : il l'abandonne aux vents. Pour passer à l'état de nymphe, le Cousin revêt une forme tout à fait extraordinaire. Son corps est tellement contourné, qu'il s'applique au-dessous de la tête; l'insecte, sous ce déguisement, ressemble à une lentille dont les bords seraient d'une épaisseur inégale, et au lieu du tube respiratoire qui a disparu, il porte sur le dos deux petites cornes destinées à remplacer le tube dans ses communications avec l'air extérieur; toujours elles dépassent le niveau de l'eau, quand la nymphe se tient en repos à la surface. Ainsi que la larve, elle n'y reste pas constamment, elle est même douée de la faculté de se mouvoir rapidement. Veut elle nager, elle se débande tout à coup, et s'allonge; l'extrémité de son corps, garni de palettes, lui sert de nageoires; elle avance à l'aide de coups de queue : lorsqu'elle cesse d'agir, sa pesanteur spécifique, très-inférieure à celle de l'eau, la ramène instantanément à la surface.

La nymphe ne passe pas plus de huit à dix jours sous cet état transitoire. Le moment de sa dernière métamorphose est plein de dangers pour elle; d'insecte aquatique elle va devenir habitante de l'air; c'est l'instant le plus critique de sa vie : peu de phénomènes sont aussi curieux que cette transformation. La mue finale s'opère d'une manière analogue à celle dont la larve change de peau. Immobile à la surface de l'eau, la nymphe déroule sa queue et se présente à l'air; aussitôt un gonflement se manifeste vers les deux cornes respiratoires; la peau qui, en cet endroit, cache le corselet du Cousin, se fend rapidement et met à découvert les parties intérieures de l'insecte : ce moment critique décide de son sort. Tout à l'heure, il ne pouvait vivre hors de l'eau ; maintenant il vient de passer à un état où le moindre séjour dans l'eau lui serait fatal; aussi, de quel merveilleux instinct n'est-il pas doué pour franchir cette terrible situation ! A peine la tête et le corselet sont-ils dégagés, que le Cousin les élève, autant que possible, au-dessus de l'ouverture qui leur a livré passage ; à l'aide de la contraction et de l'allongement alternatifs de ses anneaux, il s'efforce de tirer ses parties postérieures de leurs entraves; une portion du corps apparaît au dehors ; la tête s'avance davantage vers l'extrémité antérieure de la dépouille tégumentaire, mais, en même temps, elle se redresse et s'élève de plus en plus; la vieille peau a pris la forme d'un bateau dont les deux bouts sont vides : au milieu, le Cousin, semblable au grand mât d'un navire, se dresse dans une positon à peu près verticale. Le moment de sa délivrance approche, mais tout péril n'est pas encore écarté. L'insecte, il est vrai, n'est plus retenu dans sa tunique que par une faible portion de l'abdomen, il faut néanmoins l'en dégager; ce n'est pas tout; ses ailes et ses pattes sont encore emmaillottées le long de son corps; ses efforts, partant, sont à demi paralysés ; en cette extrémité, que va-t-il devenir ? Si le vent venait à souffler en tempète, il serait infailliblement chaviré. Il est à remarquer que l'avant du bateau, par suite de la position du Cousin, se trouve plus chargé que l'arrière ; ses bords dépassent de bien peu la surface de l'eau, mais celle-ci, pourtant, n'y entre pas encore. Un souffle léger se lève-t-il, l'embarcation obéit à son impulsion, elle glisse rapidement sur ce vaste océan. Sera-t-elle portée en pleine mer ? Peut-être. Dans ce cas, nul doute que la traversée ne soit très-périlleuse ; tout ne serait pas désespéré cependant. Il suffit, pour tirer le Cousin de ce mauvais pas, que le vent tombe ou qu'il pousse la barque dans une crique où règne un calme profond. Cette chance se produit-elle, aussitôt l'insecte en profite pour se dresser perpendiculairement ; il dégage du fourreau ses quatre pattes antérieures, se penche sur l'eau, y pose ses jambes de derrière, lesquelles sont démaillotées, laisse un instant ses ailes sécher au soleil, et prend, enfin, son essor : son salut est assuré, il n'a plus à craindre de naufrage.

XXVII

LE SPHEX FLAVIPENNE [1]

C'est vers la fin de juillet que le Sphex flavipenne déchire le cocon qui l'enveloppait à l'état de nymphe, et s'envole de sa demeure souterraine. Pendant tout le mois d'août, on le voit communément voltiger à

(1) Fabre, *Annales des sciences naturelles*.

la recherche de quelque gouttelette mielleuse, autour des capitules épineux de l'*Eryngium campestre*, la plus commune des plantes robustes qui bravent impunément les feux caniculaires de ce mois. Mais cette vie insouciante est de courte durée ; la conservation de sa race exige le sacrifice du petit nombre de jours qu'il a encore à vivre, et dès les premiers jours de septembre, le Sphex est à sa rude tâche de pionnier et de chasseur. C'est ordinairement quelque plateau de peu d'étendue, sur les berges élevées des chemins, qu'il choisit pour l'établissement de son domicile, pourvu qu'il y trouve deux choses indispensables : un sol aréneux facile à creuser, et du soleil. Du reste, aucune précaution n'est prise, pour abriter le berceau qu'il va peupler, contre les pluies de l'automne et les frimas de l'hiver. Un emplacement horizontal, sans abri, battu par la pluie et les vents, lui convient à merveille, sous la condition, cependant, d'être exposé au midi. Aussi, lorsqu'au milieu de ses travaux de mineur, une pluie abondante survient, c'est pitié de voir, le lendemain, les galeries en construction bouleversées, obstruées de sable et finalement abandonnées. Rarement le Sphex flavipenne se livre solitairement à son industrie ; c'est par petites peuplades de dix, vingt pionniers, ou davantage, que l'emplacement élu est exploité. Il faut avoir passé quelques journées en contemplation devant une de ces bourgades, par un temps parfaitement calme et un soleil brûlant, pour se faire une idée de l'activité fiévreuse, de la prestesse saccadée, de la brusquerie de mouvements de ces laborieux mineurs. Le sol est rapidement attaqué avec les râteaux des pattes postérieures, à la manière des chiens. En même temps , chaque ouvrier entame sa joyeuse chanson qui se compose d'un bruit strident, aigu, interrompu à de très-courts intervalles, et modulé par les vibrations du thorax et des ailes. On dirait une troupe de gais compagnons se stimulant au travail par un rhythme monotone, mais cadencé. Cependant le sable vole , retombant en fine poussière sur leurs ailes frémissantes, et le gravier trop volumineux, arraché grain à grain, roule loin du chantier. Sous les efforts redoublés des tarses et des mandibules, l'entrée ne tarde pas à se dessiner; l'animal peut déjà y plonger en entier. C'est alors une vive alternative de mouvements en avant pour détacher de nouveaux matériaux, et de mouvements de recul pour balayer au dehors les déblais. Dans ce va-et-vient précipité , le Sphex ne marche pas; il s'élance comme poussé par un ressort ; il bondit, l'abdomen palpitant, les antennes vibrantes, tout le corps, enfin, animé d'une sonore trépidation. Voilà le mineur dérobé aux regards; on entend encore sous terre son infatigable chanson, tandis qu'on entrevoit par intervalles ses jambes postérieures, poussant à reculons une ondée de sable jusqu'à l'orifice du terrier. De temps à autre, le Sphex interrompt son travail souterrain, soit pour venir s'épousseter au soleil, se débarrasser des grains de poussière qui, en s'introduisant dans ses fines articulations, gênent la liberté de ses mouvements , soit pour opérer dans les alentours de son établissement une ronde de reconnaissance. Malgré ces interruptions qui, d'ailleurs, sont de courte durée, dans l'intervalle de quelques heures, la galerie est creusée, et le Sphex vient sur le seuil de la porte chanter son triomphe et donner le dernier poli au travail, en effaçant quelques inégalités, en enlevant quelques parcelles raboteuses que son coup d'œil clairvoyant peut seul distinguer : cela fait, la chasse commence.

Mettons à profit ses courses lointaines à la recherche du gibier, pour examiner la structure interne de son terrier.

L'emplacement général d'une colonie de Sphex est, comme on le sait, un terrain horizontal. Cependant le sol n'y est pas tellement uni, qu'on n'y trouve quelques mamelons couronnés d'une touffe de gramen ou d'armoise, quelques plis consolidés par les ruines de la maigre végétation qui les recouvre; c'est sur le flanc de ces rides insignifiantes que s'ouvre la galerie du Sphex. Cette galerie se compose donc, d'abord, d'une portion horizontale de deux ou trois pouces de profondeur et servant d'avenue à la retraite cachée, destinée aux provisions et aux larves. C'est dans ce corridor que le Sphex s'abrite pendant le mauvais temps; c'est là qu'il se retire la nuit, et qu'il se repose le jour quelques instants, montrant seulement au dehors sa face expressive, ses gros yeux effrontés. A la suite de l'avenue survient un coude brusque, plongeant plus ou moins obliquement à une profondeur de deux ou trois pouces environ, et terminé par une cellule ovalaire d'un diamètre un peu plus grand, et dont le grand axe est dirigé horizontalement. Les parois de la cellule ne sont revêtues d'aucun ciment particulier, mais malgré leur nudité, on voit qu'elles ont été l'objet d'un travail plus fini. Le sable y est tassé, égalisé avec soin sur le plancher, sur le plafond et les côtés, pour éviter les éboulements et pour effacer les aspérités

qui pourraient blesser la peau délicate de la larve;
enfin, cette cellule communique avec le couloir par
une entrée étroite, juste suffisante pour laisser passer le Sphex chargé de sa proie. Quand cette première cellule est munie d'un œuf et des provisions
nécessaires, le Sphex en mure l'entrée, mais il n'a-
bandonne pas encore son terrier. Une seconde
cellule est creusée à côté de la première et approvisionnée de la même manière, puis une troisième, et quelquefois, enfin, une quatrième. C'est
seulement alors que le Sphex rejette dans le terrier
tous les déblais amassés devant la porte, et qu'il
efface complétement les traces extérieures de son
travail. Ainsi, à chaque terrier correspondent ordinairement trois cellules, rarement deux, et plus
rarement encore quatre; on peut évaluer à une trentaine le nombre des œufs pondus par une femelle,
ce qui porte à dix le nombre des terriers nécessaires.
D'autre part, les travaux ne commencent guère
avant septembre et sont achevés avant la fin de ce
mois. L'active bestiole n'a pas un moment à perdre,
puisque, en si peu de temps, elle a à creuser le gîte,
à se procurer une douzaine de Grillons, à les transporter quelquefois de loin à travers mille difficultés,
à les emmagasiner, et à boucher enfin le terrier,
surtout si l'on tient compte des journées où le vent
rend la chasse impossible, et des jours pluvieux
ou même seulement sombres, qui suspendent tout
travail. On conçoit, d'après cela, que le Sphex ne
peut donner à ses constructions la solidité de celles
des Cerceris. Ces derniers se transmettent, d'une
génération à l'autre, ces demeures résistantes, chaque
année plus profondément excavées. Le Sphex n'hé-

rite pas du travail de ses devanciers, il a tout à faire,
et rapidement. Sa demeure est la tente d'un jour
qu'on dresse à la hâte pour la lever le lendemain.
Mais, ô ressources infinies de la Providence! les
larves recouvertes seulement d'une mince couche
de sable savent elles-mêmes suppléer à l'abri que
leur mère n'a pu leur créer, elles savent se revêtir
d'une triple et quadruple enveloppe imperméable,
grâce à l'incroyable luxe de glandes sérifiques dont
elles sont pourvues.

Lorsque le terrier est préparé, le Sphex se borne
à parcourir, dans un rayon de peu d'étendue, le voisinage de son gîte, et il ne tarde pas à trouver à sa
portée quelque Criquet pâturant au soleil. Fondre
sur lui, esquiver ses ruades et s'en rendre définitivement le maître à l'aide de son aiguillon, tel est le
but du Sphex ; c'est au moment d'immoler le Grillon
que l'hyménoptère déploie ses plus savantes ressources. La proie à attaquer est armée de mandibules redoutables, capables d'éventrer l'agresseur si
elles parviennent à le saisir ; elle est pourvue de
deux pattes vigoureuses, véritables massues hérissées d'un double rang d'épines acérées qui peuvent,
tour à tour, servir au Grillon pour bondir loin de
son ennemi, ou pour le culbuter sous leurs ruades
brutales ; aussi, quelle habile tactique de la part du
Sphex, avec quelles précautions il manœuvre pour
s'assurer de sa victime! Le Grillon, poursuivi à outrance, est bientôt serré de près ; le Sphex fond sur
lui ; la lutte s'engage. Les deux champions, tour à
tour vainqueurs et vaincus, roulent dans la poussière,
tantôt au-dessus, tantôt au-dessous l'un de l'autre.
Malgré ses efforts désespérés, ses ruades furieuses

et les coups de tenailles de ses mandibules, le Grillon est terrassé, étendu sur le dos. Les dispositions
de son meurtrier sont bientôt prises. Il se met, ventre
à ventre, avec son adversaire, mais en sens inverse,
saisit avec ses mandibules l'un ou l'autre des deux
filets abdominaux du Grillon et maîtrise avec ses
pattes de devant les efforts convulsifs des grosses
cuisses postérieures. En même temps, ses pattes
intermédiaires étreignent les flancs pantelants du
vaincu, et ses pattes postérieures, s'appuyant comme
deux leviers sur sa face, font largement bâiller
l'articulation du cou. Le Sphex recourbe alors verticalement l'abdomen, de manière à ne présenter aux
mandibules du Grillon qu'une surface insaisissable;
son stylet empoisonné plonge une première fois dans
le cou de la victime, puis une seconde fois dans l'articulation des deux segments antérieurs du thorax.
En bien moins de temps qu'il n'en faut pour le ra-
conter, le meurtre est consommé, et le Sphex, après
avoir réparé les désordres de sa toilette, s'apprête à
charrier au logis la victime dont les membres sont
encore animés des frémissements de l'agonie. Non,
si une imagination féconde s'était donné le champ
libre pour inventer à plaisir un plan d'attaque, elle
n'aurait pas trouvé mieux; il est douteux que les
athlètes de l'antiquité, en se prenant corps à corps
avec leur adversaire, aient eu des attitudes calcu-
lées avec plus de science.

C'est dans ce double et peut-être triple coup de
poignard du Sphex que se montrent dans toute leur
magnificence l'infaillibilité, la science infuse de
l'instinct. On le sait déjà, les victimes des hyménoptères, dont les larves vivent de proie, ne sont pas

de vrais cadavres, malgré leur immobilité parfois complète. Chez elles, il y a simple paralysie, totale ou partielle, des mouvements; il y a anéantissement plus ou moins complet de la vie animale, mais la vie végétative, la vie des organes de la nutrition, se maintient longtemps encore, et préserve de la décomposition la proie que la larve ne doit dévorer qu'à une époque assez reculée. Pour produire cette paralysie, les hyménoptères déprédateurs emploient précisément les procédés qu'une science avancée pourrait suggérer aux physiologistes, c'est-à-dire la lésion, au moyen de leur dard vénénifère, des centres nerveux qui animent les organes locomoteurs. On sait, en outre, que les divers centres médullaires de la chaîne nerveuse des animaux articulés sont, dans une certaine limite, indépendants les uns des autres dans leur action, de telle sorte, que la lésion de l'un d'entre eux n'entraîne, immédiatement du moins, que la paralysie du segment correspondant; et ceci est d'autant plus exact, que les divers ganglions sont plus séparés, plus distants l'un de l'autre; c'est le cas du Grillon. Qu'y trouve-t-on pour animer les trois paires de pattes? On y trouve ce que le Sphex savait fort bien avant tous les anatomistes, trois centres nerveux largement distants l'un de l'autre; de là la sublime logique de ses coups d'aiguillon réitérés : science superbe, humiliez-vous!

La chasse est terminée; il s'agit de porter les victimes au logis. Le Sphex s'arrête sur un buisson voisin, et soutient par une antenne, avec ses mandibules, un volumineux Grillon plusieurs fois aussi pesant que lui. Accablé sous le poids de son gibier, il se repose un instant, puis il reprend sa capture

entre ses pattes, et, par un suprême effort, franchit
d'un seul trait la largeur du ravin qui le sépare
de son domicile, et s'abat lourdement au milieu
d'une bourgade de Sphex ; le reste du trajet s'effectue à pied. L'hyménoptère est à califourchon sur sa
victime, et s'avance la tête haute, tirant par une
antenne, à l'aide de ses mandibules, le Grillon qui
traîne entre ses pattes. Si le sol est nu, ce transport
s'effectue sans encombre ; mais si quelque touffe de
gramen étend, en travers de la route à parcourir ,
le réseau de ses stolons, le Sphex lutte d'efforts et
d'adresse pour contourner et vaincre les difficultés.
Le Grillon est enfin amené à sa destination, et se
trouve placé de manière que ses antennes touchent
l'orifice du terrier. Le Sphex abandonne alors sa
proie, et descend précipitamment au fond du souterrain. Cette visite domiciliaire précède inévitable-
ment l'introduction du gibier ; il semble que le Sphex
juge prudent de s'assurer, par un coup d'œil au fond
du logis, que tout s'y passe bien, sauf à chasser, au
besoin, tout parasite effronté qui aurait pu s'y glisser pendant son absence. Quelques secondes après
cette investigation, on le voit reparaître, montrant
sa tête au dehors, et jetant un petit cri allègre ; les
antennes du Grillon sont à sa portée, il les saisit, et
le gibier est prestement emmagasiné.

Les quatre Grillons qui forment l'approvisionnement d'une cellule du Sphex flavipenne sont métho-
diquement empilés, couchés sur le dos, la tête au
fond de la cellule, et les pieds à son entrée. Il reste
à clore le terrier ; l'insecte y procède de la manière
suivante. Le sable provenant de l'excavation et
amassé devant la porte du logis est rapidement ba-

layé à reculons dans le couloir. De temps en temps, des grains de gravier assez volumineux sont choisis un à un, en grattant le tas de déblais avec les pattes de devant, et transportés avec les mandibules pour consolider la masse pulvérulente. S'il n'en trouve pas de convenable à sa portée, l'hymémoptère va à leur recherche dans le voisinage, et paraît en faire un choix scrupuleux; des débris végétaux, des fragments de feuilles sèches sont également employés. En peu d'instants, toute trace extérieure de l'édifice souterrain a disparu, et il est impossible à l'œil le plus attentif de le découvrir. Cela fait, un nouveau terrier est creusé, approvisionné et muré. La ponte achevée, l'animal recommence sa vie insouciante et vagabonde, jusqu'à ce que les premiers froids viennent mettre fin à une vie si bien remplie.

La tâche maternelle du Sphex est terminée, voyons maintenant ce qui se passe au fond du terrier. Les œufs ne tardent pas à éclore, il en sort une jeune larve. Le premier Grillon est attaqué au point où le dard du chasseur s'est porté en second lieu, c'est-à-dire entre la première et la seconde paire de pattes. En peu de jours la larve a creusé dans le thorax de sa victime un puits suffisant pour y plonger à demi. Il n'est pas rare de voir alors le Grillon mordu au vif agiter vainement quelques-unes de ses pattes, ses antennes ou ses filets abdominaux, et même entr'ouvrir et fermer à vide ses mandibules. Mais l'ennemi est en sûreté et fouille impunément ses entrailles. Quel épouvantable cauchemar pour le Grillon paralysé! Cette première ration est épuisée dans six à sept jours; il n'en reste que la carcasse tégumentaire dont toutes les pièces sont à peu près en place. La larve, dont la longueur est alors de treize millimètres, sort du corps du Grillon par le trou qu'elle a pratiqué au début dans le thorax. Pendant cette opération, elle subit une mue, et sa dépouille reste souvent engagée dans l'ouverture par où elle est sortie.

Après le repos de la mue, une seconde ration est entamée. Fortifiée maintenant, la larve n'a rien à craindre des faibles mouvements du Grillon, dont la torpeur, chaque jour croissante, a eu le temps d'éteindre ses velléités de résistance, depuis plus d'une semaine que le dard l'a atteint. Aussi l'attaque-t-elle sans précaution, et ordinairement par l'abdomen, plus succulent et plus tendre. Bientôt vient le tour du troisième Grillon, et enfin celui du quatrième, qui est dévoré dans l'intervalle d'une dizaine d'heures. De ces trois dernières victimes il ne reste que les téguments coriaces, dont les diverses pièces sont démembrées, une à une, et soigneusement vidées : la larve est définitivement repue, elle ne songe plus désormais qu'à tapisser de soie sa demeure ; en tout, son repas a duré de dix à douze jours, presque sans discontinuer. Après vingt-quatre jours passés à l'état de nymphe, l'animal a atteint sa perfection ; il déchire le cocon qui le retient captif, s'ouvre un passage à travers le sable, et apparaît un beau matin, sans en être ébloui, à la lumière qui lui est encore inconnue. Inondé de soleil, le Sphex brosse ses antennes et ses ailes, passe et repasse ses pattes sur l'abdomen, se lave les yeux avec les tarses antérieurs préalablement humectés avec la bouche, comme le font les chats, et, sa toilette finie, il s'envole joyeux : il a deux mois à vivre.

XXVIII

LES TEIGNES

On ne connaît que trop, par leurs dégâts, ces insectes si funestes aux ouvrages de laine et aux pelleteries. Pour peu qu'on les laisse s'installer sur les étoffes ou sur les ameublements, ils y font d'incroyables ravages; ils les hachent, les rongent et les découpent; leurs redoutables ciseaux détruisent aussi rapidement les tapisseries, qu'ils dépouillent promptement les fourrures de leurs poils précieux. Les Teignes sont donc des animaux nuisibles au premier chef. Cependant, si on laisse un instant de côté les dommages qu'elles nous causent, pour observer la manière ingénieuse dont elles savent se vêtir, on ne peut s'empêcher d'admirer leur adresse, et de les ranger parmi les animaux les plus industrieux.

Venant au monde comme nous, toutes nues, et nullement protégées par la peau délicate qui couvre leur corps, les Teignes n'ont rien de plus pressé, au sortir de l'œuf, que de se procurer un habit. La mode régnante les préoccupe peu; leur corps cylindrique se contente d'un simple tuyau ouvert par les deux bouts. Deux tissus le composent : à l'extérieur, c'est une simple étoffe de laine, verte, bleue, rouge, suivant la couleur de la pièce à laquelle l'insecte s'est attaché, et qu'il a dépouillée; tout son luxe est réservé pour l'intérieur du fourreau, doublé d'un fine soie gris-blanc. Ce vêtement du premier âge lui suffira pour toute sa vie. Mais la Teigne ne grandit donc pas, dira peut-être quelque jeune dandy choqué de cette sévère économie? Pardonnez-moi; comme tout être animé, avant d'arriver à l'âge adulte, la Teigne passe par l'enfance et la jeunesse; elle se développe, mais, en grandissant, elle ne change rien à ses principes; lorsque son habit devient trop court, elle l'allonge à mesure qu'elle prend plus de taille, et comme elle a eu tout d'abord la précaution de le faire très-large et très-long, elle n'a pas autant de besogne qu'on serait tenté de le supposer. Pour ce travail d'allongement, sa tête sort par l'un des bouts du fourreau, et cherche, à droite et à gauche, les brins de laine dont elle a besoin. Ne lui conviennent-ils pas, elle va plus loin à la découverte, le corps à demi nu; l'exercice ne lui coûte pas, elle change à chaque moment de place, emportant toujours sa maison avec elle. Lorsqu'elle a trouvé son affaire, sa tête se fixe, un instant, immobile; bientôt, elle saisit avec ses dents écailleuses le brin de laine, le tire, l'arrache avec force et l'attache aussitôt au bout du tuyau. Cette manœuvre se répète plusieurs fois de suite; chaque nouveau brin de laine est collé, à son tour, contre un des bords du tuyau; dès qu'un bout est suffisamment allongé, la Teigne fait volte-face, elle se retourne, passe à l'autre bout, et opère de la même façon : le tout est expédié en deux minutes, parfois même en quelques secondes.

Ce n'est là, toutefois, que la moitié de la besogne à faire. En même temps que l'insecte s'allonge, il grossit; son vêtement ne tarderait pas à le serrer et à le gêner dans ses mouvements, s'il n'y apportait remède. La Teigne, on le sait déjà, n'abandonne jamais son habit, quelque usé et quelque vieux qu'il soit; pour prolonger son service, elle l'allonge, elle l'élargit chaque fois que le besoin se fait sentir de lui donner plus d'ampleur. La manière dont elle s'y prend, quoique très-simple, suppose presque de la réflexion; elle ne peut espérer que son habit s'élargisse de lui-même par la pression d'un corps devenu plus volumineux; elle y met donc la main, et si bien, que le tailleur le plus expert ne ferait pas mieux. Jugez-en vous-même. Si l'artiste patenté avait à élargir un fourreau d'étoffe trop étroit, il le fendrait tout du long, et y rapporterait une pièce de grandeur convenable, pour l'ajuster de chaque côté aux parties séparées. C'est précisément ce que fait la Teigne, mais avec un supplément de prévoyance et de précaution, pour ne point rester à nu tandis qu'elle travaillera à ajuster son vêtement. Au lieu de deux pièces qui auraient chacune la longueur du tuyau, elle en met quatre dont chacune n'a pas plus de longueur que la moitié d'une des pièces précédentes; ainsi, elle ne fend jamais que la moitié de la longueur du fourreau; il a assez de soutien pendant que la fente est à fermer.

Ses outils pour cette opération ne sont autres que les dents qui lui servent à arracher les brins de laine, c'est avec cette paire de ciseaux qu'elle fend le fourreau; elle le coupe si exactement en ligne droite, et les bords de la coupure sont si peu éraillés, qu'un rasoir ne trancherait pas plus net : la fente ne présente pas la plus petite trace de bavure; pas un brin de laine ne dépasse les autres. Entre les deux bords de cette fente doit s'ajuster la pièce destinée à élargir l'un des côtés; la Teigne la fabrique de la même manière qu'elle confectionne les bandes qui allongent le fourreau; elle arrache les brins de laine, les porte contre un des bords de la fente et les y attache. Elle commence toujours par le fond de la fente, c'est-à-dire par le morceau le plus proche du milieu du fourreau; cette fente est plus ou moins large, selon que l'insecte est plus ou moins avancé dans son développement. Pour achever d'élargir son tuyau, il lui reste à effectuer trois opérations semblables à la précédente; elle y travaille sans désemparer, et toujours d'après le même procédé; il n'offre de variantes que dans l'ordre qui préside au travail d'élargissement. Certaines espèces, après avoir appliqué la première pièce d'élargissement, fendent le fourreau, depuis l'origine de la première pièce jusqu'à l'autre bout, pour ajuster la seconde; d'autres effectuent le second élargissement immédiatement en face du premier, de sorte que toute une moitié du tuyau est augmentée, tandis que l'autre reste étroite; sous ce rapport, les Teignes ne s'assujettissent à aucune règle uniforme. Le temps qu'elles emploient pour fendre l'étoffe n'est pas, non plus, le même chez toutes; il en est qui poussent activement ce travail, et l'achèvent en deux heures; d'autres le mènent plus lentement, mais toujours la pièce qui doit remplir la fente est mise dans l'espace d'un jour.

Les brins de laine constituent la matière principale de l'habit extérieur des Teignes, mais ils n'entrent pas seuls dans sa composition; à ce vêtement est associée une petite portion de soie tout à fait indépendante de la doublure, formée exclusivement de soie; l'insecte tire les fils soyeux de la filière placée au-dessous de sa tête, et s'en sert pour lier tous les brins de laine. La tunique de soie est fabriquée la première, et il en devait être ainsi pour mettre son propriétaire à l'abri; quand elle est terminée, la Teigne y attache, vers le milieu, un anneau de laine dont tous les brins sont couchés parallèlement les uns aux autres, dans le sens de la longueur du fourreau; c'est le point de départ ou l'origine du vêtement extérieur; sur les bords de cet anneau, l'insecte colle une nouvelle rangée de brins de laine, et ainsi de suite jusqu'aux deux bouts circulaires de la tunique.

Le fourreau a ordinairement la forme d'un fuseau ; mais lorsqu'il a été plusieurs fois élargi, son ouverture prend une forme évasée, dont le diamètre est moins grand que celui du milieu du tuyau.

Les brins de laine ne servent pas seulement à vêtir la Teigne, ils lui fournissent encore sa nourriture, elle vit de la matière même dont elle confectionne son habit ; la digestion n'altère en rien sa couleur.

Pendant toute la saison d'hiver, les Teignes sont plongées dans une immobilité complète; elles ont aussi d'autres temps d'inaction, mais plus courts en été et en automne; elles profitent de ce repos pour fixer leur fourreau sur l'étoffe qu'elles ont rongée, de manière qu'il ne coure aucun risque d'être projeté à terre; elles attachent à chacun de ses bouts plusieurs paquets de fils, tous collés par leur extrémité : ainsi amarré par de solides cordages, le fourreau se tient à l'ancre et défie les tempêtes.

Après plusieurs mues semblables à celles que subissent les chenilles, les larves ont pris tout leur accroissement, grâce aux brins de laine qui ne leur font jamais défaut; aux approches de la métamorphose, elles abandonnent ordinairement l'étoffe qui leur a fourni de quoi se vêtir et se nourrir, et cherchent des endroits plus fixes que ne le peuvent être des tissus faciles à déplacer. Il en est alors qui vont s'établir dans les angles des murs; d'autres grimpent aux plafonds; celles qui, dans le cours de l'année, ont ravagé les fauteuils, se nichent volontiers dans les petites fentes qui séparent l'étoffe et le bois. Quel que soit le point choisi, elles y attachent leur fourreau, tantôt par les deux bouts, tantôt par un seul; certaines larves le fixent parallèlement à l'horizon, d'autres sous différents angles d'inclinaison; à cet égard, elles n'affectent aucune position précise; seulement, toutes ont bien soin de clore avec un tissu de soie les ouvertures des deux bouts du fourreau.

L'insecte, ainsi renfermé, change bientôt de forme, et prend celle d'une chrysalide qui, d'abord, d'un blanc jaunâtre, passe successivement par des nuances plus foncées, et finit par devenir d'un jaune roussâtre. Trois semaines environ après cette prison volontaire, l'insecte se dégage de son enveloppe et apparaît sous la figure d'un papillon. A peine a-t-il extrait sa tête, qu'il perce le bout du fourreau vers lequel il était tourné, il avance en traînant après lui la dépouille dont il n'a pu encore se défaire complétement; il la fait sortir, à plus de moitié, du fourreau et s'en délivre, enfin, entièrement. Il se montre alors au grand complet, sous les traits de l'insecte adulte : papillon gris-blanc argenté, à filets coniques pour antennes; trois semaines après la ponte, de nouvelles larves recommencent de nouveaux désordres dans nos ameublements.

L'histoire de la Teigne de la laine ou Teigne fripière (Tinea farcitella) est, à peu de chose près, celle de la Teigne des pelleteries (Tinea pellionella). Leur industrie de tailleurs est semblable; mêmes façons de travailler, mêmes formes de fourreaux; la matière première, seule, diffère. L'habit des Teignes fripières approche plus de la qualité de nos draps; celui de la Teigne des fourrures est une espèce de feutre qui rappelle l'étoffe de nos chapeaux.

Il n'est pas facile de voir travailler les Teignes des pelleteries, enfoncées qu'elles sont dans une épaisse forêt de poils, immédiatement contre la peau. Elles y font bien d'autres dégâts que leurs voisines. Tandis que celles-ci ne détachent des étoffes que ce qu'il leur en faut pour se vêtir et se nourrir, travail assez difficile par suite de l'entrelacement des brins plus ou moins grossiers, la Teigne des pelleteries n'a affaire qu'à des poils ordinairement très-fins, et nullement entremêlés; elle les coupe à fleur de peau et presque pour le seul plaisir du mal, car ce qui lui est nécessaire pour ses besoins n'est rien, en comparaison des gros flocons de poils qui tombent d'une peau où elle s'est établie. Il y a là évidemment abus, et abus révoltant, puisqu'il n'est motivé par aucune fin avouable. La maudite bête coupe si ras, qu'il ne reste pas le plus petit poil sur la peau qu'elle a labourée; on suit facilement ses dégâts; à mesure qu'elle chemine, elle fait table rase, et détruit tout sur son passage.

La Teigne de la laine et celle des pelleteries fuient le grand jour, ainsi que tous les Lépidoptères noc-

turnes auxquels elles appartiennent, mais elles travaillent fort à l'aise dans un demi-jour, et encore
mieux en pleine obscurité.

Certaines espèces de Tinéines, dédaignant les
étoffes de laine, les tapisseries et les fourrures,
n'habitent pas nos maisons ; elles leur préfèrent la
vie au grand air, dans les bois, les champs et les
jardins. Leur nourriture est exclusivement végétale.
Leur habillement ne nous coûte aucun sacrifice, il
est pris sur les feuilles ; l'art avec lequel elles le
confectionnent en fait des industriels d'élite. On les
reconnaît sans peine aux ailes longues, étroites,
presque pointues et frangées du papillon. La larve
marche peu ; elle se tient ordinairement suspendue
contre le revers d'une feuille, enveloppée dans un
fourreau de couleur feuille morte qui lui tient lieu
de cellule. Sa partie antérieure est terminée par une
ouverture arrondie, coudée et rebordée ; sa partie
postérieure, au contraire, formée par la rencontre
de trois plans angulaires, est close, mais non pas
si hermétiquement, que les divisions ne puissent
s'écarter pour donner passage aux résidus de la
digestion. Le dessus du fourreau est tout uni ; ses
dimensions surpassent de beaucoup celles de l'insecte et lui permettent de se retourner, de bout en
bout, et d'exécuter d'autres mouvements. Le modèle
du genre se voit chez le Coléophore de l'orme
(Coleophora fuscedinella), petite Teigne aux habitudes nocturnes, qui se cache le jour sous les feuilles
de cet arbre ; ses industries et ses mœurs sont tout
à fait dignes d'être étudiées.

Commençons par la description générale de son
vêtement. Coupe élégante et originale, ornée de

dentelures sur le dos, renflée et arrondie du côté du ventre, s'amincissant vers le bas et terminée en queue de poisson; rien n'y manque pour en faire un joli habit de fantaisie. Veut-on connaître sa structure, il faut passer par l'estomac du Coléophore : sa manière de se nourrir nous dira facilement comment il s'habille. L'insecte vit de substances végétales, mais non d'après le système grossier du Hanneton et de ses semblables, qui rongent brutalement, en totalité ou en grande partie, les feuilles auxquelles ils se sont attachés; arrière cette vulgarité! Le Coléophore s'y prend plus délicatement. Domicilié sur le revers de la feuille, il élève son fourreau, attache avec des fils les bords de son ouverture contre la feuille, et ne l'y fait adhérer que par ce point seul; dans cette position verticale, la tête en bas, les jambes en l'air, il se met à table.

L'épicurien commence par percer la partie membraneuse de la feuille qui correspond à l'ouverture de son fourreau; il ronge ensuite tout ce qui se trouve de parenchyme jusqu'à l'autre membrane, mais sans percer la feuille de part en part : la substance verte constitue sa nourriture. Le premier coup de dent est donné; si la Teigne s'en contentait, elle ferait un repas bien léger, il lui faut quelque chose de plus; sa tête alors d'avancer et de se recourber; elle mine entre les deux membranes, et successivement dans tout le contour du trou; elle détache la matière succulente, la dévore à mesure, et écarte en même temps les deux membranes l'une de l'autre pour y loger la portion de son corps qui doit y entrer. La feuille, aux endroits attaqués, devient transparente et laisse apercevoir tous les mouvements de la Teigne; partout où celle-ci peut atteindre avec sa tête, l'opacité et le vert de la feuille disparaissent; elle se porte, de plus en plus, au large, et sort, de plus en plus, de son fourreau; quand elle a rongé pendant quelques heures, l'extrémité seule de son corps y reste; il est donc alors nécessaire que le fourreau se soutienne de lui-même; voilà pourquoi l'insecte a pris la précaution de le coller et de border le contour du trou fait à la feuille avec un cordon de soie qui tient au contour de l'ouverture du fourreau : là, il est toujours prêt à recevoir le Coléophore quand il lui prend envie d'y rentrer. Il y rentre, en effet, de temps en temps, *motu proprio*, soit qu'en vertu d'une sage hygiène, il veuille faire un peu de sieste après dîner, soit qu'il se propose de pousser une reconnaissance dans l'épaisseur de la feuille, sur l'un des côtés opposés à celui où il a déjà pénétré. C'est ainsi que, dans l'inaction comme dans ses repas, il se trouve toujours à couvert; quelque mouvement extraordinaire se fait-il sentir à la surface de la feuille, vite, il se retire dans son fourreau : il y rentre toujours à reculons.

Maintenant que nous venons d'être admis au grand et petit couvert du Coléophore, il ne nous sera pas difficile d'aborder les mystères de son vêtement : plutôt que de rapiécer de vieilles hardes, il préfère les abandonner et se faire une nouvelle tunique; pour le voir à l'œuvre, il suffit d'enlever son fourreau, il s'habillera bientôt de neuf, sans souci des regards indiscrets.

La Teigne, qu'on vient de dépouiller, sort d'abord son extrémité anale par le trou percé dans une des membranes de la feuille; elle tâte à droite et à gauche, et se montre presque entièrement à découvert pour chercher son habit. Ne le trouvant pas, elle prend le parti de rentrer dans la feuille aussi avant que possible. Comme l'espace qu'elle y avait creusé pour puiser sa nourriture est trop petit et serait incapable de recevoir son corps, s'il s'y étendait tout de son long, elle travaille à agrandir la brèche. Qu'elle ait ou non appétit, elle continue de ronger le parenchyme, et, à force de ronger, elle parvient à se faire une place où elle sera fort à l'aise. En attendant l'habit, elle a déjà le logement; elle est couchée entre les deux membranes de la feuille comme entre deux couvertures, et, de plus, sa table est toujours dressée. Forte est la tentation de banqueter, mais l'insecte n'y cède pas, il a toute autre chose à faire pour le moment. Il se remet à miner avec une nouvelle ardeur. Les décombres ne l'inquiètent guère ; nouveau Polyphème, il les envoie au fond de son estomac. En agrandissant son trou, le Coléophore se procure un logement plus vaste, mais, chose plus essentielle, il prépare en même temps l'étoffe de son habit : les deux membranes de la feuille en représenteront le drap. Les pièces n'ont pas besoin d'être bien grandes, elles le sont, cependant, par rapport à l'insecte, car un fourreau neuf a au moins le double de longueur du corps de la Teigne ; en les préparant, elle a eu grand soin de les conserver intactes, sans la moindre petite fente ; la seule ouverture qui s'y trouve, est celle qui lui a d'abord servi de porte d'entrée, mais ce trou occupe alors l'un des bouts de la membrane préparée, et dans une partie qui sera inutile.

En cet état, chacune des deux membranes est pour

la Teigne ce qu'est, pour un tailleur, une pièce de drap : elle ne procède pas autrement que l'artiste lui-même. L'habit qu'elle veut se tailler doit être composé de deux morceaux égaux et semblables qu'il s'agit de réunir au-dessus du dos et au-dessous du ventre; elle va couper, sur chacune des membranes, une pièce de figure et de grandeur telles, qu'elle formera la moitié de l'habit; ses dents la détachent aussi régulièrement que si elle se guidait sur un patron. La besogne marche lestement; un habit peut être commencé et fini en moins de douze heures, à partir du moment où l'insecte a percé une feuille jusqu'à celui où il a mis l'habit en état d'être emporté; notez que dans le temps même où il le confectionnait, il en préparait aussi l'étoffe.

Si chacun des morceaux qui doivent composer l'habit avait une figure régulière, dit Réaumur, s'ils étaient ronds ou carrés, par exemple, leur coupe n'aurait pas de quoi nous surprendre si fort; les fibres entre lesquelles les membranes se trouvent renfermées pourraient déterminer nécessairement l'insecte à les tailler carrément; de même, certains mouvements nécessaires de son corps pourraient aussi le forcer à les couper en rond; mais quel n'est pas l'étonnement de voir que ces pièces sont contournées avec une sorte d'irrégularité réclamée par la forme du fourreau. Ces morceaux de membranes doivent être coupés à un bout du double plus larges qu'ils ne le sont à l'autre; en venant du bout large au plus étroit, ils se courbent doucement, mais différemment de chaque côté; le bord d'un des côtés est un peu concave, et celui de l'autre côté convexe. Le petit bout est l'endroit où doit être le trou par lequel

sortira la tête de l'insecte; il faut qu'il y ait une
échancrure près de ce bout, afin que cette partie
étant appliquée sur la feuille, le reste du tuyau en
soit distant. Enfin, cette figure est tellement irrégu-
lière, qu'on ne saurait la décrire. Quoique l'insecte
n'ait rien qui le guide pour couper des morceaux de
feuilles d'après de tels coutours, il n'en arrive pas
moins à son but, comme s'il avait réellement l'idée
de leur figure.

Il n'a pas de peine à tailler les deux pièces, de façon qu'elles aient chacune la même figure et les
mêmes contours, puisqu'elles sont toujours vis-à-
vis l'une de l'autre, et que lui-même se trouve
placé entre elles; de peur de se tromper, après
avoir coupé une portion d'une des pièces, il coupe
la portion correspondante de l'autre. Bien que détachées, celles-ci ne laissent pas de tenir au morceau
dont elles ont été coupées; elles y restent comme
encadrées : les petites dentelures que l'insecte y a
pratiqués pendant qu'il les séparait, les y tiennent
engrenées.

L'habit taillé, il faut le finir. Les deux pièces qui
le doivent composer sont comme flottantes l'une
vis-à-vis et au-dessus de l'autre, il s'agit de les assembler : la Teigne tire des fils de sa filière et s'en
sert pour attacher leurs deux bords; elle y procède
avec une telle perfection, que lorsque l'habit est
terminé, on a peine à reconnaître, même avec le secours d'une loupe, les endroits où les deux bords ont
été ajustés l'un contre l'autre. Cette opération ne se
fait pas sans quelques dispositions préliminaires.
Avant d'assembler les deux pièces sur toute leur
longueur, la Teigne les attache d'abord en diffé-

rents endroits, assez éloignés les uns des autres.
Pour les assujettir partout fixement, elle attend
qu'elle leur ait fait prendre la véritable courbure,
le rond de bosse qu'elles doivent avoir; l'insecte se
tourne, se retourne, prend toutes les positions qui
lui seront nécessaires plus tard; il écarte les pièces
l'une de l'autre autant qu'il le peut, et leur donne
ainsi la convexité voulue.

La partie du fourreau par laquelle sort la tête de
l'insecte est comme une petite portion de cylindre
creux faisant coude avec le reste; elle est arrondie,
tandis que l'autre bout est plat. Quand la Teigne
achève d'assembler les deux pièces, elle n'attache
pas la portion qui se termine en queue. Les parties
dont cette dernière est composée doivent être en état
de se séparer l'une de l'autre toutes les fois qu'il y a
certaines matières à expulser; l'opération terminée,
l'ouverture de la queue du fourreau se referme par
son élasticité. Après l'assemblage, tout n'est pas
encore fini; on voit la Teigne aller et revenir d'un
bout à l'autre de l'habit, et frotter, en même temps,
avec sa tête la surface intérieure des deux membranes dont il est fabriqué, pour aplanir leurs inégalités et les lisser; elle achève ensuite de fortifier
son vêtement aux endroits que son corps devra le
plus occuper, c'est-à-dire depuis l'ouverture où
passe la tête jusqu'à la moitié de sa longueur : elle
les double de soie, et ses fils sont si parfaitement
collés et réunis, qu'ils forment une espèce d'enduit
opaque.

Pour le coup, l'habit est complétement achevé,
la Teigne n'a plus qu'à le retirer de l'établi où il
était resté engrené dans les bords des pièces de la

feuille; elle a plus besoin ici de force que d'adresse. Elle fait sortir sa tête et ses premières paires de jambes par l'ouverture du nouveau fourreau; ses pattes s'accrochent à quelque portion de la feuille sur laquelle elle se tire, et elle amène, en même temps, son fourreau en avant. Le nouvel habit ne cède pas aux premiers efforts; quoiqu'il ne tienne à rien, il n'en est pas moins une lourde charge pour la petite bête qui le porte; la Teigne s'y reprend donc à plusieurs fois; enfin, à force de se cramponner et de tirer en divers sens, elle débarrasse le fourreau de l'espèce de cadre qui le retenait : elle se met alors en marche, emporte son habit et va planter sa tente, soit sur un coin de la feuille qui lui a fourni le vêtement et la nourriture, soit sur une autre feuille; elle y vivra, comme précédemment, au détriment du parenchyme.

Ainsi travaillent les Teignes auxquelles on a enlevé leur vêtement; mais quand il n'y a pas eu de violence, quand il leur a pris fantaisie de se faire un habit neuf, leur manière de procéder présente, indépendamment de la confection principale qui ne varie guère, certaines particularités bonnes à connaître. Elles commencent toujours, ainsi qu'on l'a vu, par attacher le bord de l'ouverture du fourreau contre la feuille, comme toutes leurs sœurs ont coutume de le faire pour prendre leurs repas. Leur principal travail est alors de bien manger; c'est en mangeant qu'elles vont creuser dans l'épaisseur de la feuille, séparer les deux membranes l'une de l'autre et les dégager de tout parenchyme, en un mot, préparer l'étoffe nécessaire. Il est seulement à remarquer que l'endroit où elles ont fixé le bout de leur fourreau est peu éloigné du bord de la feuille et de son pétiole. Elles la percent et la minent ensuite, non pas tout autour du trou, mais en allant en avant, de sorte que lorsqu'elles ont creusé assez loin pour pouvoir se loger entre les deux membranes, elles se retirent entièrement de l'habit qui ne leur convient plus, elles le laissent en arrière et achèvent de préparer l'étendue de membranes nécessaires pour se tailler un habit ; pendant leur travail, elles ont besoin de se vider, on sait comment ; elles rentrent, de temps à autre, dans le vieux fourreau ; il s'ouvre par son extrémité caudale ; un petit grain noir est dardé à quelque distance ; l'insecte, soulagé, retourne dans la feuille pour y continuer son œuvre.

La partie de la feuille à laquelle a été attaché l'ancien habit n'est jamais comprise dans l'étendue des pièces que coupent les Teignes pour s'en faire un nouveau ; par conséquent, lorsque ce dernier est fini et que l'insecte l'emporte, il laisse l'autre collé et appliqué contre la feuille, à la place où il l'avait d'abord assujetti. Cet ancien fourreau est posé comme il le serait s'il renfermait une Teigne, mais il est toujours facile de reconnaître qu'il a été abandonné et qu'il est vide ; on en a une preuve presque certaine s'il touche à un endroit dont une portion de la feuille a été ôtée.

Un autre signe du même genre peut aider à faire découvrir la Teigne de l'orme dans son domicile, et à s'assurer, du premier coup d'œil, si cet arbre en loge ou n'en loge pas. Aperçoit-on des feuilles dont certaines portions sont sèches, tandis que tout ce qui les environne a gardé sa fraîcheur naturelle, point de doute ; l'intérieur des endroits flétris a été

rongé par les Coléophores ; si la face inférieure de
ces feuilles n'en porte pas, examinez le dessous des
feuilles avoisinantes, vous les y découvrirez ; si
l'orme qu'on observe a beaucoup de feuilles dessè-
chées, les Teignes y seront abondantes ; rares, au
contraire, si peu de feuilles ont été attaquées : on
rencontre les Coléophores de l'orme sur cet arbre,
dès que commence la feuillaison.

XXIX

LES PUCERONS

Au premier abord, les Pucerons semblent privilégiés. Pour eux, point de travail d'aucune sorte,
point de luttes à soutenir pour défendre leur vie
contre les difficultés du premier âge ; à peine ont-ils
vu le jour, ils trouvent le vivre et le couvert tout
prêts. Que d'insectes seraient tentés d'envier leur
fortune et de troquer contre un sort, en apparence
si fortuné, leur rude existence, toujours agitée,
tourmentée, contestée ! Ils pourraient bien se faire
illusion, les pauvres rêveurs ! Cette vie si molle, si
comblée de bien-être, a son revers, et revers acca-
blant. D'ailleurs, jouit-on autant de la richesse venue
en dormant, que de l'aisance énergiquement con-
quise ? Qui ne sait que l'esprit est absorbé par le corps
auquel tout est sacrifié, et que l'abondance, au début de la vie, aboutit souvent à la misère ? tôt ou
tard il faut expier ce bonheur prématuré, immérité,
en quelque sorte. Les Pucerons n'échappent pas à

cette loi d'équité : millionnaires dès leur naissance, ils finissent par le froid, la misère, la faim, ou par la dent de nombreux ennemis; l'énergie leur manquant, ils doivent nécessairement succomber : ils succombent.

Les Pucerons ne donnent pas l'idée d'une vive intelligence. On s'étonne que de longues pattes grêles puissent porter leur gros corps dodu, pansu, surmonté le plus souvent de deux cornicules. Leur petite tête, couronnée de belles antennes qui, tantôt se portent en avant, tantôt sont rejetées élégamment sur le dos, est percée de deux yeux saillants arrondis, pleins de mansuétude; ils marchent peu et lentement, se remuent à peine, si ce n'est pour changer de table; leur aspect, en un mot, est celui de béats satisfaits de leur position, et n'ayant d'autre ambition que d'amener doucement à bon port leur tranquille destinée. Leur histoire ne sera donc pas celle de conquérants farouches ou de brillants chevaliers; c'est tout au plus une modeste idylle, peu mêlée d'aventures; mais, si humble qu'elle soit, elle n'en offre pas moins des particularités curieuses, sans exemple chez les autres insectes, et même dans tout le règne animal.

Les Pucerons sont très-répandus dans le monde; il n'est guère de plantes qu'ils ne visitent; on les rencontre partout, sur les arbres comme sur les végétaux herbacés; ils fréquentent les bois, les prés, les champs, les jardins, tout ce qui tient au royaume des fleurs. Ils aiment la société; aussi, vivent-ils généralement en compagnies plus ou moins nombreuses. Leur costume le plus ordinaire est l'habit vert-pomme, mais il varie suivant les espèces et d'après la saison. Certains d'entre eux sont habillés vert-clair, vert-brun, citron, orangé; d'autres, de la tête aux pieds, sont noirs ou bronzés; quelques muscadins, tels par exemple que le Puceron du rosier, laissent leur habit vert de printemps pour en prendre un couleur de chair vers le mois d'août; le Puceron du sycomore revêt la camisole rouge en novembre; il est vert le reste de l'année; les plus frileux de la troupe, le Puceron lanigère, le Puceron du hêtre, s'enveloppent de longues fourrures blanches; les Pucerons du sureau, de la fève, du pavot, ne portent que du velours noir ou brun; ceux de l'abricotier ne quittent jamais l'habit noir de cérémonie, il est toujours du plus beau vernis. Moins sévères dans leur tenue, les Pucerons de l'absinthe se permettent des bigarrures, du blanc et du brun; ceux du bouleau et du saule sont coquettement chamarrés de vert et de noir; mais les plus élégants de tous sont, sans contredit, les Pucerons du groseillier : ils ne mettent, pour tous les jours, que des habits couleur nacre de perle, c'est-à-dire ce qu'il y a de plus délicat et de plus salissant, après le blanc pur.

Par une exception dont on ne connaît pas encore la cause, les deux sexes, tantôt portent des ailes, tantôt sont aptères; après leur métamorphose, les mâles prennent toujours ces organes du vol; les femelles n'en sont pas toutes pourvues, ce qui ne les prive nullement de leur rôle de mères; à leur exemple, les petits deviennent ailés, ou bien n'ont jamais d'ailes. Les individus destinés à en être munis sont faciles à reconnaître, dès l'état de larve ou de nymphe : ils portent, de chaque côté du corselet, une

espèce de bouton ou de paquet membraneux ; les ailes
y sont renfermées, elles ne font que se développer
au moment de la dernière transformation. Les ailes
sont disposées en toit. Chez quelques Pucerons, celui
du pêcher, entre autres, elles sont très-lisses, et si
glabres, qu'elles réfléchissent une vive lumière ; les
deux membranes qui entrent dans leur composition,
en emmagasinant une certaine portion d'air, décom-
posent le fluide lumineux et renvoient ses rayons
colorés.

L'absence d'ailes ou leur présence sur les individus de même sexe, n'est pas la seule singularité
qu'on observe parmi la gent Puceronne, les femelles
sont à la fois ovipares et vivipares. Les larves, parvenues à une certaine grosseur, donnent naissance,
pendant tout l'été, à des petits qui sortent vivants
de leur corps, sans que cet enfantement ait été précédé d'aucun mariage ; ces petits ne tardent pas eux-
mêmes à produire, dans les mêmes conditions ano-
males, une nouvelle génération ; il se fait ainsi, dans
le cours de six mois, de neuf à onze générations successives, dont la dernière seule donne des femelles
qui cessent d'être vivipares ; elles pondent, après un
accouplement automnal, des œufs chargés de perpé-
tuer l'espèce : les petits qui en sortiront, profiteront,
pendant toute la belle saison, du bénéfice de propager leur race.

La fécondité des mères est extrême. Il en est
qui produisent jusqu'à cent Pucerons par jour ; or,
comme chacune d'elles compte, par année, dix générations vivipares et une ovipare, il en résulte, qu'après
la dixième génération, la femelle a donné naissance
à plus de cinq millions d'individus : à quel chiffre

prodigieux n'arriverait-on pas, si l'on calculait ce que peut donner une tribu tout entière de Pucerons, vivant par centaines et par milliers sur la même plante, puisqu'une seule femelle s'entoure déjà d'une population si nombreuse ?

Dès que la ponte a commencé, elle semble ne devoir jamais finir. Les mères, la peau tendue, le ventre et le dos renflés, laissent échapper des myriades d'animalcules faisant leur apparition au monde à reculons, et filant les uns après les autres comme des grains de chapelets. Le Puceron nouveau-né est toujours moins foncé en couleur que sa mère ; quelquefois, sa livrée originelle est toute différente de celle qu'il aura un jour ; ainsi, les Pucerons noirs du sureau naissent verts ; les Pucerons jaunâtres du noisetier et du troëne viennent au jour tout blancs ; tous, au début, ont le corps légèrement aplati.

Ils ne gardent pas longtemps cette dépression. Aussitôt nés, ils se mettent en marche, et vont chercher, sur la plante qui leur a servi de berceau, un emplacement favorable, et s'y fixent. N'allez pas croire qu'ils prennent position à l'aventure. Ont-ils vu le jour sur un pied de sureau, ils montent ou descendent le long de la tige, passent sur le corps de ceux qui l'occupent déjà, et, une fois parvenus à l'extrémité de la foule (au haut ou au bas), ils se mettent à la file des autres Pucerons : la couche s'allonge ainsi journellement. Elle se partage comme en deux camps : les Pucerons logés au premier étage ont tous la tête tournée vers le bas de la plante ; ceux du rez-de-chaussée regardent le ciel : on dirait deux bataillons vis-à-vis l'un de l'autre et près d'en venir aux mains. Chaque Puceron, en se mettant en serre-file, s'arrange de façon que sa tête soit voisine de l'extrémité postérieure du Puceron qui le précède. Les Pucerons campés sur les feuilles, comme le Puceron du sycomore, se groupent à peu près de même ; seulement, ils forment des couches concentriques, toutes les têtes convergent vers une espèce d'axe central ; à l'instar des moutons des champs serrés les uns contre les autres au plus fort de la chaleur, ils inclinent leurs têtes contre la surface de la plante : les bêtes à laine se posent ainsi pour se soustraire à l'ardeur du soleil, et surtout pour éviter que la mouche bourdonnante vienne pondre dans leur nez ; le Puceron a d'autres raisons non moins graves pour courber sa tête, c'est afin d'enfoncer plus profondément sa trompe dans la plante, de s'y fixer et de la sucer plus à son aise.

Cette trompe ou bec joue un grand rôle dans la vie de l'insecte ; elle remplit une double fonction : celle d'une amarre, et celle d'un piston qui pompe les sucs de l'alimentation. Le Puceron ne saurait s'en passer avec ses habitudes sédentaires et son goût prononcé pour la table. En effet, une fois en place, il n'en bouge presque plus, il a donc besoin d'être solidement ancré. Avec la nourriture, il lui faut encore un bon gîte qui le protége contre les intempéries. Les feuilles ont beau lui fournir et parapluie et parasol, elles ne le défendent pas aussi bien que les retraites qu'il sait se construire au moyen de sa trompe ; elle lui est on ne peut plus précieuse pour ce but spécial. Tout le monde connaît les tubérosités variées dont beaucoup de plantes sont chargées ; leurs feuilles se contournent, se crispent, se tortillent et prennent les formes les plus bizarres ; ici, elles se moulent en pommes, là, en petites têtines; ailleurs, elles se gonflent en vessies ou se dressent en cornes; en un mot, elles prennent l'aspect de *galles* de toutes grosseurs et de figures très-bizarres. Ces monstruosités sont le résultat des piqûres multipliées des Pucerons. A force de pomper les sucs du végétal à ses endroits les plus tendres, ils déterminent un afflux de séve considérable. Les feuilles attaquées sont gorgées, inondées du suc nourricier; elles se distendent, s'épaississent et se développent contre nature : leur surface supérieure, au lieu de rester plane et unie, se couvre de ronds de bosse, de callosités et de protubérances fantastiques; qu'on observe la face inférieure, on y trouvera, en creux, ce que le dessus présente en relief; ces creux sont autant de cavernes peuplées de Pucerons.

Généralement parlant, les Pucerons se logent au-dessous des feuilles, ils y sont plus à l'abri de la pluie que tant ils détestent, et du soleil qu'ils n'aiment guère; de plus, ils y trouvent une pellicule plus facile à percer et moins sujette à se dessécher. Quand ils s'appliquent sur les jeunes pousses des arbres, sur le tilleul, par exemple, ils ne l'entourent pas d'un anneau, ainsi que font les Pucerons du sureau, ils s'échelonnent en file, simple, double ou triple, sur l'un des côtés de la tige; celle-ci ne tarde pas à se courber. Une mère Puceronne s'y est-elle établie avec ses petits, la tige alors ne s'infléchit pas seulement du côté des insectes, elle se contourne encore en tire-bourre : les petits sont toujours logés dans la concavité des spires, rarement en trouve-t-on sur la convexité; ces contours leur sont très-avantageux : les feuilles, partant de ces points, sont plus rapprochées les unes des autres, et forment une cachette excellente qui dérobe la nichée à tous les yeux. Lorsque les Pucerons se gitent près des bords d'une feuille de pommier , la feuille se gonfle et se recourbe vers le dessous ; quand ils occupent le milieu de la feuille, il n'y a plus d'inflexion , mais production de tubérosités ; les plus curieuses de ce genre sont , assurément, celles qu'on observe sur l'orme et sur le peuplier.

Dans certaines années, les ormes sont couverts de galles souvent plus grosses que des noix ; la feuille, dans ce cas, a presque entièrement disparu pour faire place à ces monstruosités qu'habite toujours une mère Puceronne avec sa lignée. Plus les vessies sont grosses, plus nombreuses sont les familles des Pucerons. Les jeunes vessies sont entièrement fermées, on n'aperçoit même pas l'endroit par lequel la mère est entrée ; la manière dont elles se forment explique très-bien cette clôture absolue. Une femelle, dit Réaumur, enfonce sa trompe dans une feuille d'orme ; l'endroit piqué se développe avec excès ; il se boursoufle au-dessus de la face supérieure de la feuille , et forme, en même temps, une cavité du côté où se trouve l'insecte. Que le Puceron avance dans cette cavité, et qu'il continue à la piquer vers l'endroit le plus enfoncé, cet endroit s'étendra en s'allongeant, il se formera une cavité un peu oblongue , laquelle continuera de s'allonger tant que l'insecte la piquera et la sucera vers son fond. A mesure que la cavité croît, le Puceron va toujours en avant ; dès que la vessie se sera élevée à une certaine hauteur au-dessus de la face supérieure de la feuille, l'insecte, qui l'a toujours suivie par dedans, ne sera plus dans le plan de la face inférieure de la feuille où se trouve l'ouverture qui a donné entrée dans la vessie naissante. Cette ouverture n'est qu'un enfoncement de la feuille ; dès que le Puceron s'en éloigne, rien ne contribue à la conserver, les parties repliées qui la constituent se rapprochent et la ferment. A un moment donné, la mère Puceronne se trouve donc renfermée dans une vessie oblongue ; elle y donne le jour à des petits qui , aussitôt après leur naissance, piqueront la galle, chacun de leur côté ; ces piqûres étant multipliées, la galle , sucée continuellement, croîtra davantage, elle prendra une figure arrondie, celle d'une boule ou d'une poire, plus ou moins régulière.

Les galles du peuplier noir, tout en se formant par le même procédé, offrent une variante. Il y en a qui partent de la queue de la feuille ; elles sont tantôt arrondies, tantôt oblongues ou un peu recourbées vers un côté, quelquefois elles présentent des espèces de cornes ou bien se tournent en spirale ; sous cette dernière forme, la galle est sillonnée d'une rainure qui, à une certaine époque, s'entr'ouvre d'elle-même pour laisser sortir les Pucerons.

Les autres galles des peupliers sont situées sur la feuille même, et toujours si près de la principale nervure, que celle-ci semble l'avoir enfilée, de part en part, dans le sens de la longueur. La galle s'élève à la face supérieure , mais sa face inférieure reste plane ; la principale nervure semble manquer dans toute la partie correspondant à la longueur de la galle ; à sa place, on voit une légère fente. Tout paraît bien joint, quoique les parties de la feuille, à cet endroit, soient simplement contiguës. C'est que les portions de la galle qui s'appliquent ainsi l'une contre l'autre, sont deux bourrelets bien plus épais que le reste de la tubérosité ; en se développant démesurément, ils se sont rapprochés et comme soudés l'un à l'autre, mais il n'y a là qu'un simple accollement ; il est facile de s'en assurer : on n'a qu'à tirer, avec les doigts, la feuille du peuplier par ses deux bouts opposés, dans des directions contraires et perpendiculaires à la nervure principale, la fente sera bientôt mise en évidence ; elle s'élargira, se raccourcira, et son ouverture laissera voir l'intérieur de la cavité où sont logés les Pucerons ; ce sont ces mêmes bourrelets, plus épais que le reste, mais circulaires sur la feuille de l'orme , qui enferment la mère Puceronne et sa progéniture.

Les galles, on le comprend sans peine, offrent un asile assuré à nos insectes ; beaucoup de Pucerons y passent une partie de leur vie, ils y changent plusieurs fois de peau, s'y multiplient et y nourrissent, dans les premiers temps, leurs petits avec la liqueur sucrée que sécrète une glande placée à la base des cornicules. Toutes ces fonctions s'accomplissent aussi à l'air libre ; les dépouilles blanches et sèches suspendues aux tiges et aux feuilles sur lesquelles les Pucerons se sont fixés, attestent leurs mues au grand air ; quant à la liqueur sucrée qu'ils éjaculent, rien de plus facile que de la constater , il suffit de suivre les Fourmis. Ces insectes en sont très-avides ; ils sont sans cesse à la piste des Pucerons pour recueillir cette manne liquide déposée sur les tiges et sur les feuilles ; ils savent provoquer sa sortie par des caresses faites aux Pucerons ; dès que la gouttelette attendue se montre au bout des cornicules, ils la boivent avec délices; certaines Fourmis, très-entendues en économie domestique, font mieux encore, elles renferment les Pucerons dans leurs souterrains, afin de les traire plus à l'aise; elles les y tiennent comme dans un parc.

Les Pucerons, après avoir passé toute la belle saison à se nourrir des plantes où ils ont pris domicile, ont, comme tous les insectes, une dernière métamorphose à subir pour devenir insectes parfaits. Rien de plus simple pour ceux qui ne doivent pas porter d'ailes; leur transformation se borne à un dernier changement de peau qui n'altère en rien leur forme; de la naissance à la mort, elle reste la même, sans la moindre modification. Les Pucerons appelés à voler ont à traverser une crise plus compliquée. Leur peau se fend sur le corselet; l'insecte, en se recourbant à plusieurs reprises, force l'ouverture de s'agrandir; quand elle a gagné l'extrémité du ventre, il s'en tire sans efforts. Ses ailes, cependant, ne sont pas encore dépaquetées, leur extension s'opère peu à peu; lorsqu'elles sont tout à fait développées, elles sont une fois plus longues que le corps de l'animal. Le Puceron n'en fait pas immédiatement usage; légèrement pâlot, à la suite de ce grand événement, il se tient pendant quelque temps immobile sur la plante, comme s'il avait besoin de reprendre des forces; il se met ensuite à faire deux ou trois pas, puis à marcher; à la fin, il s'envole, et s'occupe du soin de propager son espèce.

La prodigieuse fécondité des Pucerons deviendrait un fléau redoutable pour toute sorte de végétation, si la loi providentielle, qui contient toutes choses dans de sages limites, ne prévenait le débordement de l'espèce Puceronne. Non-seulement la chute des feuilles fait périr la plupart des individus en leur coupant radicalement les vivres, mais le petit nombre de ceux que la faim épargne, n'échappe, pas aux premiers froids rigoureux; dans nos climats, l'hiver leur est fatal.

Indépendamment de ces deux causes de destruction, les Pucerons sont encore décimés par leurs ennemis; nombreux ils sont. Les Cynaps les éclaircissent singulièrement en glissant des parasites dans leurs œufs; les Hémiptères en approvisionnent leurs petits; les Coccinelles, sous leur premier état, les croquent à plaisir; mais, de tous ceux qui en veulent à leurs jours, il n'en est pas de plus terribles que les larves des Syrphes et des Hémérobes : ces dévorantes en sacrifient d'immenses hécatombes pendant la belle saison.

Les premières n'ont, pour ainsi dire, que la peine de se baisser pour saisir leur proie. Placées au milieu des tribus inoffensives de Pucerons sans défiance, elles attendent, sans bouger, que quelqu'un d'entre eux les touche; aussitôt elles le happent, l'embrochent avec leur dard fleurdelisé, l'élèvent en l'air comme sur la pointe d'une fourchette, et le sucent, sans miséricorde, jusqu'à la dernière goutte; elles rejettent ensuite son cadavre desséché. Il n'est pas rare de leur voir expédier, de la sorte, plusieurs douzaines de Pucerons en quelques minutes, pour recommencer, bientôt après, ces repas de cannibales; elles sont, du reste, si voraces, que, pour peu qu'elles soient en appétit, elles se jettent aussi sur leur propre espèce : hélas! il n'en reste que trop pour le malheur des pauvres Pucerons.

L'Hémérobe leur est encore plus funeste. La femelle, guidée par son instinct, s'en vient pondre sur les plantes fréquentées par les Pucerons ; ses œufs y sont suspendus comme d'élégantes fleurs en miniature, sur de petites tiges cristallines, adhérant au végétal par un suc visqueux. Dès leur éclosion, les larves se répandent sur les feuilles pour y chercher leurs victimes. Vives et agiles, elles ont bien vite dépeuplé des quartiers tout entiers ; à l'aide de deux poignards dont leur tête est armée, elles appréhendent les Pucerons au corps, et les gobent comme des œufs à la coque, sans toucher à la peau. Avec un pareil régime, leur développement est rapide ; quinze jours après leur naissance, elles quittent ce champ de carnage, se retirent sur une feuille sèche, et là, se filent, avec beaucoup d'adresse, une boule de soie parfaitement blanche, où elles se changent en nymphes. Si la métamorphose a lieu en été, l'emprisonnement ne dure qu'une quinzaine de jours ; mais si elle s'accomplit en automne, l'insecte passera tout l'hiver dans sa coque, à l'état de nymphe, et en sortira au printemps suivant sous une figure ravissante : taille fine et élégante, corps svelte, tout brillant d'or et d'émeraude, les yeux de bronze igné, avec quatre grandes ailes transparentes comme la gaze la plus légère : et dire qu'une si jolie créature a commencé par être un effroyable assassin !

XXX

HISTOIRE DES ARAIGNÉES

Les Araignées ne sont guère plus en faveur que les Chenilles. Elles inspirent crainte et dégoût, sont réputées dangereuses et passent pour contrefaites, ou, du moins, mal tournées ; de là, toutes les persécutions dont elles sont victimes ; partout, elles ont des ennemis, en l'air, sur terre, et jusqu'au sein des eaux : ce sont les Parias du peuple entomologique.

Et pourtant, leurs talents de premier ordre en font des êtres hors ligne. Sans parler du service qu'elles nous rendent en nous débarrassant d'une foule de parasites, de Mouches, Tipules, Cousins effrontés, accoutumés à vivre à nos dépens, où trouver de plus admirables filandières, des chasseurs plus patients et plus adroits que les Araignées ? Leur prudence tient du diplomate ; leur persévérance héroïque triomphe des intempéries et des jeûnes les plus durs ; leur affection pour leurs petits et le courage avec lequel elles les défendent pourraient les faire regarder comme le type de l'amour maternel ; enfin, leurs mille ressources ingénieuses élèvent leur instinct jusqu'à la hauteur de l'intelligence. Et cependant nous les pourchassons, nous les maudissons, nous les tuons : décidément, les préjugés sont chose bien injuste ; espérons que l'histoire très-véridique publiée par Walckenaër en fera tomber quelques-uns, et réhabilitera les Araignées dans l'esprit des personnes mieux renseignées sur leur compte.

Les Araignées sont foncièrement laides, on le sait : un de leurs meilleurs amis, M. Michelet, en convient lui-même; passons donc condamnation sur ce point; en elles tout a été sacrifié au métier; ne regardez pas leur figure, voyez plutôt leurs produits, vous vous réconcilierez bien vite avec leur ventre énorme et débordant; ce n'est, au fond, qu'un atelier d'où sortiront bientôt de merveilleux ouvrages.

L'organisation spéciale de l'Araignée est une des plus riches de tout le règne animal. Il semble que, pour ce valeureux ouvrier, à la fois cordier, fileur et tisserand, tout devait être taillé en force : le corps se partage en deux blocs; le premier réunit la tête au corselet (céphalothorax); le second comprend le ventre, mobile, quoique tout d'une pièce, et simplement joint à la partie antérieure par un court pédicule. L'unique appareil respiratoire des insectes ne lui suffisant pas, il en a deux : l'un, composé de trachées disséminées dans tout le corps, et s'ouvrant, au dehors, par des stigmates; l'autre, formé de lamelles ou petits sacs pulmonaires, serrés les uns contre les autres, comme les feuillets d'un livre. Ses yeux, il est vrai, ne sont pas taillés à facettes; mais il en a huit, lisses, brillants, groupés en carrés, en croissants, ou en triangles sur le devant du céphalothorax. Au-dessous d'eux se présentent deux vigoureuses mandibules ou chélicères, composées d'une tige et d'un crochet. La tige, cylindrique et conique, est garnie, à son côté interne, d'une rainure dentelée où se loge le crochet replié;

celui-ci, arqué, pointu et très-dur, se remue, avec son support, de haut en bas et de droite à gauche; il est percé d'un trou qui donne passage au venin dont l'Araignée tue sa proie. Les palpes, presque toujours velus, sont portés sur deux mâchoires, et font l'office de bras; leur dernier article est armé d'un crochet dans la femelle, et se couronne d'un bouton dans le mâle : ils se portent en avant, dans le sens de la longueur du corps. Le corselet, glabre ou poilu, suivant les espèces, mais toujours cuirassé, donne insertion à huit pattes rangées presque circulairement, et terminées par des griffes, sous forme de fourches ou de dents de peigne; elles sont ordinairement plus fortes et plus ramassées chez les Araignées chasseresses, errantes ou vagabondes, attrapant le gibier à la course, que chez les espèces sédentaires, qui chassent au filet, sans sortir de leur maison.

Tel est l'arsenal de l'Araignée; peu d'insectes, si ce n'est dans l'ordre des Carnassiers, l'ont plus formidable; voyons maintenant sa filature. Elle a son siége dans l'abdomen; deux mots, d'abord, sur sa forme très-variable. Dans le plus grand nombre des Araignées proprement dites, elle présente un ovale plus ou moins allongé, plus gros à la partie antérieure qu'à l'extrémité opposée. Chez d'autres, c'est l'inverse, la partie postérieure est la plus développée. Dans certaines espèces, l'abdomen est globuleux; dans quelques autres, il est découpé en angles aigus ou en festons arrondis; chez d'autres encore, il est surmonté de tubercules ou d'épines; les couleurs, quand elles existent, se trouvent surtout à la partie supérieure, elles s'harmonisent presque toujours avec le milieu où vit l'animal ; le dessous n'offre souvent que deux raies parallèles, jaunes ou blanchâtres.

C'est à l'extrémité du ventre que se trouvent les filières. Elles consistent en petits appendices articulés, cylindriques, rétrécis en pointe, placés immédiatement au-dessus de l'anus, serrés les uns contre les autres dans le repos, et réunis par leurs pointes en un seul faisceau désigné sous le nom de mamelon. Suivant les espèces, on compte de quatre à six filières ; elles sont attachées à un cercle membraneux par des muscles qui leur permettent de faire rentrer la dernière articulation dans le creux de l'abdomen, comme les étuis d'une lorgnette. A l'intérieur, les filières sont représentées par des vaisseaux débouchant les uns dans les autres, et aboutissant aux mamelons. La matière qu'ils renferment, ressemble à une gomme liquide, qui n'est flexible qu'autant qu'elle est divisée en fils extrêmement ténus. Cette condition ne fait pas défaut à l'Araignée ; de chaque mamelon sortent jusqu'à mille petits fils, d'une telle finesse, qu'il en faut quatre-vingt-dix pour atteindre la grosseur d'un fil de ver à soie, et dix-huit mille pour figurer un fil à coudre ordinaire. L'Araignée les tire avec ses pattes de derrière chaque fois qu'elle en a besoin ; elle les dévide encore par le seul poids de son corps, et, s'il est nécessaire, elle les roule en pelotes avec le secours de ses pattes et de sa bouche ; elle peut aussi les allonger et les raccourcir à volonté : à mesure qu'ils se montrent au dehors, elle en réunit un certain nombre pour en faire le fil unique dont sa toile sera tissée.

Deux liqueurs, l'une vénéneuse, paralysant instantanément la victime, l'autre sétigère et se dévidant comme la soie, voilà tout le secret de l'Araignée; elles la défendent contre ses ennemis, assurent sa nourriture et protégent sa jeune postérité. La matière transsudée par les filières ne lui est pas moins précieuse que son venin : c'est son gagne-pain, l'édredon de ses petits. Grâce à elle, l'Araignée marche, sans aucun risque, sur les corps les plus âpres, glisse sur les plus polis, se précipite impunément à terre, escalade sans difficulté une ligne verticale, traverse audacieusement les airs, tend des filets pour arrêter et enlacer la proie, tapisse le logis d'une fine tenture, et construit des cocons doublés intérieurement d'une molle ouate, tandis qu'au dehors ils sont munis d'un tissu dur et serré qui les garantit contre les chocs violents et les gens rapaces.

Il suffit du simple contact de l'air pour que la liqueur glutineuse qui s'échappe des filières, s'allonge en plusieurs fils, dès que l'Araignée s'éloigne des corps sur lesquels elle a déposé de ses gouttelettes. Corps touché, fil tendu, si l'animal fait un pas. Ces fils ne sont ni de même nature, ni de même couleur; chacun d'eux peut être considéré comme un petit écheveau résultant de cinq ou six fils extrêmement minces; leur qualité et leur force sont appropriées à leur destination.

Il en est de secs pour ourdir, et de glutineux pour coller; les fils tendus sont croisés en tissus serrés ou disposés en mailles plus ou moins larges. Lorsque les Araignées veulent commencer leur toile, elles font sortir une goutte de leur liqueur visqueuse, l'appliquent contre un mur ou sur une branche, et, s'éloignant de ce point, elles filent en marchant et vont fixer le bout du premier fil à un autre endroit.

S'agit-il d'une toile orbiculaire, l'Araignée se laisse tomber d'une branche et dévide son écheveau. Elle y reste, un instant, suspendue ; remontant au point de départ, à l'aide de son fil, elle se porte sur un autre endroit, et trace ainsi une série de rayons qui partent tous du même centre. La chaîne ourdie, elle s'occupe de faire la trame en croisant le fil. Courant de rayon en rayon, elle touche chacun d'eux de ses filières et y attache un fil circulaire. Le filet s'achève de la sorte, toutes les mailles du cercle sont exactement de la même grandeur. Le procédé varie si la toile, au lieu d'être lâche et perpendiculaire, est formée d'un tissu serré et horizontal. L'Araignée domestique, par exemple, dépose une gouttelette de liqueur contre un mur, et se met à marcher. Le premier fil est jeté ; elle l'attache à l'autre paroi de l'angle du mur ; elle revient sur le premier fil, et en place un autre à côté qu'elle fixe de même jusqu'à ce qu'elle ait garni, de fils semblables et pareillement dirigés, tout l'endroit où elle veut s'établir. Cela fait, elle pose des fils en sens contraire, de sorte qu'ils coupent les premiers à angles droits ; leur viscosité les colle aux premiers, ils font corps avec eux. De cette manière, la toile est composée de fils placés en deux sens ; la trame et la chaîne ne s'entrelacent pas, elles sont simplement appliquées et collées l'une contre l'autre.

Les fils de la toile sont souvent colorés autrement que ceux des cocons, ils peuvent être rosés, verdâtres ou bleuâtres, tandis que les fils des cocons sont blancs, jaunes ou fauves.

Toutes les Araignées d'une même espèce, dit Walckenaër, font leurs toiles et leurs cocons de la même manière, avec la même sorte de fil et d'après le même modèle. Le cocon ne change jamais ; mais lorsque l'Araignée est emprisonnée et gênée dans l'emploi de ses moyens, elle sait varier son industrie et construire une toile appropriée au local, différente de celle qui lui est habituelle. Est-elle violentée par l'homme ou troublée par une cause quelconque, c'est alors que se décèle son intelligence ; car, dans l'état de nature, elle n'a jamais occasion de l'exercer ; toujours elle choisit les lieux et les situations les mieux adaptés à ses ressources et à ses fins.

Dans nos étables, nos écuries, à l'intérieur de nos maisons, les toiles des Araignées, couvertes de poussière, hérissées de débris, vieilles et tombant en lambeaux, choquent les regards et n'inspirent que répugnance. Il n'en est pas de même lorsque, par une belle matinée brumeuse de la fin de septembre, on se promène, au lever du jour, dans les bois, les vergers ou les champs. De tous côtés, la vue s'arrête sur des toiles d'Araignées tendues en cercles concentriques, étalées en tapis, suspendues en drapeaux, allongées en guirlandes. Les rayons du soleil dissipant peu à peu les vapeurs et se projetant sur les travaux des Araignées, font scintiller de l'éclat du diamant chaque gouttelette de rosée pendue à leurs toiles, et les revêtent des couleurs de l'arc-en-ciel ; on aperçoit mieux alors la merveilleuse contexture de leurs tissus ; les plus indiffé-

rents se surprennent à admirer cet être si méprisé, et éprouvent le désir de savoir comment
se produisent les chefs-d'œuvre de son étonnante
industrie.

Le mode de filer n'est pas le même chez tous nos
artistes. Certaines Araignées, telles que celles des
jardins, fabriquent des toiles aériennes suspendues
verticalement ; la régularité parfaite des cercles concentriques et des nombreux rayons qui les coupent,
et convergent vers un centre commun, en fait un
véritable filet orbiculaire, à larges mailles. D'autres,
comme les Araignées domestiques, placent horizontalement leurs toiles serrées dans les angles des
murs et des fenêtres. L'Araignée des caves tapisse
de toiles le trou où elle se retire, et ne tend au dehors qu'un petit nombre de fils aboutissant à son
repaire, dont l'entrée reste ouverte et tendue. Un
grand nombre, de mœurs vagabondes, ne sont pas
filandières ; elles vont à la chasse, et prennent leur
proie en courant ou en sautant. Les Mineuses se
creusent des galeries souterraines ; enfin, il en est,
comme l'Argyronète, qui se construisent, au milieu
de l'eau, une coque d'où partent des fils dirigés en
tous sens, et attachés aux plantes aquatiques environnantes.

Pour se faire une idée de la prodigieuse quantité
de fils que les Araignées sèment sur leur passage, il
faut les observer, à l'automne, après que le soleil a
pompé l'humidité matinale qui s'y était attachée. En
regardant de profil, on voit que toutes les tiges,
toutes les branches des plantes en sont couvertes ;
ils tapissent les sillons des champs, les pierres, et,
généralement, tous les corps à la surface du sol.

Leur excessive ténuité ne permet pas de les apercevoir à l'ombre, mais le jeu de la lumière les met parfaitement en évidence : tout en est tendu. Ces fils sont l'ouvrage d'Araignées nouvellement nées, qui, par milliers, les dévident, chemin faisant; ils sont encore produits par les mères empressées de mettre leur postérité à l'abri des rigueurs de l'hiver, et par toutes les Araignées aspirant à entrer en famille. Cette multitude prodigeuse de rets de toute espèce, vieux ou récents, jetés sans cesse à travers les bois, les jardins et les campagnes, et baignés continuellement par les brouillards de l'arrière-saison, finit par s'y agglomérer en longs filaments d'une éclatante blancheur; tour à tour séchés par l'air et le soleil, les vents les emportent et les promènent à travers l'espace; on les a salués du nom charmant de *fils de la Vierge;* ils sont comme les messagers du beau temps; leur apparition floconneuse coïncide, dans nos climats, avec l'époque des semailles.

La diversité des lieux habités par les Araignées n'est pas moins grande que celle de leurs toiles; on en trouve sous terre, à la surface du sol, dans l'air et même dans l'eau.

Celles qui vivent sous terre, s'y creusent des trous parfaitement cylindriques, garnis à l'intérieur d'une soie fine, fermés tantôt par une porte, tantôt munis, à l'entrée, d'un rempart de terre, que fortifient des débris végétaux. Les Araignées, passant leur vie à la surface du sol, ont des repaires fort différents. Les unes ont l'habitude de se cacher dans des tubes de soie ou de s'abriter sous des tentes de formes variables; elles se logent dans des trous de murs et sous les pierres. D'autres gitent entre des feuilles qu'elles rapprochent ou qu'elles plient; plusieurs campent dans des coquilles vides de mollusques; les autres préfèrent les écorces d'arbres ou les rochers. Toutes ces Terricoles fuient le grand jour, et ont coutume de se tenir renfermées, même pendant la belle saison. Les Tégénaires, moins ennemies de la civilisation, recherchent nos demeures; elles se tissent un tube arrondi au milieu de leur toile, et s'y retirent.

Parmi celles qui vivent au grand air, suspendues dans l'espace, plusieurs se construisent des tubes de sûreté au fond de leurs toiles; d'autres se blottissent entre des feuilles qu'elles cousent de fils lâches; un certain nombre se tiennent auprès de leurs filets, mais dans une habitation séparée.

Les Argyronètes ou Araignées aquatiques vivent au milieu de l'eau, mais n'en sont que momentanément baignées; elles y demeurent dans une coque ovalaire, toute de soie.

Les lieux les plus fréquentés des Araignées sont ceux que visitent beaucoup d'insectes, c'est-à-dire les localités, ni trop sèches ni trop humides, où le sol plantureux, accidenté, abonde en expositions variées et en plantes de toutes sortes : le gibier, en général, y afflue, les chasseurs s'y donnent volontiers rendez-vous.

C'est de proie et de proie vivante, seulement, que se nourrissent les Araignées, elles se laisseraient plutôt périr de faim que de toucher à un cadavre; les insectes font les frais de leurs repas.

La ruse, aidée de la patience et du courage, pourvoit aux approvisionnements journaliers de l'Araignée. Immobile au centre ou au fond de son piége, elle attend, à l'affût, qu'un téméraire vienne se heurter contre sa toile; la moindre secousse, la moindre vibration l'avertit à l'instant, comme un télégraphe électrique, de la présence du gibier, si imperceptible et si impondérable soit-il. N'est-ce qu'un maigre Moucheron, Cousin, Tipule ou petite Phalène, notre chasseresse ne se dérange pas pour si peu, elle les laisse s'empêtrer, certaine qu'ils ne pourront s'échapper. S'il s'agit d'une grosse Mouche, l'Araignée se précipite sur elle, l'enlace de fils qu'elle tire de ses mamelons, l'attache à l'extrémité de son ventre, et l'emporte dans son gîte pour la sucer à son aise. Quand la proie est de très-forte taille, lorsqu'il est question d'un Coléoptère, d'une Guêpe ou d'un Taon, l'attaque a toujours lieu avec courage, mais aussi avec prudence; la tendeuse sait qu'elle a affaire à forte partie; elle ne se hâte pas de fondre sur cette proie dangereuse, elle attend qu'elle s'embarrasse dans ses rets. A-t-elle peine à s'en tirer, elle l'enroule dans ses fils avec une rapidité et une adresse surprenantes; lorsqu'elle est tout à fait garrottée, elle lui donne le coup de grâce.

Plus circonspecte encore se montre l'Araignée, si l'aventurier se débat avec force et fait tapage chez elle, menaçant de tout briser, de tout emporter; elle laisse, alors, tout amour-propre de côté, aide elle-même l'étranger à se dégager, en rompant quelques fils de sa toile qu'elle raccommode ensuite, ou même refait entièrement, si les avaries ont été trop considérables. Singulier effet de l'habitude et du milieu où l'on vit! Cette même Araignée, si habile et si brave chez elle, est sans force et sans ressource hors de sa toile : en perdant son industrie de filandière, elle perd toute sa vertu. Autre chose non moins surprenante ! quoiqu'elle attaque souvent des insectes plus gros qu'elle, il en est de très-petits qui ont le privilége de la faire reculer; la fourmi, par exemple, la rend tout effarée ; loin de songer à lui faire tête, elle entre dans une agitation nerveuse à son aspect; si l'insecte continue sa marche en avant, la peur la prend, de plus belle, elle sort de sa toile, et n'y rentre qu'après le départ de la butineuse. Chez notre valeureuse chasseresse, est-ce couardise ou crainte instinctive, irréfléchie ? Point du tout ; elle sait que le peuple formiquois envoie toujours des éclaireurs, quand il se met en campagne ; une armée tout entière, formidable par le nombre et son brûlant acide, est là, toute prête à s'ébranler au moindre signal ; son domicile serait bien vite cerné, assiégé, envahi ; ne pouvant résister, elle fait acte de sagesse, elle bat en retraite, comme un général prudent qui ne peut lutter contre des forces trop supérieures.

Et ce ne sont pas seulement des insectes étrangers à sa race, qui paralysent ainsi, tout à coup, l'Araignée. Le naturaliste Bonnet a été témoin d'une scène étrange qui prouve que de très-petites Araignées en imposent, parfois, à de plus grandes espèces. Il a vu un Théridion presque microscopique, arracher à la Tégénaire des maisons la proie dont celle-ci venait de s'emparer. S'avancer sur la maîtresse du logis à reculons et en ruant, afin de lui lancer des fils, ce fut tout un pour l'audacieux voleur. Pendant ce temps, la Tégénaire reculait, puis, voulait reprendre son butin et reculait encore; mais le Théridion de revenir aussitôt à la charge; il fit tant et si bien, toujours marchant à reculons et lançant ruades et fils, qu'il parvint à envelopper et entraîner la mouche que la Tégénaire tenait déjà entre ses pattes; cette dernière, à la fin, s'était enfuie, tout épouvantée, dans sa retraite : explique qui pourra cette irrésistible impression de la peur, même sur les cœurs les mieux trempés!

En général, les Araignées ne font que sucer les insectes dont elles se nourrissent; quelques-unes, cependant, dévorent l'animal en son entier. Quand la faim les presse, elles se jettent sur leur propre espèce, et même sans cette excuse, elles s'attaquent entre elles et ne s'épargnent pas : toute rencontre est suivie d'un duel à mort où le vaincu est mangé par le vainqueur. On comprend d'autant moins cette férocité, que les Araignées sont douées d'une étonnante faculté de jeûner. Elles peuvent passer des mois entiers, tout un hiver, sans prendre de nourriture, mais alors elles ne travaillent pas. Tout jeûne prolongé met la filature en chômage, elle ne peut marcher qu'avec l'estomac satisfait; — la pauvre Araignée est donc enfermée dans ce dilemme fatal : pour filer, il faut manger; pour manger, il faut filer; « ce fil, dit spirituellement M. Michelet, c'est celui de la Parque, c'est celui de sa destinée. »

Rassurons-nous, toutefois, sur le sort de l'Araignée, rarement elle périt de faim; il y a trop d'étourdis en ce monde, et notre chasseresse est trop habile, pour avoir souvent à pâtir d'un excès de sobriété : sa rotondité et sa fécondité attestent que son buffet st ordinairement bien garni.

Dans nos climats, les Araignées s'accouplent vers la fin de l'été ou le commencement de l'automne;

toutes sont ovipares. Les œufs arrondis, blancs ou légèrement teintés de jaune, éclosent, tantôt, quinze ou vingt jours après la ponte, tantôt, sommeillent tout l'hiver, et ne s'éveillent qu'au printemps.

La plupart des Araignées renferment leurs œufs dans des cocons de soie. L'enveloppe est *simple*, lorsqu'elle est formée d'une seule matière, bourre de soie, gaze transparente, tissu serré ou légère pellicule ; elle est *composée*, quand les œufs sont protégés, à la fois, par une bourre de soie et un tissu serré ; elle est *multiple*, si le tissu extérieur, garni souvent de terre, de petit gravier, de débris de plantes ou d'insectes, se double de plusieurs enveloppes soyeuses ou de tissus.

Suivant les genres et les espèces, les cocons sont, le plus souvent, globuleux, ovales ou aplatis. Les Araignées dont les cocons sont simples, sont celles qui les soignent avec le plus de sollicitude, elles suppléent souvent à leur structure imparfaite par des sacs ou des fourreaux servant à les loger. Les Araignées qui construisent des cocons composés, les abandonnent ordinairement après les avoir mis en lieu de sûreté ; il en est de même de celles dont les cocons sont formés d'un tissu serré et parcheminé. Les autres les gardent sans cesse à vue, les portent toujours avec elles, et se laissent plutôt prendre que de s'en séparer. Certaines espèces font mieux encore : pour mieux protéger leurs petits mal défendus par un cocon peu résistant, non-seulement elles veillent attentivement sur leurs cocons, mais elles se les attachent à l'extrémité du ventre, les charrient sans cesse avec elles, et, lorsque les petits sont éclos, elles les portent sur leur dos, jusqu'à ce qu'ils soient assez forts pour se passer de leurs soins.

L'Araignée qui vient de naître, est faible et comme engourdie ; elle se meut avec peine, se tourne lentement, étend ses pattes et ses palpes, et, quand on la retire de son cocon, elle paraît accablée de fatigue, après avoir fait un ou deux pas. Ses organes de manducation et ses filières sont enveloppés d'une peau commune, qu'elle garde pendant deux jours, ce qui l'empêche alors de manger et de filer. Avant de quitter son nid, elle subit encore une mue, et jusqu'à ce dernier travail, elle reste immobile, les pattes étendues. La crise passée, elle demeure sans mouvement, comme pour recueillir ses forces épuisées ; mais au bout de quelques heures, elle renaît à la vie ; on la voit marcher ; elle se laisse tomber du nid, tire un fil de ses filières, puis, emportée par l'air, elle accroche son fil à quelque branche, et, menue comme un grain de millet, elle se met aussitôt à construire une toute petite toile dont les cercles et les rayons sont d'une régularité géométrique aussi parfaite que si l'animal avait acquis tout son développement : son métier de filandière a, dès lors, commencé ; il ne cessera plus qu'avec son existence.

De toutes les Araignées répandues en France, les plus intéressantes, par leurs mœurs et leurs industries, sont : les Epéïres, les Mygales, les Lycoses, et les Argyronètes.

Les Epéïres n'ont point d'égales dans l'art de filer ; l'espèce la plus commune dans nos jardins, vers la fin de l'été ou au commencement de l'automne, est l'Épéïre diadème, caractérisée par sa triple croix. Sa toile

orbiculaire, à grands réseaux, pend verticalement.
Les points d'attache sont souvent éloignés de deux
à trois mètres, et le nombre des cercles s'élève de
vingt-huit à trente, quand l'Araignée a atteint tout son
développement. Elle construit en pleine lumière, et
sait prendre le vent qui lui amènera le plus d'insectes. Suspendue à un fil, elle s'essaye sur ce premier cordage ; s'il n'a pas toute la force nécessaire,
elle revient sur ses pas pour le consolider ; puis, se
dirigeant le long du fil qui s'allonge toujours, et la
soutient d'autant mieux, qu'il est plus long, elle dévide avec une vitesse toujours croissante, et va fixer
l'extrémité de son fil au point dont elle a fait choix. La
première amarre jetée, l'Epêïre retourne au milieu de
son fil, y attache un second câble par un bout et va
coller l'autre extrémité à quelque branche, près du
premier fil. Elle en jette ainsi plusieurs, qui partent
tous d'un centre commun, et qui, en s'éloignant, s'é-
cartent les uns des autres, comme les rayons d'un
cercle. La moitié de son travail est fait, il ne lui
reste plus qu'à coller des fils sur les premiers, à
une certaine distance les uns des autres, et à les
placer circulairement autour d'un centre commun :
l'Araignée s'y poste pour attendre sa proie. Il n'est
pas rare de l'y voir exécuter des mouvements de vibration, comme si elle voulait éprouver, de temps à
autre, la force d'élasticité et de résistance de son filet.

Qui le croirait ? Cette habile fileuse, si familière
avec l'homme, qu'elle lui barre souvent le passage
dans les allées de jardin, a des mœurs féroces ; ses
noces finissent, plus d'une fois, par une tragédie : il
lui arrive de manger son mari. Celui-ci sait quel sort
le menace, aussi, n'est-ce qu'à bon escient, qu'il

s'aventure dans le logis de la princesse. Tout d'abord, il frappe humblement à la porte, tire doucettement un fil, avance d'un pas, recule de deux, et ne se décide à aller en avant, qu'après avoir épuisé toute la stratégie du courtisan et obtenu la promesse formelle d'une bonne réception. Dans le tête-à-tête, harmonie complète, mais de courte durée ; tout à coup, au beau milieu de la conversation, la peur prend au sire ; d'un bond il gagne la porte et détale ; on ne saurait l'en blâmer : dame Aragne songeait à en faire son souper.

La tribu des Mygales renferme les plus grosses Araignées connues ; elles habitent principalement les contrées les plus chaudes du globe. Nous en avons deux espèces en France : la Mygale pionnière de Corse et la Mygale maçonne.

La première, aux habitudes nocturnes, tient à être parfaitement logée, attendu qu'elle reste, tout le jour, dans sa maison, véritable chef-d'œuvre d'architecture. On la trouve au bord des chemins, aux environs de Bonifacio. Elle se creuse, dans un sol compacte, un terrier profond, cylindrique, revêtu intérieurement d'un mortier dont la surface est unie comme si la truelle l'avait lissée. Deux sortes de tenture le tapissent : la plus grossière est appliquée immédiatement contre la muraille du puits ; l'autre, fine et satinée comme une étoffe soyeuse, constitue l'enveloppe proprement dite du nid.

Bien que la Mygale soit puissamment armée de pioches, de crochets et de râteaux, ce n'est pas petite affaire pour elle que de creuser et déblayer un souterrain qui plonge jusqu'à trente centimètres de profondeur dans le sol ; elle pousse ce travail

avec vigueur et résolution. Son antre est complète-
ment à pic. Malgré un escarpement aussi redoutable, la Mygale ne serait qu'à demi en sûreté chez
elle, si son logis ne pouvait se fermer ; une porte
en défend l'entrée ; nul ne la surpasse dans son ingénieuse construction. Cette porte consiste en un
couvercle plus large en haut qu'en bas, et reçu dans
une feyure, de manière à clore hermétiquement.
Quoique le disque n'ait que six millimètres d'épaisseur, il est formé de plus de trente couches de terre
détrempées, liées ensemble par autant de couches de
soie. Au dehors, rien ne trahit cette porte, sa surface
raboteuse se confond avec le sol environnant ; mais,
au dedans, elle est unie et tapissée comme l'enveloppe la plus intérieure du puits. Toutes les couches
soyeuses du disque s'arrêtent à son pourtour, à
l'exception d'un point où elles se prolongent dans
la muraille même, au bord le plus élevé de l'ouverture taillée en biseau comme le couvercle lui-
même, mais en sens inverse ; elles y relient la porte
et le puits par une charnière élastique, très-forte.
La porte s'ouvre avec facilité, de dedans en dehors,
lorsque la Mygale la soulève, et se referme en tombant d'elle-même, par son propre poids, dans la
rainure circulaire qui l'emboîte exactement. Ainsi
barricadée, l'Araignée semble à l'abri de tout danger ; une simple fermeture, cependant, ne lui suffit
pas ; un ennemi, qui aurait vent de sa retraite, pourrait encore violer le domicile, la Mygale y a pourvu :
vis-à-vis de la charnière, le disque est percé d'une
trentaine de petits trous. A peine l'Araignée a-t-elle
entendu les pas d'un rôdeur, vite, elle ferme sa
porte, enfonce ses griffes dans les trous du cou-

vercle et s'y cramponne avec force : le verrou est mis; ne le force pas qui veut.

La Mygale maçonne offre à peu près les mêmes mœurs et la même industrie que la Mygale pionnière; on la rencontre aux environs de Montpellier, dans les terrains en pente ou coupés verticalement.

Les Lycoses ne filent pas de toiles; d'humeur extrêmement vagabonde, elles chassent à courre et se retirent dans le premier gîte qu'elles trouvent sur leur passage. De toutes les Araignées, ce sont peut-être celles qui montrent le plus d'attachement pour leur progéniture. Non-seulement elles enveloppent leurs œufs d'un cocon de soie, mais elles portent sans cesse leur trésor avec elles, et, lorsque les petits sont éclos, elles les guident et les charrient sur leur dos quand ils sont fatigués ; les attaque-t-on, elle les défendent héroïquement. Nous avons, en France, un grand nombre de petites Lycoses; une de nos plus grandes espèces, la Lycose narbonnaise, habite le Midi, principalement aux environs de Nîmes et de Montpellier.

C'est à ce genre qu'appartient la fameuse Lycose-Tarentule, dont on a si fort exagéré les propriétés venimeuses. On prétend que les personnes qu'elle a piquées, sont prises, tout à coup, d'une espèce de folie; elles crient, soupirent, éclatent de rire, dansent et se livrent à mille extravagances. La vue du noir et du bleu leur fait horreur; en revanche, le rouge et le vert les réjouissent. Pour les guérir de ce mal cruel, il faut leur jouer sur la guitare, le hautbois, le tambourin, la *pastorale* et la *tarentola*. Sous le charme de cette musique napolitaine, les infortunés entrent en danse, mais danse à outrance,

qui les accable de fatigue et les baigne de sueur;
dans cet état alarmant, on les porte dans leur lit,
ils y dorment profondément; à leur réveil, guérison
radicale, et nul souvenir de l'accident. Est-il besoin
de dire que cette réputation faite à la Lycose-Tarentule ne repose sur aucun fait bien observé? Il se
peut que sa piqûre détermine une fièvre de quelques heures; mais, à coup sûr, elle ne produit pas
les effets fantastiques qu'on suppose. Au fond de ces
récits imaginaires, peut-être ne faut-il voir que la
glorification de la danse et de l'air de la *tarentola;*
soit; mais pourquoi transformer gratuitement en
Circée dangereuse la Lycose-Tarentule? Cette Ita-
lienne est très-répandue aux environs de Naples et
dans la Pouille; nos espèces, parfaitement inoffensives, ne jouissent d'aucune célébrité.

L'Argyronète, enfin, terminera la revue de la race
filandière. Cette Araignée, on le sait déjà, est aquatique; nulle autre ne partage ce privilège avec elle;
ses manœuvres méritent attention. Un domicile tout
spécial exigeait un vêtement tout particulier; l'Argyronète, pubescente de la tête aux pieds, ne se
mouille jamais; lorsqu'elle nage, tout son corps est
enveloppé d'une couche d'air qui suffit à sa respiration, et lui donne l'aspect d'un globe argenté cir-
culant avec rapidité au milieu de l'eau. Son talent
natatoire ferait honneur au maître le plus habile.
Non-seulement elle fait parfaitement la planche,
mais, soit en montant, soit en descendant, elle sait
garder cette position renversée, la plus ordinaire
chez elle; elle plonge, de plus, avec une extrême
agilité.

La construction de son nid offre un spectacle unique parmi les insectes, il est établi au milieu de l'eau. L'Argyronète commence par jeter quelques amarres sur les plantes aquatiques, voisines de l'endroit où elle veut faire élection de domicile. Montant, ensuite, vers la surface de l'eau, la tête en bas, elle élève au-dessus du liquide le bout de son ventre, dilate ses filières, charge d'une bulle d'air l'extrémité de son corps, et plonge aussitôt pour la déposer sur un de ses fils. Cela fait, elle remonte à la surface, prend un nouveau lest d'air et le réunit à la première bulle, par le même procédé. Ce manège se répète sans interruption, tant que l'édifice n'est pas achevé. Peu à peu, une cloche se forme, elle augmente de volume à chaque convoi; au bout d'un certain temps, elle prend la forme d'un dé à coudre ou, pour mieux dire, d'une cloche à plongeur. Des fils irréguliers aboutissent à son orifice et la tiennent suspendue au milieu de l'eau; ce sont autant de lacs pour prendre les insectes aquatiques dont l'Argyronète se nourrit. Ses chasses s'effectuent de la même manière que celles des Araignées sédentaires, elle se tient à l'affût dans son poste, prête à s'élancer sur le premier passant qui touchera ses fils. La proie tarde-t-elle trop à venir, l'Argyronète la poursuit à la nage, la saisit dans l'eau et, selon que le caprice l'inspire, elle porte son gibier à la surface pour le manger au grand air, ou bien dans son palais nautique, afin de dîner plus fraîchement : lorsque les captures sont abondantes, elle les accroche à ses fils, en guise de provisions.

L'Argyronète quitte quelquefois son humide séjour pour aller se poser sur des plantes, mais elle ne fait jamais de longues absences; la cloche aérienne est son véritable domicile, sa maison de prédilection ; elle la grossit de bulles d'air, jusqu'à ce qu'elle soit assez volumineuse pour lui donner facilement l'hospitalité. Garnie de fils dans son fond, enveloppée d'une tapisserie au petit point dans tout son contour, elle lui offre une retraite assurée contre l'ennemi ; on ne peut y pénétrer, en effet, que par une seule fente, et le propriétaire, seul, en a le secret : il l'entr'ouvre avec une de ses pattes, pour s'y glisser ou pour en sortir. Quelquefois le sommet de la cloche fait saillie hors de l'eau ; le plus souvent, cependant, la cloche y est entièrement plongée ; grâce à l'air qu'elle renferme, l'Argyronète y respire aussi librement qu'à terre ; elle s'y tient la tête en bas pour mieux observer ce qui se passe, et pour échapper plus vite au danger : ce singulier château d'eau est le berceau de sa famille.

APPENDICE

I

LE CERCERIS BUPRESTICIDE (1)

On sait avec quelle industrie, quelle intelligence, je dirais presque avec quel savoir, plusieurs hyménoptères prédateurs et fouisseurs approvisionnent leurs nids; on ne saurait trop admirer le tact qui préside au choix de ces provisions. Il en est qui ne donnent à leur progéniture que des individus d'une seule espèce d'insectes; d'autres, à défaut de celleci, qui ne se rencontre pas toujours assez abondamment dans les diverses localités qu'ils habitent, choisissent des espèces différentes du même genre ou d'une même famille ; enfin, on en connaît qui, ne respectant les limites ni du genre ni de la famille, puisent, dans l'enceinte d'un même ordre, des espèces de genres et de familles très-dissemblables.

L'*Odynère spinipède* distribue à chacun de ses petits une brochette de douze Chenilles de la même espèce; le *Philante apivore* de Latreille enfouit des Abeilles à miel pour nourrir ses petits, le *Tripoxilon*

(1) Léon Dufour, *Annales des sciences naturelles.*

figulus fournit d'Araignées les cellules de ses larves ; le *Solenius rubicola* ne donne à ses petits que des diptères. Mais, dans l'histoire des insectes, aucun fait n'est aussi curieux et aussi extraordinaire que les mœurs d'une espèce de Cerceris qui a un goût des plus recherchés, puisqu'il n'alimente sa famille qu'avec les espèces les plus distinguées, les plus somptueuses du genre, Bupreste ou Richard : Léon Dufour s'est fait l'historien de ce Cerceris qu'il appelle buprestcide, laissons-le parler.

« En juillet 1840, dit-il, étant allé faire une visite comme médecin, je me mis en observation dans les allées du jardin d'un de mes malades. Ne voyant rien venir, il me restait la ressource de me courber sur le sol pour y chercher des habitations d'hyménoptères fouisseurs ; un léger tas de sable, récemment remué et formant comme une petite taupinière, arrêta mon attention. En le grattant, je reconnus qu'il masquait l'orifice d'un conduit, qui s'enfonçait profondément. Au moyen d'une bêche, je défonce avec précaution le terrain, et ne tarde pas à voir briller des élytres épars du Bupreste convoité ; bientôt, ce ne sont plus des élytres isolés, des fragments que je découvre, c'est un Bupreste tout entier, ce sont trois, quatre Buprestes qui étalent leur or et leurs émeraudes : je n'en croyais pas mes yeux. Mais ce n'était là qu'un prélude de mes jouissances. Dans le cahos des débris de l'exhumation, un hyménoptère se présente et tombe sous ma main ; c'était le ravisseur des Buprestes qui cherchait à s'évader du milieu de ses victimes : dans cet insecte prédateur et fouisseur je reconnais le Cerceris buprsticide.

Mon ambition était loin d'être satisfaite. Il ne me

suffisait pas de connaître le ravisseur et l'objet ravi, il me fallait le consommateur de ces opulentes provisions. Après avoir épuisé ce premier filon buprestigère que j'avais suivi jusqu'à un pied de profondeur, je courus à de nouvelles fouilles, je sondai avec un soin plus scrupuleux ; je parvins enfin à démêler deux larves qui complétèrent la bonne fortune de cette campagne. En moins d'une heure, je bouleversai trois repaires de Cerceris et mon butin fut une quinzaine de Buprestes entiers avec des fragments d'un plus grand nombre encore. Je calculai, en restant au-dessous de la vérité, qu'il y avait dans ce jardin vingt-cinq nids de Cerceris, ce qui faisait une somme énorme de Buprestes enfouis. Que sera-ce donc, me disais-je, dans des localités où, en quelques heures, j'ai pu saisir sur des fleurs d'alliacées jusqu'à soixante Cerceris femelles dont les nids, suivant toute apparence, étaient dans le voisinage, et approvisionnés, sans doute, avec la même somptuosité ? Ainsi mon imagination me faisait entrevoir sous terre, et dans un rayon peu étendu, des milliers d'une rare espèce de Buprestes dont je n'avais pas rencontré, pendant trente ans de chasses actives, un seul individu dans la campagne : ce rêve devait bientôt se changer en réalité.

A quelque temps de là, visitant la propriété d'un de mes amis, au milieu de forêts de pins maritimes, je fis une nouvelle chasse aux Cerceris. Leurs repaires furent bientôt reconnus. Ils étaient exclusivement pratiqués dans les maîtresses allées du jardin, où le sol plus battu, plus compacte à sa surface, offrait à l'hyménoptère fouisseur des conditions nécessaires de solidité pour l'établissement de son domicile

souterrain. J'en visitai une vingtaine environ, et, je
le puis dire, à la sueur de mon front. C'est un genre
d'exploitation plus long et plus pénible qu'on ne le
croirait. Les nids, et par conséquent les provisions,
ne se rencontrent qu'à un pied de profondeur. Aussi,
pour éviter leur dégradation, il convient, après avoir
enfoncé dans la galerie du Cerceris un chaume de
graminées qui serve de jalon conducteur, d'investir
la place par une ligne de sape carrée dont les côtés
soient distants de l'orifice ou du jalon d'environ
sept en huit pouces. Il faut saper avec une pelle de
jardin, de manière que la motte centrale, bien détachée dans son pourtour, puisse s'enlever en une ou
deux pièces que l'on renverse sur le sol pour la
briser ensuite avec circonspection; telle est la manœuvre qui m'a réussi.

Je laisse à deviner les transports et l'enthou-
siasme qui s'emparaient du chasseur, chaque fois
qu'en renversant, de fond en comble, la mine, je
mettais en évidence de nouveaux trésors rendus
plus éclatants encore par l'ardeur du soleil, ou
lorsque je découvrais, ici, des larves de tout âge attachées à leur proie, là, des coques de ces larves
tout incrustées de cuivre, de bronze, d'or, ou d'é-
meraudes; dans ma longue carrière de naturaliste,
je n'avais jamais assisté à un spectacle si ravissant,
ni à pareille fête. Mon admiration, sans cesse croissante, se portait, alternativement, de ces brillants
coléoptères, au discernement merveilleux, à la sagacité étonnante du Cerceris qui les avait ainsi enfouis
et emmagasinés. Le croirait-on, sur plus de quatre
cents individus de ces coléoptères, l'investigation la
plus scrupuleuse n'a jamais aperçu un seul fragment,

le plus mince débris qui n'appartinssent au genre
Bupreste. La plus minime erreur n'a point été com-
mise par notre savant hyménoptère prédateur, par
cet habile bupresticide. Quels enseignements à
puiser dans cette intelligente industrie d'un si petit
insecte !

Cette trouvaille inespérée me procura neuf espèces
bien tranchées du genre Buprestis de Fabricius ; la
statistique suivante indique la proportion numérique
de ces espèces, encore faut-il observer que je ne
porte en compte que les individus intégralement
conservés, résultant de l'exploitation d'une trentaine
de nids.

Buprestis octo-guttata	. . . .	70 individus
B.	bifasciata	56
B.	pruni	37
B.	tarda	15
B.	micans.	7
B.	flavo-maculata.	4
B.	biguttata	12
B.	chrysostigma.	1
B.	9 maculata	. fragments.

Total : 202 individus.

Les individus mutilés ou les innombrables fragments, d'après un calcul basé sur le nombre de
cellules qui est de cinq par nid, et sur le nombre des
Buprestes destinés à leur approvisionnement qui
est de trois par cellule, sont représentés par la
somme 248 ; en sorte que j'ai exhumé, dans les
trente nids, 450 individus du vieux genre Bupreste.

N'est-ce pas un fait bien curieux, bien extraordinaire que cette collection monographique faite par notre Cerceris? et que ne dois-je par espérer, à l'avenir, en guettant ce ravisseur, ce pourvoyeur de Buprestes, en violant son domicile en temps opportun, pour m'emparer de son gibier ? d'après cela, il est évident que si je veux trouver des Buprestes, il faut que je cherche les Cerceris, leurs implacables ennemis : c'est là une chasse aux insectes d'un genre tout nouveau. »

Passons maintenant aux diverses manœuvres du Cerceris pour établir et approvisionner ses nids. J'ai déjà dit qu'il chassait sur les terrains dont la surface est battue, compacte et solide ; j'ajoute que ces terrains doivent être durs et exposés au soleil. Il y a dans ce choix une intelligence, ou si vous voulez, un instinct qu'on serait tenté de croire le résultat de l'expérience. Une terre meuble, un sol uniquement sableux, sont, sans doute, bien plus faciles à pénétrer ; mais comment y pratiquer un orifice qui puisse rester béant pour le besoin du service, et une galerie dont les parois ne soient pas disposées à s'ébouler à chaque instant, à se déformer, à s'obstruer à la moindre pluie? Ce choix est donc rationnel et parfaitement calculé. Notre hyménoptère fouisseur creuse sa galerie au moyen de ses mandibules et de ses tarses antérieurs qui, à cet effet, sont garnis de piquants raides, faisant l'office de râteaux. Il ne faut pas que l'orifice ait seulement le diamètre du corps du mineur, il faut qu'il puisse admettre une proie bien plus épaisse que lui : c'est une prévoyance admirable. A mesure que le Cerceris s'enfonce dans le sol, il amène au dehors les déblais, et ce sont ceux-ci que j'ai comparés à une petite taupinière. Cette galerie n'est pas verticale, ce qui l'aurait infailliblement exposée à se combler, soit par l'effet du vent, soit par bien d'autres causes. Non loin de son origine, elle forme un coude qui, le plus souvent, m'a semblé dirigé du midi au nord, pour revenir ensuite obliquement vers l'axe perpendiculaire. Elle a de sept à huit pouces de longueur. C'est au delà de sa terminaison que l'industrieuse mère établit les berceaux de sa postérité. Ces derniers sont cinq cellules séparées et indépendantes les unes des autres, disposées en une sorte de demi-cercle, creusées de manière à avoir la forme et presque la grandeur d'une olive, polies et solides à leur intérieur. Chacune d'elles est assez grande pour contenir trois Buprestes, ration ordinaire de chaque larve. Il paraît que la mère pond un œuf au milieu des trois victimes, et bouche ensuite la cellule avec de la terre, de manière que, quand l'approvisionnement de toute la couvée est terminé, il n'existe plus de communication avec la galerie.

Lorsque le Cerceris revient de la chasse avec son gibier entre les pattes, il met pied à terre, à la porte de son logis souterrain, et l'y dépose momentanément. Il entre aussitôt à reculons dans sa galerie, saisit la victime avec ses mandibules et l'entraîne au fond du clapier. Ses visites ne se bornent pas au temps où il approvisionne sa famille; vers la mi-août, quand les Buprestes sont consommés, et que les larves sont hermétiquement récluses dans leurs cocons, on voit encore entrer le Cerceris dans sa galerie sans y rien apporter. Il est évident alors que cette vigilante mère va s'assurer, par des visites réitérées, qu'aucun ennemi, qu'aucun accident ne menace ni ne dérange le précieux réceptacle de sa progéniture.

Le Cerceris bupresticide est un adroit et habile chasseur. La propreté, la fraîcheur des Buprestes qu'il enfouit dans sa tanière, portent à croire qu'il les saisit au moment où ces coléoptères sortent des galeries ligneuses où vient de s'opérer leur dernière métamorphose.

Mais quel inconcevable instinct pousse le Cerceris qui, lui, ne vit que du pollen des fleurs, à se procurer par mille difficultés une nourriture animale pour des descendants carnivores qu'il ne doit jamais voir, et à venir se placer en arrêt sur des arbres si dissemblables (chênes, pins) qui recèlent dans la profondeur de leurs troncs les insectes destinés à devenir son inévitable proie? Quel tact entomologique plus inconcevable encore lui fait une rigoureuse loi de se renfermer, pour le choix de ces insectes, dans un seul groupe générique dont il semble l'ennemi-né, pour capturer des espèces qui ont entre elles des différences considérables de taille, de configuration et de hauteur? Il m'est parfois venu à l'esprit que l'odorat, qui n'a point d'organe spécial dans les insectes, mais qu'il faut considérer physiologiquement comme une modification du toucher, contribue pour beaucoup à cette sagacité élective du Cerceris. Les Buprestes exhalent peut-être une odeur *sui generis* que notre membrane olfactive est inhabile à saisir, mais que le Cerceris, mieux doué, sous ce rapport, flaire et suit à la piste.

Il est encore, dans les manœuvres de notre assassin des Buprestes, un fait très-singulier, analogue à celui de l'Odynerus spinipes. Les Buprestes enterrés, ainsi que ceux qu'on surprend entre les pattes de leurs ravisseurs, sont toujours dépourvus de tout signe de vie, ils sont décidément morts. Quelle que soit l'époque de l'inhumation de leurs cadavres, ils conservent toute la fraîcheur de leur coloris, ils ont les pattes, les antennes, les palpes et les membranes qui unissent les parties du tronc parfaitement souples et flexibles. On ne reconnaît en eux aucune mutilation, aucune blessure apparente. On croirait d'abord en trouver la raison, pour ceux qui sont ensevelis, dans la température fraîche du sol, dans l'absence de l'air et de la lumière, et pour ceux enlevés aux ravisseurs, dans une mort très-récente. Mais il faut évidemment qu'il y ait une autre cause de leur incorruptibilité, puisque l'on sait qu'après vingt-quatre heures, en été, depuis la mort d'un coléoptère, ses organes intérieurs sont ou desséchés ou corrompus.

La femelle du Cerceris, comme celle de l'immense majorité des hyménoptères, est pourvue d'une glande vénénifique composée de vaisseaux sécréteurs, d'un réservoir et d'un canal excréteur qui aboutit à un dard rétractile placé près de l'extrémité de l'abdomen. Cet appareil, non-seulement est une arme offensive, mais le liquide subtil qu'il excrète possède encore probablement une précieuse qualité pour la conservation des insectes auxquels il a donné la mort (1). J'ai cette conviction intime. Ainsi s'explique comment les chenilles destinées par l'Odynère spinipède à la nourriture de ses petits, se conservent longtemps fraîches, dans un état de léthargie, qui se prolonge parfois près d'une année.

(1) Cette erreur sera réfutée dans l'article suivant ; l'insecte n'est pas mort, il n'est que paralysé.

Il y a dans la mission innée du Cerceris, de placer à une grande profondeur du sol les berceaux de sa progéniture, un instinct presque sublime. Cette profondeur est l'indice que les larves doivent passer toute la mauvaise saison dans leurs clapiers. Ne croirait-on pas que la sollicitude maternelle de ce faible insecte a eu pour but, dans ses travaux souterrains, de prémunir le corps délicat et l'existence passive de ses larves contre les glaces et les inondations de l'hiver? Et cependant cette mère si soigneuse ne connaîtra jamais ses enfants! et cependant l'expérience n'a pas appris au Cerceris qu'il devait exister un hiver et des frimas, puisqu'il vient au monde à l'époque des plus fortes chaleurs de l'été, puisqu'après avoir reproduit son espèce, et avoir réglé les destinées actuelles et futures de sa famille, l'individu meurt avant que la température ait cessé d'être élevée! O Sagesse infinie, il ne nous est pas donné de pénétrer la portée de vos desseins!

II

LE CERCERIS TUBERCULÉ (1)

Après la lecture des pages admirables que L. Dufour a consacrées à l'histoire du Cerceris bupresticide, qui n'a souhaité assister aux manœuvres incroyables de ce chasseur de Bupreste? qui ne s'est demandé, surtout, par quels procédés de chimie transcendante, il parvient à conserver pendant fort longtemps,

(1) Fabre, *Annales des sciences naturelles.*

dans un état parfait de fraîcheur, une proie morte
qui ne doit être dévorée qu'à une époque assez
éloignée par les larves futures ? J'avancerai que
l'infiniment petite gouttelette de venin que le Cerceris peut inoculer dans les flancs de sa victime, ne
me rend pas suffisamment compte de la conservation parfaite des viscères, et que j'ai de la peine à
croire à des effets aussi merveilleux produits, relativement, dans d'immenses proportions, par un atome
de liquide. Quelque autre cause doit être en jeu,
quelque cause physiologique peut-être. Comment
donc s'opère le meurtre? quels sont les moyens anti-
septiques employés par l'hyménoptère prédateur?
Telles sont les questions que je m'étais souvent
adressées; voici comment je suis parvenu à leur so-
lution en étudiant les manœuvres du plus grand
Cerceris d'Europe, le Cerceris tuberculé.

C'est dans la dernière quinzaine de septembre,
que ce Cerceris géant creuse ses terriers et enfouit
dans leur profondeur la proie destinée à sa progéniture. L'emplacement pour son domicile, toujours
choisi avec discernement, je dirais presque avec intelligence, est soumis à des lois mystérieuses, très-
variables, d'une espèce à l'autre, mais immuables
pour une même espèce. Au Cerceris buprosticide il
faut un sol horizontal, et par suite, battu et compacte comme celui d'une allée, pour rendre impos-
sibles les éboulements, les déformations qui ruine-
raient sa galerie, à la moindre pluie. A notre Cerceris,
au contraire, il faut un sol vertical ; avec cette
légère modification architectonique, il évite la plupart des dangers qui pourraient menacer sa galerie;
aussi, se montre-t-il peu difficile dans le choix de la

nature du sol, et creuse-t-il indifféremment ses
terriers, soit dans une terre meuble légèrement
argileuse, soit dans les sables friables de la mollasse, ce qui rend ses travaux d'excavation beaucoup plus aisés. La seule condition indispensable
paraît être un sol parfaitement sec, et exposé, la
plus grande partie du jour, aux ardeurs du soleil. Ce
sont les talus à pic des chemins, les flancs des ra-
vins profonds, creusés par les pluies dans les sables
de la mollasse, que notre hyménoptère choisit pour
établir son domicile. Mais ce n'est pas assez pour lui
du choix de cet emplacement vertical, d'autres précautions sont prises, avec une admirable prévoyance,
pour se garantir des pluies inévitables de la saison
déjà avancée. Si une lame de grès compacte fait
saillie en forme de corniche; si quelque trou, à y
loger le poing, est naturellement creusé dans le sol,
c'est là, sous cet auvent, au fond de cette cavité,
qu'il pratique sa galerie, ajoutant ainsi un péristyle
naturel à son propre édifice. Bien qu'il n'y ait chez
eux aucune espèce de communauté, ces insectes
aiment 'cependant à se réunir en petit nombre sur
le même emplacement pour exécuter leurs travaux,
et c'est toujours par groupes d'une dizaine environ
qu'on observe leurs nids, dont les orifices, le plus
souvent distants l'un de l'autre, se rapprochent
quelquefois jusqu'à se toucher.

Par un beau soleil, c'est merveille de voir les
diverses manœuvres de ces laborieux mineurs. Les
uns, avec leurs mandibules, arrachent patiemment au fond de leur excavation quelques grains
de gravier, et en poussent péniblement la lourde
masse au dehors ; d'autres, grattant les parois de leur

couloir avec les râteaux acérés de leurs tarses,
forment un tas de déblais qu'ils balayent au dehors
à reculons, et qu'ils font ruisseler sur les flancs
du talus en longs filets pulvérulents; d'autres, soit
par fatigue, soit par suite de l'achèvement de leur
tâche, semblent se reposer, et lustrent leurs antennes
et leurs ailes sous l'auvent naturel qui, le plus souvent, protége leur domicile; ou bien encore restent
immobiles à l'orifice de leur trou, et montrent seulement leur large face carrée, bariolée de jaune et
de noir; d'autres enfin, avec un grave bourdonnement, voltigent sur les buissons voisins de chêne ker-
mès où les mâles, sans cesse aux aguets dans le voisinage des terriers en construction, ne tardent pas à
les suivre. Des couples se forment, mais sont souvent
troublés par l'arrivée d'un second mâle qui cherche
à supplanter son rival. Les bourdonnements deviennent menaçants; des rixes ont lieu, et souvent
les deux mâles roulent dans la poussière, jusqu'à ce
que l'un des deux reconnaisse son infériorité. Non
loin de là, la femelle attend, indifférente, ou plutôt
coquette, le dénouement de la lutte; enfin, elle
accepte le vainqueur que lui ont donné les hasards
du combat, et le couple, s'envolant à perte de vue,
va chercher au loin la tranquillité sur quelque
touffe de broussailles. Là se borne le rôle des
mâles. De moitié plus petits que les femelles et
presque aussi nombreux qu'elles, ils rôdent çà et
là, à proximité des terriers, mais sans jamais y
pénétrer, et sans jamais prendre part aux travaux
laborieux de mine que ces dernières exécutent, et
aux chasses peut-être encore plus pénibles qu'elles
doivent faire pour approvisionner leurs cellules.

En peu de jours, les galeries sont prêtes, d'autant plus, que celles de l'année précédente sont employées de nouveau après quelques réparations. Leur diamètre est assez large pour qu'on puisse y plonger le pouce, et l'insecte peut s'y mouvoir aisément, même lorsqu'il est chargé de sa proie énorme. Leur direction, qui, d'abord, est horizontale jusqu'à une profondeur de un décimètre à un décimètre et demi, fait subitement un coude, et plonge plus ou moins obliquement tantôt dans un sens, tantôt dans l'autre. Sauf la portion horizontale et le coude du tube, le reste ne paraît réglé que par les difficultés du terrain ; comme le prouvent les sinuosités, les orientations variables qu'on observe dans la partie la plus reculée. La longueur totale de cet espèce de trou de sonde atteint de trois à quatre décimètres. A l'extrémité la plus reculée du tube, se trouvent les cellules, en assez petit nombre, et approvisionnées chacune avec cinq ou six cadavres de coléoptères. Mais laissons ces détails de maçonnerie, et arrivons à des faits plus capables d'exciter notre admiration.

La victime que le Cerceris choisit pour alimenter ses larves est un Curculionite de grande taille, le *Cleonis ophthalmicus*. On voit le ravisseur arriver pesamment chargé, portant sa victime entre ses pattes, ventre à ventre, tête contre tête, et s'abattre lourdement à quelque distance de son trou, pour achever le reste du trajet sans le secours des ailes, mais en traînant péniblement sa proie avec les mandibules sur un plan vertical ou au moins très-incliné, cause de fréquentes culbutes qui font rouler pêle-mêle l'hyménoptère et sa victime jusqu'au bas du talus, mais incapables de décourager l'infatigable mère : souillée de poussière, elle plonge enfin au fond du terrier avec le butin dont elle ne s'est pas départie un seul instant. Si la marche avec un tel fardeau n'est pas aisée pour le Cerceris, surtout sur un pareil terrain, il n'en est pas ainsi du vol, dont la puissance est admirable, si l'on considère que la robuste bestiole emporte une proie presque aussi grosse et, du double, plus pesante qu'elle. Avec quelle prestesse, quelle aisance cependant il reprend son vol, le gibier entre les pattes, et s'élève-t-il à perte de vue, lorsque, traqué de trop près par une curiosité indiscrète, il se décide à fuir pour sauver son précieux butin. Parvient-on à le lui ravir, en moins de dix minutes il a trouvé une nouvelle victime et consommé le meurtre.

En violant son domicile et en respectant les cellules approvisionnées, on se procure aisément une centaine de Curculionites. Si le Cerceris bupresticide, sans sortir des limites d'un genre, passe indistinctement d'une espèce à l'autre, le Cerceris tuberculé, plus exclusif, s'adresse invariablement à la même espèce, le *Cleonis ophthalmicus*. Pour quelles raisons singulières les déprédations de ces hyménoptères sont-elles renfermées dans des bornes si étroites? Quels sont les motifs de ces choix si exclusifs? Quels traits de ressemblance interne y a-t-il entre les Buprestes et les Charançons qui, extérieurement, ne se ressemblent en rien, pour devenir ainsi la pâture de larves congénères? Entre telle et telle autre espèce de victime, il existe sans doute des différences de saveur, des dissemblances de nutrition que les larves savent apprécier, mais une

raison purement anatomique domine toutes ces
questions gastronomiques et motive ces étranges
prédilections.

Après ce qu'a dit L. Dufour sur la longue et merveilleuse conservation des insectes destinés aux
larves carnassières, il est inutile d'ajouter que les
Charançons, déposés dans les terriers ou captifs
entre les pattes de leur ennemi, bien que privés à
tout jamais de tout mouvement, sont dans un état
parfait de conservation. Fraîcheur des couleurs,
souplesse des membranes et des moindres articulations, état normal des viscères, tout conspire à nous
faire douter que le corps inerte qu'on a sous les
yeux soit un véritable cadavre, d'autant plus qu'à
la loupe même, il est impossible d'y apercevoir la
moindre lésion, et, malgré soi, on s'attend, d'un
moment à l'autre, à voir marcher l'insecte. En présence de faits pareils, on ne peut invoquer l'action
d'un antiseptique, et croire à une mort réelle; la
vie est encore là, vie latente et passive. Elle seule,
luttant encore quelque temps avec avantage contre
l'invasion destructive des forces chimiques, peut
ainsi préserver l'organisme de la décomposition.
La vie est encore là, moins la sensibilité et le mouvement, et l'on a sous les yeux une merveille que
l'éther et le chloroforme ne sauraient réaliser, et
qui reconnaît pour cause les lois mystérieuses du
système nerveux.

Les fonctions de cette vie végétative sont ralenties,
troublées sans doute, mais enfin elles s'exercent
encore sourdement. La preuve, c'est que la défécation
s'opère normalement et par intervalles chez les
Charançons piqués par le Cerceris pendant la pre-

mière semaine de ce profond sommeil qu'aucun réveil ne doit suivre, et qui cependant n'est pas la mort; elle ne s'arrête que lorsque l'intestin ne renferme plus rien.

Tous ces faits sont contradictoires avec la supposition d'un animal complétement mort, avec l'hypothèse d'un vrai cadavre devenu incorruptible par l'effet d'une liqueur préservatrice. On ne peut les expliquer qu'en admettant que l'animal est atteint dans le principe de ses mouvements, de sa sensibilité; que son irritabilité, brusquement engourdie, s'éteint lentement, tandis que les fonctions végétatives plus tenaces s'éteignent plus lentement encore, et maintiennent, pendant le temps nécessaire aux larves, la conservation des viscères.

La particularité qu'il importait le plus de constater, dit M. Fabre, c'était la manière dont s'opère le meurtre. Il est bien évident que l'aiguillon vénénifère du Cerceris doit jouer ici le premier rôle. Mais où et comment pénètre-t-il dans le corps du Charançon couvert d'une cuirasse à l'épreuve, et dont les diverses pièces sont si merveilleusement ajustées à l'état de vie? Dans les individus atteints par le dard, rien, même à la loupe, ne trahit l'assassinat; il faut donc constater, *de visu*, les manœuvres meurtrières de l'hyménoptère. J'ai eu la satisfaction d'y parvenir, mais non sans tâtonnement.

En s'envolant de leurs cavernes pour faire leurs chasses, les Cerceris se dirigeaient indifféremment tantôt d'un côté, tantôt de l'autre, et ils rentraient chargés de leur butin, suivant toutes les directions. Tous les alentours étaient donc indistinctement exploités dans leurs déprédations, mais comme

les Cerceris ne mettaient pas plus de dix minutes
entre l'aller et le retour, le rayon du terrain exploité
ne paraissait pas d'une grande étendue. Je me mis
donc, à mon tour, à battre les terres circonvoisines
dans l'espoir de trouver quelque Cerceris en chasse.
Après une demi-journée consacrée à ces recherches
infructueuses, je changeai de tactique, et résolus
d'apporter moi-même des Charançons vivants dans
le voisinage des nids, afin de mieux assister au
drame désiré. Vignes, champs, terres à blé, haies
et tas de pierres, tout fut visité, fouillé, scruté ; mais,
oserai-je le dire, après deux mortelles journées de
recherches minutieuses, j'étais possesseur..... de
trois Charançons tout petits, souillés de poussière,
privés d'antennes ou de tarses, vétérans écloppés,
dont les Cerceris ne voudront peut-être pas. Puissance admirable de l'instinct! Dans les mêmes lieux
et en bien moins de temps, c'est par centaines que
nos hyménoptères auraient trouvé ces Charançons
introuvables pour l'homme. Ils les auraient trouvés
frais, lustrés, récemment sortis sans doute de leurs
coques de nymphes. N'importe, essayons avec ce
pitoyable gibier. Un Cerceris vient d'entrer dans sa
galerie avec la proie accoutumée ; avant qu'il ressorte
pour une autre expédition, je place un Charançon
à quelques centimètres du trou. Le Charançon va
et vient ; quand il s'écarte trop, je le ramène à son
poste. Enfin, le Cerceris montre sa large face et
sort du trou ; le cœur me bat d'émotion. L'hyménoptère arpente quelques instants les abords de son
domicile, voit le Charançon, le coudoie, le retourne,
lui frappe à plusieurs reprises sur le dos, et s'envole
sans honorer sa proie d'un coup de mandibule.

J'étais confondu. Nouveaux essais à d'autres trous, nouvelles déceptions. Décidément, ces chasseurs délicats ne veulent pas du gibier que je leur offre. Voyons, avisons encore. Il faut offrir mon gibier dédaigné au Cerceris, au plus fort de l'ardeur de sa chasse; peut-être qu'alors, emporté par la préoccupation qui l'absorbe, il ne s'apercevra pas de ses imperfections. On sait qu'en revenant de la chasse, le Cerceris s'abat au pied du talus, à quelque distance du trou, où il achève de traîner péniblement sa proie. Il s'agit alors de lui enlever cette victime en le tiraillant doucement par une patte avec des pinces, et de lui jeter aussitôt en échange le Charançon vivant. Ce stratagème m'a parfaitement réussi. Dès que le Cerceris a senti sa proie glisser sous son ventre et lui échapper, il frappe le sol de ses pattes avec impatience, se tourne deçà et delà, et apercevant le Charançon qui a remplacé le sien, il se précipite sur lui, et l'enlace de ses pattes pour l'emporter. Mais il s'aperçoit promptement que sa proie est vivante, et alors le drame commence pour s'achever avec une rapidité inconcevable. L'hyménoptère se met face à face avec sa victime, lui saisit le rostre entre ses puissantes mandibules, l'assujettit vigoureusement, et, tandis que le Curculionite se cambre sur ses jambes, l'autre, avec les pattes antérieures, le presse avec effort sur le dos, comme pour faire bâiller quelque articulation ventrale. On voit alors l'abdomen du meurtrier glisser sous le ventre du Charançon, se recourber et darder vivement à deux ou trois reprises son stylet venimeux à la jointure du prothorax, entre la première et la seconde paire de pattes. En un clin d'œil, tout est fait. Sans le moindre mouvement convulsif, sans aucune de ces pandiculations des membres qui accompagnent l'agonie d'un animal, la victime, comme foudroyée, tombe pour toujours immobile. C'est terrible et admirable de rapidité. Aussitôt le ravisseur retourne ce cadavre sur le dos, se met ventre à ventre avec lui, jambes deçà, jambes delà, l'enlace et s'envole. Le Charançon, par l'effet d'une piqûre microscopique et d'un imperceptible liquide, a donc perdu instantanément tous ses mouvements : la chimie ne possède pas de poison aussi actif. Aussi, est-ce à la physiologie et à l'anatomie qu'il faut s'adresser pour saisir la cause d'un anéantissement si foudroyant; ce n'est pas tant la subtilité du venin inoculé, que l'importance de l'organe lésé qu'il faut considérer pour comprendre ce mystère. Qu'y a-t-il donc au point où pénètre le dard? Il y a les ganglions thoraciques, l'une des parties les plus essentielles de la moelle abdominale, les ganglions qui fournissent les nerfs des ailes et des pattes et président à leurs mouvements. Ces ganglions sont au nombre de trois chez tous les insectes, tantôt distincts, tantôt plus ou moins rapprochés ou même réunis; plus ils tendent à se confondre, plus le système nerveux se centralise, plus les fonctions qui caractérisent l'animalité sont parfaites, et, par suite, plus vulnérables. Les Cerceris qui, d'un coup d'aiguillon, doivent engourdir ces fonctions animales, choisissent précisément les espèces où cette centralisation est la plus grande; ils choisissent les Buprestes dont les centres nerveux du mésothorax et du métathorax sont confondus en une seule et grosse masse; ils choisissent les Curculioniens,

dont les trois ganglions thoraciques sont très-rap-
prochés, dont les deux derniers sont même contigus.
Et maintenant, la raison humaine n'est-elle pas
encore une fois confondue devant les miracles de
cet instinct qui, de tout temps, a appris à nos
hyménoptères les plus beaux théorèmes physiologiques, les lois merveilleuses de ces filaments blancs
qu'on appelle les nerfs, qui leur a dévoilé les secrets
les plus cachés de l'anatomie, secrets que le savant
ne dérobe qu'à force de veilles et de labeur (1) !

(1) On peut, à volonté, en imitant les manœuvres des cerceris, mettre dans une entière immobilité, tout en leur
conservant la vie végétative, les insectes coléoptères, dont
l'appareil nerveux se prête à ce genre d'expérience. Il s'agit,
avec une pointe acérée d'acier, d'amener une gouttelette de
quelque liquide corrosif, l'ammoniaque, par exemple, sur
les centres médullaires thoraciques, en piquant légèrement
l'insecte à la jointure du prothorax, en arrière de la première paire de pattes.

FIN

TABLE DES MATIÈRES

FIN DE LA TABLE

COULOMMIERS. — Typog. A. MOUSSIN.

LIBRAIRIE HACHETTE ET Cⁱᵉ
Boulevard Saint-Germain, 79, à Paris

L'ANNÉE
SCIENTIFIQUE
ET INDUSTRIELLE

ou

EXPOSÉ ANNUEL DES TRAVAUX SCIENTIFIQUES, DES INVENTIONS
ET DES PRINCIPALES APPLICATIONS DE LA SCIENCE
A L'INDUSTRIE ET AUX ARTS, QUI ONT ATTIRÉ L'ATTENTION PUBLIQUE
EN FRANCE ET A L'ÉTRANGER

PAR LOUIS FIGUIER

14 volumes (1857-1870). Prix : 3 fr. 50 le volume

ACCOMPAGNÉS D'UN VOLUME DE

TABLES GÉNÉRALES DES MATIÈRES

Contenues dans les dix premières années de ce recueil

Prix du volume des Tables, 2 fr.

La demi-reliure en chagrin, plats en toile, se paye en sus par volume :
avec tranches jaspées, 1 fr. 50 c.; — avec tranches dorées, 2 fr.

Depuis que M. Louis Figuier a commencé la publication de son *Année scientifique et industrielle*, la popularité de ce recueil n'a fait que s'accroître, et il faut ajouter que ce succès est parfaitement mérité. M. Louis Figuier est le plus ancien et le plus autorisé de nos écrivains scientifiques. Son talent d'exposition, sa longue habitude de ce genre de travaux, enfin sa position de rédacteur scientifique de *la Presse*, qui le met si bien en mesure de donner un résumé exact des découvertes récentes, tout devait garantir la valeur de cette publication.

D'une lecture facile et attrayante, l'*Année scientifique et industrielle* s'adresse à toutes les intelligences, à toutes les classes de la société : elle a aussi bien sa place sur les tables des salons que dans les ateliers ou la bibliothèque du savant. Personne aujourd'hui n'a assez de loisirs pour suivre pas à pas le développement des différentes branches des connaissances humaines, développement qui devient plus rapide de jour en jour. Les recueils périodiques, tels que celui que publie M. Louis Figuier, répondent donc à un besoin universel de notre temps. Ils fournissent à la masse du public un moyen commode et facile de se tenir au courant du progrès scientifique. Ils lui évitent la peine

de lire les publications écrites pour les savants spéciaux et hérissées de termes techniques. M. Figuier se charge d'accomplir
cette tâche épineuse. Il fait le triage des nouvelles scientifiques
annoncées par les différents journaux, français et étrangers, ne
conserve que ce qui peut convenir aux besoins de ses lecteurs, et
range ensuite tous ces faits, disparates en apparence, dans un
ordre méthodique, qui en augmente la valeur, en facilitant au
lecteur la recherche de ce qui l'intéresse.

La science qui formait depuis longtemps la base de l'industrie,
et des arts, est entrée, de nos jours, dans toutes les habitudes
de la vie : témoin le télégraphe électrique, les chemins de fer,
la photographie, l'éclairage au gaz, la lumière électrique, etc.
Il faut donc, bon gré mal gré, s'intéresser à la science, ou du
moins prendre de temps en temps de ses nouvelles. Si l'attrait
seul du savoir ne nous portait à nous en enquérir, notre intérêt
bien entendu l'exigerait. Le manufacturier, l'agriculteur, le com-
merçant, l'artiste, l'homme du monde, ont besoin aujourd'hui de
connaître les progrès accomplis dans le domaine de la science,
pure ou appliquée. Pourraient-ils trouver un moyen plus commode de s'initier à ses progrès que le recueil annuel de M. Louis
Figuier?

Dans cet utile ouvrage, tout vient se ranger à sa place, de
manière à satisfaire l'esprit du lecteur et à lui faciliter la recherche des faits qui l'intéressent plus particulièrement. Chacun,
en consultant l'*Année scientifique*, peut s'y retrouver sans peine,
grâce à la distribution méthodique des sujets.

Cette coordination simple et lucide des nombreux matériaux
permet de constater combien ce recueil est complet, avec quel
soin l'auteur résume toutes les découvertes d'une certaine importance qui se sont produites dans le cours de chaque année. La
collection des volumes annuels de M. Louis Figuier sera un jour
le répertoire des progrès scientifiques accomplis en France et à
l'étranger ; elle formera les archives historiques de la science et
de l'industrie de notre temps.

Il a été publié une TABLE GÉNÉRALE des dix premières années
de l'ouvrage. Cette Table est divisée en deux parties : la première par ordre de matières, la seconde par noms d'auteurs.
L'ordre des matières reproduit alphabétiquement les divisions de
l'ouvrage : Académies et Sociétés savantes, — Agriculture, —
Arts industriels, — Astronomie, — Chimie, — Histoire naturelle,
— Hygiène publique, etc.

En classant sous un même chef tous les faits de même nature épars dans l'ouvrage, les TABLES de l'*Année scientifique* en font comme une sorte d'encyclopédie. Elles lui donnent
la valeur et l'utilité d'un répertoire où viennent se ranger mé-
thodiquement tous les progrès accomplis en dix ans dans la
science et dans l'industrie. Elles fournissent au lecteur le moyen
de résumer les connaissances qu'il a acquises en parcourant
l'ouvrage entier.

Exploration orographique des contrées mexicaines. — Voyage de M. Mac Gregor aux sources du Jourdain. — Voyage dans la partie tropicale des deux Amériques.

Histoire naturelle. — Les tremblements de terre en 1869. — L'éruption de l'Etna. — Géologie du désert d'Afrique. — Expériences sur la température des houillères. — Élévation des côtes. — Le squelette de mammouth au musée de Bruxelles. — La grotte des Morts. — Ossements humains fossiles des environs de Paris. — Découverte de silex taillés dans le sud de l'Algérie. — Formation de la houille. — Embrasement de la mer Caspienne. — La pêche du corail. — Découvertes faites par M. Grandidier à l'île de Madagascar. — Le chimpanzé du jardin d'acclimatation. — Acclimatation du renne dans les Alpes. — Multiplication des colins de Californie. — Transport des poissons vivants. — Éducation des vers à soie en plein air. — Le *Chamærops excelsa*. — La coca.

Hygiène publique. — Décroissance de la population française et diminution de la population dans les pays agricoles. — Études sur la population parisienne. — Découverte d'un antidote du phosphore. — Les enveloppes de lettres et les pains à cacheter vénéneux. — Empoisonnement par des bas rouges. — La coralline et ses dangers. — Observations sur les dangers des poêles en fonte. — La liqueur d'absinthe et ses effets. — De la préparation des jouets d'enfants avec des substances toxiques.

Physiologie et Médecine. — Instrument servant à mesurer la vitesse des perceptions et de la pensée. — Effets physiologiques de l'ascension sur les montagnes. — Expériences sur les décapités. — Le pouls tâté par voie télégraphique. — La Commission sanitaire internationale et le choléra indien. — La peste en Mésopotamie. — La métallothérapie, ou le cuivre préservatif du choléra. — Les tentes et les baraques pour le traitement des blessés. — Le chloral et ses effets. — Trois anesthésiques nouveaux. — L'épilepsie et le bromure de potassium. — Traitement de l'asphyxie par le charbon à l'aide des inhalations d'oxygène. — Emploi thérapeutique de la fumée d'opium contre les affections des voies respiratoires. — Procédé pratique pour la transfusion du sang. — Les hospices d'ivrognes aux États-Unis. — Le crime de Troppmann et la santé publique.

Agriculture. — Utilisation et épuration des eaux d'égouts. — Production artificielle de la terre arable. — Les nouvelles maladies de la vigne. — Ce que devient le soufre employé au soufrage de la vigne. — L'essoreuse remplaçant le pressoir. — Le chauffage des vins. — Les cressonnières de M. Billet. — Les vers à soie du chêne. — Le coton Bubuy.

Arts industriels. — L'encre nouvelle de M. Mathieu Plessy. — Machine imprimant simultanément plusieurs couleurs. — Photocrayons. — Zootrope perfectionné. — Procédé pour la conservation des carènes des navires en fer. — Fabrication d'acier Bessemer au tungstène. — Appareil de sûreté pour les puits de mine. — Nouvelle lampe de sûreté. — Utilisation des laitiers des hauts fourneaux. — Nouveaux procédés pour la conservation des viandes. — Les vins mariés. — Le parchemin végétal. — Chapeaux en papier. — Emploi de l'asphalte contre la propagation des incendies. — Cartouches pour éteindre des incendies. — Moyens de sauvetage en cas d'incendie. — Les projectiles explosifs employés pour la pêche à la baleine.

Académies et Sociétés savantes. — Séance publique annuelle de l'Académie des sciences. — Séance publique annuelle de l'Académie impériale de médecine.

Nécrologie scientifique. — D'Archiac. — Libri. — Bérard. — Pournet. — Grisolle. — Nicklès. — Boullay. — Robinet. — Lefebure de Fourcy. — Rivot. — Kirschleger. — Cailliaud. — Dupré. — Darondeau. — Guitry. — Blatin. — Graham. — Catollo. — Bonucci. — Broeck.

Imprimerie générale de Ch. Lahure, rue de Fleurus, 9, à Paris.